MÉMOIRES
SECRETS

POUR SERVIR A L'HISTOIRE DE LA RÉPUBLIQUE DES LETTRES EN FRANCE, DEPUIS MDCCLXII, JUSQU'A NOS JOURS.

ANNÉE M. DCC. LXXXII.

1 *Janvier* 1782. Quelque recherche qu'on ait pu faire pour découvrir quel étoit le pélerin mystérieux dont on a parlé, la curiosité est en défaut; & par ce que rapporte aujourd'hui le supérieur du Mont-Valérien, ou celui qui le remplaçoit le jour de l'aventure, le héros en est plus que jamais dans l'obscurité.

Ce supérieur, ayant tous les caracteres d'un prêtre véridique, a dit que le dimanche où le pélerin avoit été à Sainte-Geneviève & à Notre-

A 2

MÉMOIRES
SECRETS
POUR SERVIR A L'HISTOIRE
DE LA
RÉPUBLIQUE DES LETTRES
EN FRANCE,
DEPUIS MDCCLXII JUSQU'A NOS JOURS;
OU
JOURNAL
D'UN OBSERVATEUR,

CONTENANT les Analyses des Pieces de Théâtre qui ont paru durant cet intervalle ; les Relations des Assemblées Littéraires ; les notices des Livres nouveaux, clandestins, prohibés ; les Pieces fugitives, rares ou manuscrites, en prose ou en vers ; les Vaudevilles sur la Cour ; les Anecdotes & Bons Mots ; les Eloges des Savants, des Artistes, des Hommes de Lettres morts, &c. &c. &c.

TOME VINGTIEME.

. . . . *huc propius me,*
. . . . *vos ordine adite.*
Hor. L. II, Sat. 3, ℣. 81 & 82.

A LONDRES,
CHEZ JOHN ADAMSON.

MDCC. LXXXIII.

de vue. Il n'a su donner à son héroïne qu'un caractere de coquetterie, qui empêche qu'on ne prenne intérêt à elle, tandis qu'on en prend un bien vif à celle de M. Favart, sur-tout dans le dernier acte, où elle se montre si sage, si généreuse, si fidelle à son amant, quoique celui-ci lui ait donné un motif réel de lui retirer sa tendresse : rien de tout cela chez M. Lourdet, & son dénouement est aussi peu attachant & aussi peu vraisemblable que l'autre est naturel & même attendrissant. Ce dénouement d'ailleurs fondé sur un changement de domino entre le prince & le paysan, situation qui ne va pas mieux à l'un qu'à l'autre, se fait au second acte ; en sorte que le troisieme est tout-à-fait hors d'œuvre. Il n'est aussi qu'une répétition de celui du *Seigneur bienfaisant*, donné tout récemment encore, & il est incroyable que l'auteur ait pu se porter à cet *excès de plagiat*.

M. *Gretry* est très louable pour le soin avec lequel il a tâché d'assortir sa musique, presque toujours fraîche, variée & piquante, au sujet de cette comédie, & pour son attention à éviter une richesse d'accompagnement nécessairement ridicule, si-tôt qu'elle est déplacée. Son chant a par-tout l'expression propre, quand il peint la naïveté des habitants de la campagne, genre dans lequel ce compositeur excelle principalement. Peut-être n'a-t-il pas saisi également bien le ton des autres personnages ; mais il faut convenir aussi que ce ton est quelquefois si étrange, qu'il n'est pas étonnant que le musicien se ressente des disparates dont le poëte fourmille. Il y a néanmoins entre le prince & la comtesse des morceaux de sentiment bien faits : les cœurs au dernier acte ont été généralement applaudis ; celui où les paysans invoquent le ciel pour leur bon seigneur, est de la simplicité la plus touchante, & en même temps la plus noble.

1 Janvier. Monsieur l'archevêque de Toulouse a été nommé aujourd'hui cordon bleu & seul. Cet honneur & cette distinction sont un foible dédommagement de la place qu'il a perdue, & de la maniere cruelle dont on l'a tympanisé. Il est actuellement à présider aux états de Languedoc, où il apprendra une nouvelle aussi flatteuse.

2 Janvier. Les journalistes de Paris donnoient depuis quelques jours le bulletin de madame la comtesse d'Artois, & y avoient joint celui de *Madame.* Le 30 décembre il portoit à la fin, du meilleur état de son altesse royale annoncé: *Madame a senti son enfant remuer*, ce qui étoit confirmer les soupçons de grossesse dont on parloit depuis quelque temps.

Il paroît que c'étoit un tour qu'on avoit joué aux journalistes, & que le bulletin s'est trouvé fictif. Ils ont été réprimandés de l'avoir inséré, & il leur a été fait défense vraisemblablement de parler des personnes de la famille royale; car, ils ont brusquement cessé de rendre compte du meilleur état de la comtesse d'Artois.

On juge avec douleur de cette anecdote, que la grossesse de *Madame* n'est point vraie, & toutes les apparences à cet égard s'évanouissent encore.

2 Janvier. On parle beaucoup d'un ouvrage politique nouveau de M. Panchault, sur le crédit public de la France & de l'Angleterre, dans lequel, par des calculs graduels, il prouve que depuis la guerre celui de la premiere puissance a constamment augmenté, & celui de la seconde a constamment décru.

Dame, il se rendit au Mont-Valérien, vers l'heure des vêpres : qu'une espece de Savoyard vint lui remettre un billet qui portoit : « Vous êtes » prié de vouloir bien accueillir le pelerin qui » vous arrive, lui donner quelques rafraîchisse- » ments, & le mettre en un lieu où il puisse se » dévêtir. » Il l'informa en même temps que ce pélerin étoit à l'église à faire sa priere, suivi d'une foule considérable. Ce saint prêtre s'y rendit; il y vit bientôt à ses pieds le masque pieux y déposant son cierge & sa croix. Il imposa silence à la populace, & pria l'inconnu d'entrer dans la maison. Il lui témoigna la surprise de sa démarche, & son désir de savoir quel en étoit le motif.

Le pélerin répondit que c'étoit l'effet d'un vœu émis en 1770, lors du massacre de la rue Royale. Sur ce que le supérieur lui représenta qu'il avoit été bien long-temps à le remplir, il répliqua qu'on y regardoit à deux fois pour se porter à une course aussi extraordinaire. Cependant il se déshabilloit & se laissa envisager. C'étoit un homme d'environ cinquante ans, d'une assez belle figure, & point mal bâti : une femme le suivoit avec ses habits qu'il reprit; habits simples & bourgeois, n'annonçant aucune magnificence. Il déclara en outre qu'il étoit marié ; mais qu'il s'étoit arrangé de façon que son étrange démarche fût absolument ignorée chez lui. Le bon prêtre n'ayant pu en tirer autre chose, se rendit à l'église pour l'office. Durant cet intervalle, l'inconnu, après s'être rafraîchi, pria qu'on lui indiquât un endroit par où s'en aller sans affectation & en évitant le peuple, ce qu'il fit. Ce même supérieur ajoute qu'il avoit gardé quelques jours le billet, & que ne voyant personne venir lui demander raison de l'inconnu, & respectant son secret, il l'avoit brûlé; qu'au moment où il venoit de perdre ainsi la trace de l'aventurier, il étoit venu un exempt de police le questionner de la part du magistrat; qu'il lui avoit dit le peu qu'il savoit; mais que non content de cet interrogatoire, M. le lieutenant de police lui avoit écrit depuis jusqu'à deux fois, pour le prier de lui donner des renseignements plus certains; que le roi désiroit connoître qui étoit cet étranger; qu'il avoit répondu avec regret n'en pas savoir davantage, & être bien surpris qu'on n'eût pas mieux instruit dans le temps M. le Noir. Il indiqua cependant un moyen de remonter à la source, s'il étoit possible. C'étoit de questionner séparément tous les ébénistes sur la fameuse croix déposée au Mont-Valérien, & fabriquée vraisemblablement dans la capitale. La chose est restée-là, & depuis ce supérieur n'a entendu parler de rien. Alors il s'ensuit que le billet présenté à Notre-Dame ne venoit point de la police, ainsi qu'on l'avoit cru, mais du pélerin même.

1 *Janvier.* On a joué aujourd'hui en effet sur le théâtre lyrique, la *Colinette à la Cour*, de M. Lourdet de Santerre, & l'on y a remarqué des défauts de plus d'un genre sur lesquels il est inutile de s'appesantir, à moins que l'engouement du public n'oblige à revenir sur cet ouvrage, & à lui dessiller les yeux.

On voit en général que le désir excessif du poëte de présenter des tableaux nouveaux, de produire de nouveaux effets, lui a tellement fait multiplier, sans choix, sans goût & sans discrétion, cet agrément accessoire, que l'action est étouffée sous leur nombre, & se perd absolument

1 Janvier. On a fait à M. de Maurepas l'espece d'épitaphe suivante, qui, dans sa précision & sa simplicité, embrasse tout le cercle de son ministere, depuis le regne de Louis XVI ; on concevra facilement que c'est un partisan de monsieur Necker qui l'a composée.

 Huit mois plutôt il mouroit adoré,
 Huit mois plus tard il est mort abhorré.

2 Janvier. Il est mort le 6 novembre dernier un abbé *Sauvage*, riche amateur qui avoit poussé la recherche & la perfection des tours, machines & outils de toute espece à un tel point, qu'il a laissé des ouvrages de la plus grande beauté, & que son laboratoire précieux est devenu un objet de curiosité, qu'on va voir chez lui comme un spectacle.

3 Janvier. On a fait à M. l'archevêque de Paris l'épitaphe suivante, remarquable seulement, comme celle du comte de Maurepas, par sa briéveté, sa simplicité & sa justesse.

 Par l'imposture il fut souvent préoccupé ;
 Mais son cœur bienfaisant jamais ne l'a trompé.

3 Janvier. Le musée dont on a parlé, autorisé par le gouvernement, sous la protection de *Monsieur* & de *Madame*, acquiert consistance de plus en plus. Son fondateur, M. Pilastre de Rozier, encouragé par les suffrages de MM. de l'académie royale des sciences, de l'académie françoise, de l'observatoire, de la société royale de médecine, de l'école royale vétérinaire, outre les cours annoncés en entreprend d'autres encore ; savoir, ceux de mathématiques, d'astronomie, d'électricité, d'aimant, &c.

Outre cet avantage, pour s'initier à toutes les sciences & à tous les arts, ce musée offre ceux de l'assemblée de M. de la Blancherie, ce qui désole ce dernier. On y voit également des objets dignes de la curiosité des amateurs; on y montra hier un fusil avec lequel on peut tirer vingt-quatre coups sans être obligé de le recharger.

M. de la Blancherie, pour donner quelque véhicule à son établissement, vient d'obtenir la liberté d'y rassembler des femmes aux mêmes heures que les hommes, ce qui lui avoit été interdit jusque-là; mais comme son rival a la même faculté, le premier ne peut se flatter de ramener la foule qui s'en écarte pour courir chez l'autre, qui à son tour lui porte le dernier coup en recevant aussi gratuitement les amateurs.

4 *Janvier.* Ce sont aujourd'hui deux personnages de l'espece la plus chere & la plus précieuse qui concourent à avoir ou à conserver la confiance du roi. Madame Adélaïde d'une part, tante de S. M., en qui elle a beaucoup de confiance, & qui dans le temps ne contribua pas peu au rappel & à la faveur du comte de Maurepas, désireroit garder le même crédit sur l'esprit de son neveu, & le diriger au bien qu'elle cherche par dessus tout. La reine, qui, à tant de titres, mérite l'oreille de son auguste époux, a la délicatesse de ne vouloir partager avec personne une intimité qu'elle se flatte de mériter exclusivement, & par son zele pour l'état, & par son attachement pour le roi, & par la pureté de ses vues. On croit que le monarque, consultant l'une & l'autre suivant les circonstances, les écoutera séparément; & après

les avoir entendues, se dirigera par sa propre sagesse, & choisira dans la droiture de son cœur.

4 *Janvier.* Ce sont tous les jours de nouvelles doléances des auteurs contre les comédiens françois, plus insolents que jamais depuis qu'ils ont eu le dessus, depuis que le bureau de législation dramatique est dispersé, & qu'ils ont vu le chef à leurs genoux se soumettre au dernier réglement de l'arrêt du conseil du 9 décembre 1780, & mendier leurs suffrages. C'est maintenant M. de la Place, qui, dans une nouvelle édition de sa *Venise sauvée*, se plaint que cette tragédie, représentée à Paris en 1746, après les tracasseries les plus notoires, & cependant avec le plus grand succès; constamment jouée jusqu'à ce jour sur tous les théâtres de provinces, & sur ceux de l'Europe où nos comédiens sont accueillis ; redemandée nombre de fois à Paris, toujours promise, jamais apprise, quoique les rôles en eussent été distribués & acceptés deux fois par les acteurs pendant un intervalle de 35 ans, soit restée sur le répertoire inutilement.

A cette piece l'auteur a joint *Jeanne Gray*, qui parut en 1748 sous le titre de *Jeanne d'Angleterre*, & ne réussit pas. Il apprend au public qu'elle a été refondue, lue & agréée de nouveau à la comédie le premier mars 1777 ; mais qu'après quatre ans d'attente, ayant écrit aux comédiens, le 5 mars 1781, une lettre restée sans réponse, il prend également le parti de renoncer à la voir jouer.

Il promet de faire imprimer incessamment une troisieme tragédie de sa façon, *Adele de Ponthieu*, & d'expliquer alors plus au long & plus clairement son grief contre les histrions, de dévoiler les causes de sa disgrace auprès d'eux. En attendant, il leur fait, par un post-scriptum, l'adieu poétique suivant, qu'il met dans la bouche d'un Anglois.

 Sotte victime des noirceurs
 De vous, de vos prédécesseurs,
 Par leurs promesses & les vôtres
 Depuis trente ans amadoué,
 Adieu, Messieurs, jouez en d'autres.

5 *Janvier*. Les comédiens italiens annoncent pour demain la premiere représentation du *Gâteau des Rois*, opéra comique nouveau, en un acte & en vaudevilles. Les amis des auteurs qui sentent vraisemblablement le foible de leur production, craignent qu'elle n'ait pas le succès ordinaire, sur-tout à cause du ton insolent qu'a pris M. de Piis, trop irrité des critiques, & trop vain de ses triomphes précédents. Comme la piece est déjà imprimée, en voici d'avance le canevas.

Un paysan, nommé Martin, invite tous les notables du village à faire les rois avec lui. L'assemblée, après s'être bien chauffée, prend place à une très-grande table. Le bailli coupe le gâteau; mais quand les parts sont distribuées, il se trouve deux feves, dont l'une tombe justement à Martin, & l'autre au pere du prétendu de sa fille, ce qui occasionne une querelle entre les deux rois. On tâche de les réconcilier, en les invitant de remettre chacun leur feve à leur enfant, qui, unis par l'amour, ne seront pas susceptibles de rivalité. Ce conseil est suivi, & alors tous les convives crient en *chorus: Le roi boit*.

A 6

5 Janvier. Tous nos Gluckistes ont tressailli de joie ici en apprenant de Vienne que M. & Mad. la comtesse du Nord ont honoré d'une visite M. le chevalier Gluck. Nos poëtes ne sont pas moins glorieux que M. l'abbé Métastase ait reçu cet honneur. Ce dernier montoit à leur appartement lorsqu'ils en sortoient ; ils lui dirent qu'ils iroient eux mêmes lui faire visite. La comtesse ajouta qu'elle devoit tout honneur à un poëte dont les drames lui avoient si souvent causé de l'admiration.

6 Janvier. M. Gabriel, ancien contrôleur-général des bâtiments, jardins, arts & manufactures du roi, ancien inspecteur-général des bâtiments de S. M. & son premier architecte ordinaire, directeur de l'académie d'architecture, honoraire amateur de celle de peinture & sculpture, & maître de la garde-robe de madame, est mort. Tous ces titres pompeux n'empêche pas qu'il ne passe, bien apprécié, auprès de la postérité, pour un artiste médiocre & de l'espece la plus ordinaire. On en peut juger par sa colonnade de la place de Louis XV, comparée à celle du Louvre.

6 Janvier. Le *Gâteau des Rois*, joué aujourd'hui, n'a point été mal accueilli d'abord : on a trouvé dans les premieres scenes de l'ingénuité, de la gaieté; mais on n'a bientôt plus remarqué qu'une farce misérable, ignoble, de la plus basse espece; & les ennemis des auteurs se sont prévalus du mécontentement général pour la siffler jusqu'au bout. Il est inconcevable, au surplus, que ces messieurs se soient imaginés pouvoir faire passer quelque chose d'aussi plat.

7 Janvier. M. *Laus de Boissy*, se trouvant à un souper où l'on tiroit le gâteau des rois, & une jeune demoiselle qui distribuoit les parts ayant donné la feve à une homme de la compagnie, a fait sur le champ cet impromptu :

Sur l'air : *Nous sommes précepteurs d'amour.*

Pourquoi nous avoir fait un roi ?
Garde pour toi le rang suprême ;
Il vaut mieux vivre sous ta loi,
Que de porter le diadême.

8 *Janvier.* On sait que M. *Sedaine* est en général fort récalcitrant à la critique, qu'il n'aime point à corriger ses ouvrages, & préfere de leur laisser leurs imperfections, leurs défauts, leurs absurdités même, parce qu'il prétend qu'en les refondant, ou retouchant, il leur ôteroit cet air original qui les distingue, & dont il se fait gloire. Il a donc eu beaucoup de peine à se déterminer à revoir *Aucassin & Nicolette*, & il a fallu les prieres des comédiens & du musicien, ajoutées à la disgrace du public, pour l'exciter à se rendre. Il n'a point lieu de s'en repentir.

Cette piece de quatre actes réduite à trois, & considérablement élaguée dans plusieurs scenes, a eu hier un succès complet. De nouveaux morceaux de musique rendent cette œuvre une des meilleures de M. Gretry ; ils prouvent combien ce compositeur est à la fois fécond & jaloux de mériter les suffrages des vrais amateurs. Dans le nombre des airs qu'on a conservés, celui du pâtre & le *duo* des gardes, ont excité les plus vifs applaudissements. Il en a été de même de la scene où *Nicolette*, au pied de la tour, serre la main de son amant, qui la lui présente au travers des barreaux. Mad. Dugazon rend parfaitement cette situation, ainsi que tout son rôle. Le sieur Clairval, dans celui d'Aucassin, ne fait pas moins de plaisir.

8 *Janvier*. On parle déjà de l'institution de l'évêque de Boulogne, qui, à l'exemple de Saint Médar, évêque de Noyon, a fondé des *prix de sagesse* au nombre de six, pour autant de paroisses dont il est seigneur ; savoir, *Alquine*, *Brunembert*, *Fruges*, *Humiere*, *Lisbourg* & *Saint-Martin-d'Hardinghen*. Ces prix sont de 300 liv. chacun, provenant des intérêts d'un capital de 36,000, qu'il a placé sur le clergé de France.

Suivant le réglement qu'il a fait imprimer, c'est le 8 juin, jour de la fête de Saint Médard, que dans l'église de chacune desdites paroisses il doit se tenir une assemblée, composée du curé & de tous ceux des habitants qui voudront y assister ; mais en laquelle le curé, le vicaire, le maître d'école, les officiers de justice de l'évêque, les marguilliers, le syndic, & toutes les personnes du sexe, ayant fait leur premiere communion, & n'ayant été ni notées d'incontinence, ni mariées, seront les seules qui auront droit de donner leurs suffrages, & procéderont à la nomination des trois filles à présenter à M. l'évêque, & entre lesquelles il choisira la Rosiere.

Nulle fille ne pourra être comprise dans la nomination, qu'elle ne soit native de la paroisse, qu'elle n'ait tenu une conduite irréprochable, que sa famille ne soit également sans reproche. Il faut en outre qu'elle ne soit ni riche, ni dans l'aisance ; mais qu'elle soit pauvre, c'est-à-dire, ayant besoin du travail de ses mains pour subsister.

Le curé annoncera la nomination le dimanche suivant au prône de la messe paroissiale, après laquelle le célébrant posera sur l'autel le chapeau de roses, garni d'un large ruban bleu à bouts flottants sur le derriere d'icelui, & orné par devant d'un anneau d'argent; il en fera la bénédiction, suivie d'une pieuse exhortation, dont la formule est indiquée, en tenant à sa main le chapeau de roses pour le poser sur la tête de la Rosiere. Il lui remettra immédiatement après un livre de la dévotion au sacré cœur de notre Seigneur, ou une paire d'heures, ou un autre livre de piété.

Les frais de ce livre, du chapeau, de l'anneau, &c. seront prélevés sur les 300 liv.; le surplus servira de dot à la Rosiere, soit qu'elle se marie, soit qu'elle entre dans quelque communauté de religieuses.

9 Janvier. On attribue à M. LAUS DE BOISSY les couplets suivants, d'un caractere original & piquant. Ils font fortune dans la société, ne pouvant guere s'imprimer dans nos journaux trop pudiques.

COUPLETS *à deux êtres également intéressants.*

Air: *Faut attendre avec patience.*

O vous qui par la seule vue
Portez le trouble dans les sens;
Mais qu'une pudeur ingénue
Dérobe à mes regards brûlants.
Servez mon amoureuse envie,
Repoussez un peu ce mouchoir.
Ah! n'en murmurez pas, Zélie,
Comment les chanter sans les voir!

Par quelle étonnante manie,
Vouloir nous ravir tant d'attraits!

L'Amour en les formant, Zélie,
Epuisa sur eux tous ses traits.
On ressent un tendre délire,
Lorsqu'on y rêve seulement ;
En les regardant on soupire ;
On feroit mieux en y touchant.

Objets que mon cœur idolâtre,
Paroissez sans déguisement ;
De la rose unie à l'albâtre
Montrez le contraste piquant...
Hélas ! cette gaze cruelle
Se plaît encor à vous cacher ;
Que ma main au moins ne peut-elle
Suivre l'œil qui va vous chercher !

9 Janvier. Entre les divers établissements qui font honneur à l'administration philosophique & humaine de M. le lieutenant-général de police, il faut regarder comme un des plus utiles à la population l'*hospice de santé* établi à Vaugirard, aujourd'hui réuni à l'hôpital-général, & consacré uniquement à recevoir indistinctement toutes les femmes & tous les enfants jugés vénériens. De mille enfants qui naissoient de meres infectées de la maladie syphillitique, à peine en échappoit-il un autrefois ; maintenant il en survit plus d'un quart ; ce qui rend cet hospice encore plus salutaire que la maison même des enfants-trouvés, où l'on ne conserve guere qu'un sixieme de ceux qu'on y porte.

Cette vérité paradoxale se trouve démontrée dans un mémoire du docteur Doulet, *sur les symptômes & les traitements de la maladie syphillitique dans les enfants nouveaux-nés.* C'est le médecin de l'hospice de santé, dont la formation est due surtout au docteur *Colombier*, honoré de la confiance du ministere pour l'administration des hôpitaux.

9 *Janvier*. La société royale de médecine en est, suivant toutes les apparences, à son dernier choc contre la faculté. Il s'agit d'un grand procès, au sujet du refus que cette derniere fait depuis plus d'un an d'admettre à la régence les membres de l'autre, qui seroient dans le cas d'y monter. Ils sont exclus, au moyen de cette difficulté, des assemblées, de leurs jetons, & de presque toutes les prérogatives de leur état ; ce qui les prive d'ailleurs de l'intérêt d'environ deux mille écus qu'il leur en a coûté pour parvenir au bonnet de docteur.

Ce procès est pendant au parlement depuis plus d'un an, & la société royale en craignant les suites, d'ailleurs désirant en éviter les longueurs, travaille à faire évoquer au conseil la contestation. Elle use de son crédit pour employer à cet effet l'autorité qui l'a si bien servie jusqu'à présent. Les jeunes gens même, qui souffrent spécialement du retard, reprochent à M. de la Sône, leur chef, son indolence & sa mollesse.

9 *Janvier*. On parle beaucoup d'une parodie de *Jeanne de Naples*, présentée à la comédie italienne sous le nom de *Jeannette*, mais que monsieur *Suard*, le censeur des spectacles, n'a pas voulu passer, comme attaquant la gloire d'un membre de l'académie françoise.

10 *Janvier*. On a joué derniérement sur le théâtre de madame de Montesson, la tragédie en prose de M. *Sedaine*, intitulée : *les Maillotins*, ou *Paris sauvé*. Quoique cette piece ait été exécutée par les acteurs ordinaires de l'illustre société, c'est-à-dire, par tout ce qu'il y a de mieux,

elle n'a point réussi. On a trouvé beaucoup de défauts qu'on a reprochés franchement à l'auteur. Il a répondu que ses peintres lui avoient cependant assuré que telle & telle situations produiroient de l'effet. On lui a demandé l'explication de cette phrase. Il a dit qu'il convenoit ne savoir ni composer un plan ni l'écrire ; mais qu'il entendoit les effets de la scene, & qu'il consultoit là-dessus ordinairement des peintres & autres artistes connoisseurs en tableaux ou en dessins. On n'a pu que rire de cette naïveté, & *Corneille*, *Racine*, *Crébillon*, *Voltaire* en auroient bien fait autant. Ce n'étoient pas là les juges qu'ils appelloient.

11 *Janvier*. Hier l'académie françoise s'est assemblée pour procéder à l'élection du successeur de M. *Saurin*. Les suffrages ont été long-temps balancés entre M. le marquis de Condorcet & M. Bailly tous deux membres de l'académie des sciences. Enfin, M. le comte de Tressan a fait pencher la balance en faveur du premier.

11 *Janvier*. On a parlé dans le temps du *barométrographe* imaginé par M. Changeux, invention ingénieuse, par laquelle l'observateur retrouve les variations qui ont eu lieu dans l'athmosphere durant son absence. Un M. Romilly a perfectionné l'instrument, en y substituant, au lieu d'un crayon, un stilet qui laissât par sa piquée une trace indélébile ; en sorte que l'on peut aujourd'hui, au bout de l'année, au bout de dix ans, réunir les diverses observations de tous les jours.

12 *Janvier*. *Mémoire au roi en dénonciation d'abus d'autorité*, exercés à la suite de la cession d'un bail & prise de possession d'une carriere à plâtre située à Pantin, de la vente & livraison des chevaux, chariots, charrettes, fours éco-

nomiques, meubles, & généralement de tous les uftenfiles néceffaires à l'exploitation, faite aux fieurs de Beaumont & de Flandres de Brunville, fecrétaire du roi, affociés, par le fieur Garnier de la Cetrée, ancien capitaine d'infanterie. Tel eft le titre de l'écrit répandu par ce dernier, & que les partifans de M. de Brunville qualifient de *libelle*, en ce qu'il n'eft figné d'aucun avocat, & ne paroît dans aucune inftance pendante en juftice.

12 *Janvier*. Quelque mal accueilli qu'ait été du public le *Gâteau des Rois*, les auteurs peu accoutumés à pareille difgrace, ne peuvent la digérer. Ils voudroient bien en rappeller, & en conféquence ils font conftamment annoncer la feconde repréfentation de cette farce, comme retardée par l'indifpofition d'un acteur, foit pour fe ménager le temps de la refondre & de la reproduire, foit pour perfuader aux gens qui n'étoient pas à la première repréfentation, que cette piece n'a pas réellement été fifflée, & que s'ils l'abandonnent, c'eft que par des circonftances étrangeres ils en auront perdu fi à propos.

Quoi qu'il en foit, leurs ennemis, leurs jaloux s'en prévalent, & voudroient faire accroire aujourd'hui que leurs autres pieces ne font pas d'eux. Dernièrement qu'on leur intentoit publiquement cette accufation dans le foyer de la comédie italienne, le muficien *Defaides* s'ecria : *Sans doute, tout le monde fait aujourd'hui qu'elles font d'un favetier.*

13 *Janvier*. Suivant le mémoire au roi, de M. Garnier de la Cetrée, il auroit vendu à un fieur de Beaumont l'exploitation d'une carriere à plâtre, fituée à Pantin, 112,000 livres, qui lui furent

payées en billets du sieur de Brunville, la caution & l'associé de l'acquéreur. Cette vente ne pouvoit être réputée frauduleuse, puisque ces deux hommes devoient être experts en affaires, le premier ayant exercé un emploi à la marque d'or & d'argent, & le second ayant d'abord été commis, puis directeur des aides.

Cependant M. de Brunville, conseiller au parlement, fils de l'acquéreur, & M. Duclusel, intendant de Tours, son gendre, ne trouvant pas ce marché convenable, exposerent à M. le lieutenant de police que le prix de la vente étoit excessif; que cette vente étoit frauduleuse; que c'étoit un vol manifeste. Ce magistrat prit des informations; mais ne pouvant employer que des suppôts de police aisés à corrompre, M. Garnier prétend que, gagné par ses accusateurs, ils firent un faux rapport, & tromperent la religion de ce magistrat surpris. De-là l'origine des vexations qu'il a éprouvées & contre lesquelles il réclame.

13 *Janvier*. Le comte de Kerguelen qui commandoit le *Liber Navigator*, bâtiment envoyé pour faire des découvertes, & enlevé au mépris des passe-ports Anglois, est revenu en France après plusieurs mois de captivité, & sans aucune satisfaction. En effet, parti de Nantes le 22 juillet dernier, il fut arrêté dès le 23 par le corsaire *le prince Alfred*, & conduit à Kinsal; & l'on juge par une lettre de cet officier, datée de Saumur le 8 décembre dernier, qu'il n'a pu en ce moment développer son droit & les horreurs de la captivité qu'il a éprouvées. Tout cela se dit dans un mémoire qu'il a adressé au lord Sandwich,

dont le résultat est de demander un dédommagement à l'amirauté.

13 *Janvier*. La *double Epreuve* ou *Colinette à la cour*. La comédie lyrique nouvelle en trois actes, ayant mieux pris aux représentations suivantes, exige qu'on en parle de nouveau.

Dans son avertissement l'auteur déclare qu'il n'a eu en composant d'autre prétention que d'essayer sur la scene lyrique une comédie qui réunît le sérieux à la gaieté, qui offrît à la musique de nouveaux effets à peindre par le contraste des genres divers, & qui fût en même temps susceptible de tous les agréments accessoires, qui sont de l'opéra le plus riche & le plus séduisant des spectacles.

Il ajoute qu'il a cru trouver tout ce qu'il désiroit dans le sujet très-connu de *Ninette à la cour*; & que peu jaloux de la gloire de l'invention, il ne s'est fait aucun scrupule de s'en emparer. Il regarde les théatres étrangers, ainsi que les théatres anciens, comme un fonds commun, où il est permis à tout le monde de puiser. Il ne voit pas pourquoi plusieurs poëtes n'auroient pas la liberté de faire d'un opéra buffon italien, ce qu'on fait des tragédies de *Sophocle* & d'*Euripide*.

M. Lourdet sait avec quel art & quel succès le *Bertholde* italien a été parodié & embelli par le poëte aimable & fécond, son maître & son ami, dont les ouvrages respirent le goût, l'élégance & la gaieté. Il sait que ce même opéra comique a été ensuite transformé en un ballet charmant, qu'on revoit toujours avec le même plaisir sur le théatre lyrique.

Il convient que deux essais heureux lui impofoient la nécessité de s'écarter un peu, & de l'original italien, & de fon ingénieux imitateur, afin de ne pas reproduire aux yeux du public les mêmes chofes.

Le défir d'éviter des reffemblances trop fortes, de mettre en même temps un peu plus de vraifemblance dans l'action, l'a fait renoncer à quelques fituations qui auroient pu répandre plus d'intérêt & de comique dans fon drame; il a tâché d'y fuppléer par la rapidité du dialogue, par le mouvement de la fcene & par la variété des tableaux.

Prefque toutes les affertions de cet avertiffement font erronées.

1°. Quelle comédie plus férieufe & plus gaie en même temps que celle du *Seigneur Bienfaifant*? Quel ouvrage lyrique offre plus de variété & de contraftes piquants, plus fufceptible enfin de tous les tableaux & de tous les agréments poffibles? Ainfi, M. Lourdet n'avoit que faire de fe donner la torture pour imaginer ce qui étoit déjà & tout récemment offert fur la fcene.

2°. Sans doute *Ninette à la cour* préfentoit un fujet très-analogue à fes vues; mais plus il avoit été bien traité, plus M. Lourdet devoit s'abftenir d'y retoucher, & il devoit concevoir qu'un opéra bouffon italien ne pouvoit lui prêter un fonds de beautés inépuifables, comme les tragédies grecques.

3°. Qui le croiroit? malgré ces réflexions qu'il auroit dû faire, malgré fa déclaration que monfieur Favart eft fon ami & fon maître, que fa *Ninette* eft charmante, que fes ouvrages refpirent le goût, l'élégance & la gaieté, que ce même opéra comique a déjà été transformé en un ballet délicieux, il ose remanier ce sujet dans l'espoir d'être encore neuf, de plaire, de surpasser ou d'égaler au moins ses modeles? Quel amour-propre, ou quelle extravagance!

4°. Enfin il avoue avoir été obligé de renoncer à ce que la Ninette de M. Favart présentoit de meilleur, aux situations, à l'intérêt, au comique de ce drame, & il a cru suppléer à tout cela par la rapidité du dialogue en faisant un opéra comique de trois actes, qui a quatre-vingt-douze pages d'impression, lorsqu'un opéra en cinq actes n'en a pas quatre-vingts : par le mouvement de la scene, c'est-à-dire, par huit ballets qui suppléent à l'action dramatique & la remplacent, sur-tout totalement au troisieme acte, puisqu'elle est finie dès le second ; & par la variété des tableaux, c'est-à-dire, par des fêtes bizarres, incohérentes, postiches, qui peuvent s'ajouter, se soustraire à volonté, sans nuire au fond du sujet.

14 Janvier. Le sieur Duquesnoi, notaire reçu depuis environ six mois, s'est fait éveiller ce matin à six heures par son laquais. Celui-ci retiré, il est monté dans la goutiere de sa maison avec un pistolet, & ayant manqué son coup, il s'est servi d'un rasoir pour s'achever. Son troisieme moyen étoit sans doute de se jeter ensuite sur la place des Victoires où il demeuroit.

14 Janvier. Les principaux griefs articulés dans le mémoire au roi, de M. Garnier, sont :

1°. Qu'un sieur de la Chauffée, chevalier de Saint-Louis, & un sieur Jaquet, ancien magistrat de Trévoux, se rendant espion de police auprès de lui, sont venus le surprendre ; & s'étant chargés de négocier une portion des billets du sieur de Brunville pour trente mille livres, les ont remis au lieutenant de police comme effets volés. C'est du moins ce que le sieur de la Chauſſée a déclaré, le 2 juillet 1771, au tribunal des maréchaux de France, lorsqu'il y a été traduit par son adverſaire.

2°. Que M. de Beaurepaire, avocat, créancier du sieur Garnier de 3000 livres, ayant auſſi été chargé par lui de 10,000 livres de ces billets, ne lui a point payé l'excédent de ſa dette, ni remis les billets, mais a excipé en juſtice d'une force majeure qui, par ordre, les lui avoit enlevés le 13 décembre 1780, toujours comme effets volés.

3°. Que le sieur de Beaumont, menacé d'être arrêté, fut obligé de fuir, & n'obtint la liberté de reparoître qu'après avoir signé un acte de déſiſtement de ſon aſſociation avec le sieur de Brunville.

4°. Que le sieur de Brunville pere a été renfermé à Charenton, où il a été interrogé & interdit juridiquement par le lieutenant-civil.

5°. Qu'un arrêt du conſeil a dépouillé le parlement de la connoiſſance des conteſtations élevées par les créanciers du sieur de Brunville, & a nommé une commiſſion, à la tête de laquelle eſt M. le Noir, qui ſeroit ainſi juge & partie, ce qui répugne à la délicateſſe de ce magiſtrat.

6°. Enfin, que le plaignant a été forcé de ſe réfugier au Temple, où le sieur de Brugnieres, inſpecteur de police, eſt venu lui déclarer devant témoins qu'il avoit ordre de l'arrêter.

Le sieur Garnier réclame en conséquence la juſtice du roi, & demande à être remis en juſtice réglée. Il aſſure qu'il l'a obtenu.

14 *Janvier*. Au premier acte du double déguisement, le théâtre repréfente un payfage agréable dans le fond & des bois fur les côtés. *Colinette*, *Julien* fon amant, & *Juftine* & *Baftien*, leur coufin & coufine, font affis fur un banc de gazon, & chantent leur double hymen qui va fe faire en ce jour, où l'on doit célebrer aufli la fête du duc de Milan. Colinette, au lieu de fe répandre en fentiments vifs & naturels fur fon union, ne parle guere que de fon défir de voir les réjouiffances qu'on doit faire à la cour; ce qui affez juftement excite la jaloufie de fon amant. A cette fcene de coquetterie fuccede une chaffe à la pipée. Le fond du théâtre change & repréfente un château avec une cour & des avenues d'arbres. Le prince, fa maîtreffe & leur fuite, vont à la chaffe à l'oifeau. Le duc voit Colinette, & la croit propre au deffein fecret qu'il a conçu. En conféquence, il fe propofe de l'emmener à fa cour, ce à quoi elle confent pour corriger la jaloufie de Julien. Tout cela eft entremêlé d'une fcene affez niaife, où cette même jaloufie a éclaté vivement, à l'occafion d'un oifeau donné à Colinette par un berger: Julien laiffe envoler l'oifeau, & brife la cage. Une autre fête étrangere à l'action, prolonge cet acte, & l'on plante le mai.

Une galerie eft le lieu de l'action du commencement du fecond acte, dont la premiere fcene fe paffe entre le duc & la comteffe qu'il aime. Celle-ci eft calquée fur la bergere de Fontenelle, qui ne veut avoir que de l'amitié & point d'amour: c'eft alors que le duc fait paroître Colinette. Les louanges que le prince & fa cour lui donnent, commencent à remuer le cœur de la comteffe, qui croit le duc amoureux de la payfanne.

Cependant celle-ci ayant exigé à son tour que Julien la vît dans sa gloire, pour qu'il connût mieux ensuite le prix du sacrifice qu'elle lui doit faire, le villageois est décrassé & amené dans les atours d'un seigneur. Quand la jalousie de part & d'autre est poussée au comble, le prince & Colinette profitent d'un bal & du masque pour connoître à fond le cœur qu'ils veulent séparément éprouver, & pour le découvrir. Toutes ces scenes sont en outre mêlées de trois ballets ou fêtes, dont la première donnée par la comtesse au prince qu'elle couronne; la seconde est une revanche qu'il prend. Le théâtre change, & représente des bosquets de verdure, ornés de treillage & illuminés de toutes sortes de couleurs. Survient une troupe de Catalans, jouant des instruments, des chars chargés de Bohémiens & de Bohémiennes, avec des tambours de basque. Le fond d'un char s'ouvre, & il en sort un amour avec un arc, qu'il dépose aux pieds de la comtesse.

On se retrouve à la campagne dans le troisieme acte. C'est une chambre rustique, où Mathurine, tante de Colinette, gémit de la coquetterie de sa niece & de sa désertion. Cependant on procede au mariage de Justine, fille de Mathurine, avec Bastien, lorsque Colinette arrive avec son cher Julien qu'elle épouse. Pour derniere fête, le théâtre change & représente la place du village éclairée en petites lanternes, & le château du seigneur dans le fond illuminé en transparent. On voit de tous côtés des grouppes de buveurs à table, qui boivent à la santé de monseigneur. Il arrive, & sa cour se mêle aux jeux des paysans pour célébrer encore mieux, ce bon maître....

14 Janvier. Il y a eu appartement hier à Verfailles, jeu & banquet, ce qui a d'abord occasionné une dispute d'étiquette entre les gardes-du-corps de monsieur & ceux du roi : ils ont accompagné cette princesse jusque chez le roi. Les gardes-du-corps, par respect, ne s'y sont pas opposés ; mais ils en ont rendu compte aux officiers majors, & le capitaine des gardes en ayant porté les plaintes à S. M., elle a décidé qu'ils ne pouvoient se trouver en fonction dans son intérieur. Du reste, tout ce gala a été fort triste ; on s'est plaint que la galerie étoit mal éclairée, ce qui ne faisoit pas ressortir convenablement la richesse des habillemens des seigneurs & dames de la cour, dont plusieurs avoient fait des dépenses excessives & gênantes pour briller. On cite entr'autres Mad. de Matignon, qui ne pouvant payer sa robe en argent comptant, l'a achetée pour une rente viagere de 600 livres.

15 *Janvier*. Le duc de Chartres, qui aime sans doute à ne rien faire comme un autre, vient d'instituer gouverneur des princes ses enfants Mad. la comtesse de *Genlis* ; cette innovation sans exemple a révolté M. le chevalier de Bonnard, qui étoit sous-gouverneur, & il a donné sa démission.

On raconte que M. le duc de Chartres étant allé, suivant l'usage, prendre les ordres du roi à cet égard, S. M., à cette nouvelle, avoit fait un moment de réflexion, puis lui avoit dit : j'ai un dauphin ; *Madame* pourroit être grosse ; M. le comte d'Artois a plusieurs princes..... vous pouvez faire ce que vous voudrez, & lui avoit tourné le dos.

En conséquence, les jeunes princesses ayant eu la rougeole, madame la duchesse de Chartres s'est enfermée avec elles, & madame de Genlis est restée avec les princes.

On fait la plaisanterie de nommer dans le public M. de la Harpe pour sous-gouvernante, parce qu'il est soupçonné correcteur & auteur des comédies de cette dame.

15 *Janvier*. Les fêtes de Paris sont absolument décidées pour le lundi 21 & le mercredi 23. En conséquence, on ne cesse de s'occuper des mesures nécessaires pour y mettre l'ordre, la décence & la circulation convenable.

Beaucoup de gens d'abord ont critiqué ces fêtes mêmes; ils ont cru que la ville auroit fait plus sagement de mettre en œuvres de charité les millions qu'elle doit dépenser en spectacles frivoles. M. le prévôt des marchands s'excuse en ce qu'ayant demandé au roi si S. M. vouloit que la ville donnât des fêtes à l'occasion de l'heureux événement de la naissance d'un dauphin, l'auguste pere, dans l'excès de la joie, avoit répondu: sans doute, & les plus brillantes; ce qui devenoit un ordre. On sait bien que depuis le monarque s'est repenti de cet acquiescement; mais la reine étant instruite de ces fêtes, s'y attendant & les désirant avec ardeur, il a craint de lui donner le déplaisir de les voir supprimer ou diminuer.

On a critiqué encore l'emplacement, la forme & le temps de ces fêtes. Quant à l'emplacement, l'usage étant que le roi vînt dans la maison commune, il n'étoit guere possible de le déplacer pour lui faire voir ailleurs le spectacle qu'on lui préparoit. Quant à la forme, il a fallu se conformer au plan des architectes, qui, jaloux de briller, ont voulu faire quelque chose d'extraordinaire & de neuf. A l'égard de la saison, il n'étoit guere possible de reculer plus loin, connoissant l'impatience de la reine, qui, sur quelques représentations faites à cet égard, avoit demandé si, lorsqu'on donnoit des fêtes en réjouissance de la naissance d'un dauphin, il falloit attendre que le nouveau né pût les voir & y danser.

Du reste, depuis ce temps, M. le prévôt des marchands & les échevins ne dorment point, tant leur inquiétude est grande qu'il n'arrive quelque catastrophe semblable à celle de 1770, tant leur activité est infatigable à prendre toutes les précautions nécessaires pour la prévenir.

15 *Janvier*. Indépendamment de l'édifice en bois, en face de l'eau, dont on a parlé, formant une vaste galerie, d'où le roi, la reine & toute la cour verront le feu d'artifice élevé au bord de la riviere, on a établi une charpente en retour, formant une décoration parallele à celle de l'hôtel-de-ville ; ce qui rétrecit encore la place de Greve, mais donne un coup-d'œil régulier & nécessaire. Cet inconvénient a fait prendre le parti de ne point laisser le peuple y entrer le jour de la fête ; & il paroît que tout l'espace en sera occupé par les troupes, par les gens de service, indépendamment d'une route spacieuse qu'on y a formée par deux balustrades, afin que les carrosses de la cour puissent arriver librement à l'hôtel-de-ville. On croit qu'en conséquence ceux des particuliers n'y entreront pas.

Afin de faire diversion, d'éparpiller le peuple & de le consoler de ne pouvoir jouir du spectacle du feu & de ses maîtres, comme il l'auroit désiré, on a imaginé de construire aux extrémités de Paris plusieurs salles de bal, où on lui fournira des rafraîchissements, & où il dansera : il est encore queſtion de donner ce jour-là *gratis* tous les ſpectacles ; enfin, les princes, les grands ſeigneurs, les gens en place, doivent de leur côté l'amuſer par ce que le luxe & la décoration peuvent offrir pour fixer ſes regards.

16 *Janvier*. Les philoſophes, les membres de l'académie, les partiſans de Voltaire ſur-tout, ſont furieux de voir M. le cardinal de Rohan, philoſophe, academicien & ami de Voltaire, en ſa qualité d'évêque de Strasbourg, publier un mandement pareil à celui de l'évêque d'Amiens & de l'archevêque de Vienne, où il s'éleve avec force contre l'audace ſacrilege d'imprimer dans ſon dioceſe la collection complete des œuvres de cet auteur, ſi dangereuſes pour la religion, les mœurs & même pour l'autorité.

16 *Janvier*. Meſſieurs le maréchal de Biron, colonel des gardes-françoiſes ; le comte d'Affry, colonel des gardes-ſuiſſes, & le chevalier Dubois, commandant du guet, ſe ſont aſſemblés, & ont conféré enſemble ſur la meilleure maniere de garder Paris durant les fêtes, & d'y empêcher les déſordres & les malheurs preſque inévitables dans ces jours de licence & de tumulte.

D'un autre côté, la ville a conſulté l'académie d'architecture pour la prier d'examiner la conſtruction du nouvel édifice élevé depuis peu en bois, & décider s'il n'y avoit rien de contraire pour la ſûreté de la famille royale qui doit y voir le feu.

L'académie a nommé des commiſſaires pour l'examen, & du tout a été dreſſé procès verbal, conforme aux intentions de la ville ; il a été décidé que le bâtiment en bois étoit ſolidement fait & dans toutes les regles de l'art ; mais d'abondance l'académie a donné quelques conseils dans ce même procès-verbal.

1°. De ne laisser personne sur le Pont-Rouge, qui, n'étant qu'en bois, pourroit ne pas soutenir une trop grande foule, & manquer par ses parapets.

2°. D'élever de fortes barrieres le long de la riviere depuis le pont de la Tournelle jusqu'au Port-au-Bled, afin que les flots du peuple, venant en foule des parties supérieures, ne puissent nuire aux premiers rangs, qui ne seroient garantis par rien, & ne pouvant soutenir, seroient obligés de céder, & dont les plus près de la riviere y seroient précipités nécessairement.

3°. D'élever le long du parapet du quai de Gêvres des traverses en bois, garnies de planches, de façon à soutenir les indiscrets du peuple qui oseroient monter sur le mur d'appui.

4°. Enfin, comme la salle en bois, construite dans la cour de l'hôtel-de-ville pour le bal du mercredi, n'est couverte que d'un simple plafond en toile, l'académie a observé qu'il faudroit l'établir en planches, pour que les pompiers pussent aller sans risque aux endroits où leur présence seroit nécessaire ; mais vu les frais énormes de cette addition & l'impossibilité d'y réussir en aussi peu de temps, elle a conseillé d'établir au moins des galeries de distance en distance avec des filets sur les côtés, de maniere qu'un homme qui tomberoit pût être retenu dedans, ne se fît aucun mal, & sur-tout, par le poids de son corps en faisant une trouée au plafond, n'occasionnât pas de plus grands malheurs.

M. Morat, le directeur-général des pompes & pompiers, a donné aussi son avis sur ce qui le concerne, & a rassuré beaucoup en certifiant qu'il ne craignoit pas le feu, qu'il redoutoit seulement la moindre terreur panique résultant des cris de quelque femmelette criant au feu pour peu qu'il y en eût, ou qu'elle crût en voir. Quant à lui, il a donné l'ordre à tous ses subalternes de n'avertir de rien, quelque chose qu'ils vissent, & de se contenter d'y porter un prompt secours.

Au surplus, M. Morat a conseillé de son côté, 1°. de s'assurer des maisons sur lesquelles est appuyée la portion de l'édifice en bois du côté opposé à l'hôtel-de-ville, d'en faire déménager tout le monde, afin de prévenir les mal-intentionnés, & de les faire garder par la garde du roi.

2°. D'y ménager une ou plusieurs sorties, de maniere à ce qu'en cas d'accident, on pût s'écouler de droite ou de gauche, suivant que les circonstances l'exigeroient.

17 Janvier. On a fait sur M. Lourdet de Santerre & son opéra, la plaisanterie suivante, ou plutôt on l'a renouvellée d'un ancien *rebus*. Elle porte sur sa qualité de membre de la chambre des comptes dont il est maître; il faut savoir que dans cette compagnie il y a un autre ordre qu'on appelle les *correcteurs*, parce qu'ils corrigent les comptes des comptables.

    Pour oser ainsi paroître,
     A l'opéra, comme auteur,
    Vous auriez, monsieur le maître,
    Grand besoin d'un correcteur.

17 Janvier. Toutes nos jeunes femmes, qui varient continuellement de modes dans leurs ajustements, n'en pouvant inventer de nouvelles, sont obligées de revenir aux anciennes ; elles portent aujourd'hui de grands tabliers & d'amples fichus sur leur gorge. Madame la maréchale de Luxembourg ne peut les souffrir ainsi ; elle dit qu'elles ont l'air de cuisinieres & de tourieres. En conséquence, pour persifler la jeune duchesse de Lauzun, sa petite-fille, elle lui a envoyé pour étrennes cette année un tablier de toile à emballage, entouré d'une superbe dentelle, & une demi-douzaine de mouchoirs de col d'un linon très-épais, également garnis. M. le chevalier de Boufflers s'est égayé sur cet envoi & a fait une chanson charmante, comme le sont toutes les productions de cet aimable & spirituel seigneur.

17 *Janvier*. On ne sauroit exprimer les terreurs qui se répandent dans les sociétés à l'occasion des fêtes, & que ne font qu'augmenter les précautions même excessives, quoique très-sages, prises par l'administration.

Une ordonnance de police a ordonné de ramoner dans le courant de cette semaine, à peine d'amende, toutes les cheminées dans l'entour de la Greve à une certaine distance.

Tous les bateliers, nageurs, plongeurs de la riviere doivent être distribués avec leurs bateaux le long de l'eau & des ports adjacents à la Greve, prêts à pêcher les malheureux que leur curiosité trop téméraire pourroit y précipiter.

Une salle est disposée pour y recevoir les blessés; le sieur Dumont, le grand rebouteur. Les médecins, chirurgiens & autres gens de l'art, sont retenus pour s'y trouver en nombre compétent ; des ustensiles & instruments sont prêts ; il n'est pas jusqu'aux prêtres de la paroisse Saint-Jean-en-

Greve, qui ont ordre de ne pas désemparer, afin d'être à portée d'administrer les secours spirituels à ceux qui en auront besoin. On n'auroit pas plus de prévoyance à la veille d'une bataille.

Les prévôt des marchands & échevins sont depuis quelques jours occupés à conférer avec les chefs des corps & de la garde sur la meilleure maniere de faire circuler les voitures, & il doit paroître incessamment à ce sujet un très-grand réglement.

Comme la Greve ne désemplit point aujourd'hui de curieux, & qu'il s'y tient des propos très-indiscrets, capables d'augmenter les alarmes, des espions rodent & arrêtent ceux auxquels on suppose de mauvaises intentions en parlant.

18 *Janvier*. La chanson de M. le chevalier de Boufflers, à Mad. de Lauzun, sa cousine aimable, charmante pleine de graces & d'élégance, est divisée en deux parties, sur *l'air de Joconde*. Dans la premiere il parle à la cuisiniere.

J'applaudis à l'emploi nouveau
   Qu'on donne à ma cousine,
Jamais aussi friand morceau
   N'entra dans ma cuisine :
Elle auroit tort de répugner
   A l'état qu'elle embrasse,
C'est où le bon goût doit régner
   Qu'elle est mieux à sa place.

On sait que des goûts délicats
   Le sien est le modele ;
Ceux même qui ne le sont pas,
   Le deviennent près d'elle.

Mais, ma tante, on vous avertit
Que votre cuisiniere
Ne fait qu'éveiller l'appétit
Et point le satisfaire.

Il apostrophe ensuite la touriere.

Vous en qui mon œil prévenu
Vit une cuisiniere,
Passez-moi d'avoir méconnu
La plus digne touriere.
Pieux costume, doux maintien,
Prévenance discrete,
Oh! ma touriere, l'on voit bien
Qu'au tour vous êtes faite.

Entre le cloître & les mondains,
Ma divine touriere,
Semble habiter sur les confins
Du ciel & de la terre.
Tous deux à son aspect émus,
Doivent rendre les armes,
Les immortels à ses vertus,
Les mortels à ses charmes.

18 *Janvier*. Outre les troupes ordinaires concernant la garde de Paris, toutes les brigades des maréchaussées voisines ont ordre de se rapprocher; le guet des gardes-du-corps, qui a cessé son service le premier janvier, a reçu celui de ne point s'éloigner, & a été distribué à la Craye dans les environs; enfin, on fait venir quelques régiments qui n'étoient pas loin.

Il faut ajouter aux précautions prises pour donner sur le champ du secours aux mourants

& blessés qui en auront besoin, que les hôpitaux & sur-tout la Charité, ont reçu ordre de conserver leurs lits à cet effet.

Des conférences tenues entre les chefs pour se concilier sur la meilleure maniere de faire le service, & d'établir la circulation en conservant le bon ordre, il en a résulté une longue instruction imprimée, qu'on distribue aujourd'hui *gratis* & en profusion, où l'on voit de quelle maniere les voitures s'y prendront pour aborder. Comme il n'y a que trois portes, & qu'il ne pourra arriver qu'un carrosse à la fois, il est calculé qu'à une minute pour que chaque maître descende & se dégage dans l'espace de quatre heures que durera l'introduction, il n'y aura que 710 carrosses qui seront admis, lesquels, en les supposant pleins, ne fourniront pas 3000 spectateurs, & il y a six mille places à donner.

18 *Janvier*. M. de la Harpe, mécontent sans doute du public, a fait annoncer qu'il retiroit sa *Jeanne de Naples* après six représentations.

19 *Janvier*. On n'a pas manqué de faire un vaudeville sur les fêtes que la ville doit donner, où, suivant l'usage, on tourne en ridicule messieurs de la ville & leur plan.

Air : *Mon pere étoit pot.*

Vous qui voulez fêter vos rois
  Comme ont fait vos ancêtres,
Bons Parisiens, braves bourgeois,
  Qui tant aimez vos maîtres,
    Venez lundi soir,
    Vous pourrez les voir

Tous, en place de Greve,
Gardés comme il faut
Sur un échafaud
Qu'un prévôt leur éleve.

Mais n'allez pas prétendre tous
Partager cette grace,
Vous favez bien qu'étant chez vous
Vous n'aurez pas de place.
L'ami Caumartin
Fermant le chemin
Au peuple qui s'effraie,
S'embarraffe peu
Qu'on voie le feu,
Il fuffit que l'on paie.

Pour vous confoler du feftin
Courez de place en place;
On vous prodiguera le pain
Dont le pauvre fe paffe;
De vieux cervelas
Dont on ne veut pas,
Et qu'on jette à la tête,
Avec des milliers
De bons fufiliers,
Pour avoir l'air de fête.

Caffez-vous les jambes, les bras,
Les reffources font prêtes :
Vous en aurez; mais n'allez pas
Auffi perdre la tête.
Monfieur le prévôt,
Dont c'eft le défaut,

Croit la tête inutile ;
Car il a prouvé
Qu'on n'en a trouvé
Aucune dans la ville.

Sage ordonnateur de ces jeux,
Et vous monsieur le maître (1),
Qui faites passer à vous deux
Le roi par la fenêtre,
Convenez tout net
Que ce beau projet
Arrangé, Dieu sait comme,
Ne va qu'au Martin,
Qu'au génie enfin,
Qu'à Montmartre on renomme.

19 *Janvier*. On a commencé jeudi dernier la translation à l'hôtel de la Force, rue des Ballets, de tous les prisonniers civils, confondus jusqu'à présent avec ceux détenus pour crimes dans les différentes prisons de la Conciergerie, du grand & du petit Châtelet, & du Fort-l'Evêque.

Il faut se rappeller que l'objet de cet établissement, commencé sous M. Necker, est de séparer les mal-faiteurs de ceux que leur inconduite ou le malheur seul a mis en captivité.

Les débiteurs détenus pour mois de nourrice en sont sans contredit la classe la plus intéressante ; elle est moins nombreuse en ce moment par les bienfaits répandus sur elle, à l'occasion de la naissance du Dauphin

20 *Janvier*. M. Moreau, architecte du roi,

_____

(1) Le sieur Moreau, architecte de la ville.

maître général, contrôleur, inspecteur des bâtimens de la ville, sachant qu'on critiquoit l'emplacement où les fêtes sont établies, comme trop étranglé, & ne pouvant contenir la foule du peuple pour qui elles sont principalement instituées, a jugé à propos, pour sa justification & pour convaincre les incrédules, de répandre le calcul suivant.

1°. Le feu peut être vu à des croisées de maisons particulieres par un nombre de citoyens, montant à . . . . 17,220. *person.*

2°. En appréciant la superficie des quais, ports, ponts, rues & places adjacentes ou éloignées . . 241,360. *idem.*

3°. Dans la place de l'hôtel-de-ville . . . . 16,000. *idem.*

4°. Enfin, dans l'hôtel-de-ville même. . . . . 6,000. *idem.*

280,580. *person.*

Nombre qu'on peut regarder comme excédant le tiers de la population de la capitale, & supérieur incomparablement à celui que pouvoit contenir la circonscription de la Greve, & l'ancien emplacement des feux.

20 *Janvier.* Hier à la comédie françoise on devoit jouer *Zaïre*, & le sieur Grammont s'étant présenté pour faire le rôle d'*Orosmane*, le public n'a pas voulu le laisser parler, & a crié : *Larive, Larive* ! c'est l'acteur qu'il doubloit. Les clameurs ont été si bruyantes & si longues, que le sieur

Gramont s'est ennuyé & a quitté la scene. Un moment après le sieur Florence, en sa qualité de semainier, a été obligé de venir haranguer le parterre, & a dit qu'on avoit en vain cherché le sieur Larive qui n'étoit pas chez lui, & il l'a supplié de vouloir bien se contenter de son double. Gramont a reparu & a reçu le même accueil, de façon qu'il est sorti du théatre pour n'y plus rentrer. Sur ce, les comédiens ont tenu conseil, & ont fait demander quelle piece on vouloit; on a répondu : *le Roi de Cocagne*; nouveau message pour annoncer que les acteurs ne se trouvoient pas en nombre compétent. Ces pourparlers avoient duré plus d'une heure, lorsque le sieur Dorival, qui autrefois a tenu les premiers emplois en province, a proposé à ses camarades de remplacer le sieur Gramont, & de faire lire son rôle de Châtillon par un autre. Nouvelle députation au parterre afin de lui parler de cet arrangement, qu'il a enfin accepté; ce qui a fait dégénérer en farce cette touchante tragédie. Cependant on a su gré au sieur Dorival de son zele, & il a été fort applaudi.

Il n'est point mal que de temps en temps le public donne ainsi une leçon aux comédiens, & tempere leur insolence. Il est vrai qu'il en résulte ordinairement quelque détention, & trois jeunes gens ont été ce jour-là arrêtés, & ont couché en prison; ce qui paroît d'autant plus injuste, que c'étoit le vœu général de l'assemblée, & que les loges même s'étoient jointes au parterre.

21 *Janvier.* Extrait d'une lettre de Bordeaux, du 15 janvier.... Notre premier président, revenu ici, y a été reçu presque avec les mêmes acclamations qu'en 1774. Il s'est prévalu de ce triomphe

pour humilier les partisans les plus connus de M. Dupaty; il a refusé sa porte à M. & madame Dupré de Saint-Maur, l'intendant & sa femme; à messieurs Gobinau & l'abbé Barbeyeres, conseillers au parlement, & à M. Dufaur de la Jarte, avocat-général, tous très-déclarés & agissant en faveur de ce président. On trouve cela très-bien, & ces messieurs le méritent par leur bassesse.

En outre, le parlement a obtenu le retrait de l'arrêt du conseil qui suspendoit les procédures commencées au sujet des pamphlets répandus dans l'affaire de M. Dupaty; mais la connoissance en est toujours retirée au parlement de Bordeaux & renvoyée à celui de Toulouse.

21 *Janvier. Réflexions sur l'état actuel du crédit public de l'Angleterre & de la France.* Tel est le titre du pamphlet de M. Panchault, daté du 9 novembre 1781. Il paroît que c'est pour faire sa cour à M. de Fleury, qu'il a été entrepris. Suivant les spéculations de ce financier, la dette nationale d'Angleterre en 1700 n'étoit que de seize millions de livres sterlings; elle fut portée en 1715, à 55 millions; en 1748, à 78 millions; en 1762, à 148 millions; enfin, au mois de juillet dernier, elle étoit à 177 millions toujours sterlings. La banque d'Angleterre, fondée vers la fin du dernier siecle, formée au sein des orages qui porterent *Guillaume III* au trône, a été le grand & principal instrument de l'élévation du crédit public de cet état; c'est avec ce secours magique que l'Angleterre levant aujourd'hui sur ses sujets près de treize millions de livres sterlings tous les ans par la voie de l'imposition, & à peu près autant par la voie de l'emprunt, fait

ainsi passer plus de 25 millions dans les coffres du fisc public, quoique tout l'argent monnoyé du royaume ne s'éleve pas à plus de vingt millions de livres sterlings. Mais cette illusion ne peut durer, & la banque d'Angleterre fléchit déjà sous son propre poids.

Au contraire, la France n'ayant besoin de secours extraordinaires pour continuer la guerre que d'environ 150 à 160 millions par an, y a pourvu suffisamment par des emprunts peu onéreux. Les loteries à époque n'ont coûté à l'état qu'environ six pour cent ; les rentes viageres n'ont guere coûté que neuf pour cent sur une tête & huit sur deux ; & par l'impôt que vient de mettre M. de Fleury, rapportant environ vingt-cinq millions, il s'est ménagé la facilité de faire des emprunts pour les années suivantes. Sous M. Necker la seule opinion de l'économie a suffi pour établir la confiance : sous M. de Fleury, son apologiste prétend qu'elle sera encore mieux établie sur la réalité des richesses par l'augmentation des revenus du roi.

Ce seul trait prouve combien M. Panchault a à cœur d'élever l'administration du dernier au-dessus de celle de son prédécesseur. On lui attribuoit déjà le fameux pamphlet imprimé à Liege contre M. Necker : il l'attaque ici plus ouvertement ; il le caractérise comme un écrivain plus remarquable dans la carriere de l'ambition que dans celle des lettres ; comme un enthousiaste des Anglois, qui, dans son *éloge de Colbert*, cite perpétuellement leur gouvernement, sans en avoir même l'idée. Il s'exprime encore assez amérement sur la suppression des receveurs-généraux des finances, & loue singuliérement M. de Fleury de leur rétablissement.

On sait que la caisse d'escompte est une production de M. Panchault; il l'exalte en conséquence, & voudroit bien qu'elle prît plus de consistance en France.

Tel est le précis de cet ouvrage, en général fort sec & fort ennuyeux, mais nerveux & bien écrit. Il est terminé par un double tableau comparatif de la dégradation des papiers Anglois depuis 1776, & de la hausse des François.

21 *Janvier.* Malgré la dépense énorme faite pour décorer l'hôtel-de-ville, pour l'augmenter & suppléer par la magnificence des ornements à la petitesse du local, les gens de goût trouvent le nouvel édifice & ses divers accompagnements mesquins, au milieu de toute leur richesse. Quoi qu'il en soit, c'est aujourd'hui que la cérémonie doit avoir lieu. La terrible étiquette a déjà occasionné bien des représentations au roi.

1°. Les freres de S. M. vouloient venir *in fiocchi*, & conséquemment accompagnés de leurs gardes, ce qui étant contraire à la derniere décision, on n'a trouvé d'autre tournure pour leur sauver ce désagrément, que de faire conduire ces princes par le roi & dans son carrosse.

2°. M. le duc d'Orléans a représenté au roi, au nom des autres princes du sang, que n'ayant point été priés du repas, & seulement invités de se trouver à l'hôtel-de-ville, ils supplioient S. M. de trouver bon qu'ils n'y allassent pas. On assure que le roi les a laissés maîtres de faire ce qu'ils voudroient. Leur difficulté vient de ce que, dans ces cérémonies, ils prétendent devoir manger avec la famille royale, & que celle-ci n'admet que les princes qui la composent.

3°. Les Ducs se sont trouvés scandalisés de n'avoir pas été invités différemment que la haute noblesse, & la haute noblesse a dit que si l'on mettoit quelque différence entr'elle & eux, elle ne s'y trouveroit pas. Il paroît que celle-ci l'a emporté.

4°. Il n'est pas enfin jusqu'à la chambre qui a fait des contestations, & exigé une décision du monarque. Celle dont les fonctions ont fini au premier janvier, a prétendu que la naissance du dauphin, objet des fêtes, ayant eu lieu durant leur service auprès du roi, c'étoit à eux à accompagner leur maître en cette occasion : ceux du service actuel n'ont pas voulu cesser leurs fonctions, & ils ont en effet gagné leur procès.

22 *Janvier*. La fête annoncée a eu lieu hier, & malgré les apparences du plus mauvais temps, la journée a été beaucoup plus belle qu'on n'auroit osé l'espérer. La reine est venue avec un cortege peu nombreux, mais radieuse elle-même. Elle avoit dans son carrosse Mad. Elisabeth, Mad. Adelaïde, Mad. la duchesse de Bourbon, Mlle. de Condé, Mad. la princesse de Conti, Mad. la princesse de Lamballe. Après avoir été à Notre-Dame & à Sainte Genevieve, elle s'est rendue à l'hôtel-de-ville, où étoient rassemblés pour la recevoir, les seigneurs & dames qui ne l'avoient point accompagnée, & pour y attendre l'arrivée du roi.

On leur a servi une table de soixante & dix-huit couverts, où il n'y avoit que le roi & ses deux freres en hommes, du reste la reine, les princesses & femmes de la cour.

Les autres tables ont été fort mal servies, non

à défaut de victuailles, mais par le peu d'intelligence de ceux qui préfidoient aux diftributions. Les ducs & pairs entr'autres ont dîné avec du beurre & des raves, parce que S. M. ayant forti de table promptement, il a fallu lever toutes les tables: du refte, on peut juger de la profufion de ce jour par la viande de boucherie feule, dont il a été confommé 102,000 milliers.

Le feu d'artifice, dont la décoration étoit fuperbe & analogue à la fête, a été mal exécuté, & d'ailleurs maigre : on en a été très-indigné contre le maître artificier, le fieur de la Variniere.

Du refte, des deffinateurs montés fur un échafaud dreffé en face de l'hôtel-de-ville, ont dû lever le plan & deffin des diverfes parties de ce fpectacle, pour en perpétuer la mémoire aux yeux de la poftérité.

22 *Janvier.* Il paroît un arrêt du confeil, daté d'hier, par lequel S. M. ne pouvant faire participer tous les habitants de fa bonne ville de Paris à fes bienfaits, a cru devoir s'occuper de ceux moins en état de fupporter les charges publiques, & ajouter aux différents fecours qui ont déjà été diftribués par fes ordres, la remife de toute capitation pour la préfente année en faveur des bourgeois, marchands & artifans qui n'ont été impofés en 1781 qu'à 9 livres de capitation & au-deffous.

23 *Janvier.* En vertu des fêtes & indépendamment des bénéfices que doivent faire les officiers municipaux, ils ont obtenu quatre cordons noirs, deux aux premiers échevins, *Richer & Bordenave*; un au fieur *Moreau*, architecte, & le dernier au fieur *Buffaut*, le receveur. On ne fait trop, par exemple, à quoi revient celui-ci. Quoi qu'il en

soit, les calembouristes ne manquent pas de dire que ce sont des *cordons de greve*.

23 *Janvier*. M. *Dutartre de Bourdonné*, trésorier payeur des rentes assignées sur l'ancien clergé de France, vient de mourir. C'étoit un des héros de méchanceté sur lesquels on prétendoit que Gresset avoit modelé son Cléon. Quoi qu'il en soit, incapable de rien produire par lui-même, M. de Bourdonné avoit l'art d'apprécier assez bien les ouvrages d'autrui, & sur-tout d'y répandre ce ridicule qui rendoit ses jugements redoutables aux auteurs. Les poëtes dramatiques le craignoient principalement; il tenoit ses assises dans les foyers des différents spectacles, & étoit écouté comme un oracle, des gens du monde.

24 *Janvier*. Le bal qui a eu lieu cette nuit à la ville, étoit détestable par la difficulté d'y aborder en voiture, malgré toutes les précautions prises à cet effet; pour la cohue immense qui s'y est trouvée en plus grand nombre que n'en pouvoit contenir la superficie de l'hôtel; enfin, pour l'espece de monde, dont la plus vile canaille de Paris faisoit une très-grande partie. Le roi & la reine ont d'abord soupé au Temple très-gaiement, & se sont ensuite rendus à la fête. La reine s'est habillée chez le sieur Buffaut, le trésorier de la ville, & est de-là entrée au bal, au milieu d'une quarantaine de femmes de la cour. Leurs majestés se sont trouvées elle-mêmes si pressées, que la reine a crié un moment: *j'étouffe*, & que le roi a été obligé de se faire place à coups de coude. Malgré cela, ils ont paru s'amuser.

24 *Janvier*. Le fameux Olavidès est constamment ici depuis plusieurs mois, & il n'y a pas d'apparence qu'il retourne en Espagne. Il s'est tiré

adroitement de l'inquisition, secondé de son médecin, qui a déclaré que les eaux de Banieres seroient nécessaires à sa santé. Il paroît qu'on a bien voulu adopter en quelque sorte cette tournure, & favoriser son évasion indirectement, puisqu'on auroit pu prendre des précautions pour s'assurer de son retour. Quoi qu'il en soit, étant à Banieres il s'en est bien trouvé, & a eu besoin d'aller à Toulouse; de-là il a pris son essor pour Paris, où il est. L'Espagne a fait quelque réclamation à son égard, & il a été obligé de se retirer vers M. de Vergennes, qui l'a assuré de la protection du roi. Il est ici sous le nom de comte de Pillo.

Les humiliations, les indignités, les mauvais traitemens qu'il a éprouvés, ont altéré sa figure, qui étoit très-belle; il paroît affaissé sous le poids de la douleur. Il vit des rentes qu'il s'étoit constituées sur cet état.

Nos philosophes ne manquent pas de le voir, & cherchent à adoucir ses chagrins. On sait qu'un de ses griefs étoit d'avoir traduit en espagnol divers ouvrages de Voltaire, & sur-tout son *Dictionnaire philosophique*. Les partisans de ce grand homme ne peuvent que lui savoir gré d'avoir été ainsi le martyr de son enthousiasme pour lui.

25 *Janvier*. Paris est plein de gens de lettres estimables & d'érudits modestes, qui, sans avoir ni titres littéraires, ni pensions, n'en travaillent pas moins avec ardeur au progrès de nos connoissances. Tel étoit un savant trop peu connu, mort le 20 novembre dernier, c'étoit M. *Barbeau de la Bruyere*, né à Paris en 1710, d'un marchand de bois. Pour se soustraire aux reproches de sa mere, qui vouloit en faire un marchand, & non un littérateur, il se réfugioit & se cachoit avec ses livres

sur les plus hautes piles du chantier. Il avoit d'abord embrassé l'état écclésiastique, & fait plusieurs ouvrages de théologie imprimés chez l'étranger, ce qui doit le faire suspecter violemment du jansénisme, d'autant qu'il avoit commencé à étudier à la Doctrine chrétienne, congrégation très-renommée dans le parti.

Il changea de goût en Hollande, & se livra à la géographie & à l'histoire. Il en rapporta plusieurs cartes du pays fort savantes, peu connues alors en France, & très-utiles à M. Bouache, de l'académie des sciences, qui a de grandes obligations à monsieur Barbeau de la Bruyere, auteur de toute la partie érudite de ses ouvrages.

En 1759 il parut cependant, sous le nom de M. Barbeau, une *Mappemonde historique*, carte ingénieuse & vraiment nouvelle, où il a su réunir en un seul système la géographie, la chronologie & l'histoire : il eut la modestie de ne se donner que pour avoir exécuté l'idée de M. l'abbé *d'Artois*, chanoine de Saint-Honoré, mort vingt-quatre ans avant ; mais on ne voulut pas croire son annonce généreuse.

M. Barbeau n'a pu développer tout le talent qu'il avoit en ce genre, par la nécessité de gagner sa vie en donnant des éditions, & en travaillant en sous-ordre pour des auteurs qui ne le valoient pas, & se paroient de son mérite. Tel étoit l'abbé de la Croix, dont *la Géographie moderne* appartient plus, quant au fonds, à l'éditeur qu'au propriétaire même : il a encore considérablement amélioré les *Tablettes Chronologiques* de l'abbé Langlet. Son œuvre la plus considérable, est la *Bibliotheque historique de la France*, en cinq volumes in-fol. Ce livre, ébauché par

par le pere le Long, continué par M. de Fontette, a été perfectionné par M. Barbeau.

Quoique très-mal-aisé, un trait qui lui fait plus d'honneur que tous ses ouvrages, c'est d'avoir vendu un contrat de 400 liv. seul bien qu'il eût recueilli de la fortune de son pere, pour secourir deux jeunes Russes que l'amour des lettres avoit engagé de sortir de leur pays.

Sentant dans sa vieillesse la nécessité d'une compagne, il se maria en 1779. Quelques heures avant d'être frappé d'apoplexie, il travailloit encore à des recherches sur les antiquités de l'église de Montmartre, sa paroisse.

La seule société savante où M Barbeau soit entré, c'est l'académie des sciences & belles lettres d'Auxerre. Il désiroit fort qu'on créât pour lui un titre d'*antiquaire de France*, & il l'a rempli sans l'avoir. Dès l'âge de cinq ans il avoit annoncé une mémoire prodigieuse : il étoit une bibliotheque vivante, & se connoissoit parfaitement en bibliographie.

26 *Janvier*. La piece de *Jeanne de Naples* étoit déjà tombée deux fois dans les regles aux termes du nouveau réglement, & à la troisieme fois elle auroit appartenu en propre aux comédiens. L'auteur a craint cet événement, & a préféré en la retirant de se ménager le moment favorable de la remettre avec des corrections.

26 *Janvier*. On compte déjà trois personnages arrêtés & détenus prisonniers, relativement à l'ouvrage intitulé, dit-on aujourd'hui, *Vie d'Antoinette*; savoir, ce *Jacquet* dont on a parlé; un libraire nommé *Costar*, très-connu & ayant déjà fait banqueroute, & un M. de *Marcenay*, homme du monde, mais libertin & mauvais sujet.

27 *Janvier*. On a célébré, suivant l'usage, le

venue de leurs majestés dans Paris par une médaille représentant d'un côté le roi & la reine, avec cette légende. Lud: XVI. Fr. & Nav. Rex: Mar. Ant. Auſt. Reg. F., & de l'autre la France, tenant le dauphin dans ſes bras, avec cette légende: *Felicitas publica*; & pour exergue: *natalis Delphini die XXII Octobris* 1781. Ces médailles ont été diſtribuées le lundi aux perſonnes en place, & jetées au peuple ſur la route.

27 *Janvier*. La tranſlation des priſonniers civils à l'hôtel de la Force, commencée le 10 janvier, a été entiérement achevée le 19. Ce nouvel établiſſement eſt diſtingué des autres par l'étendue du local, & conſéquemment par la ſalubrité qui en doit réſulter, par la commodité des logements, la diminution des frais, & la ſuppreſſion de perceptions abuſives, telles que les droits de bienvenue & autres en uſage juſqu'à ce moment.

Un des avantages de cette maiſon le plus remarquable, conſiſte dans la ſéparation de chaque genre de priſonniers. Il y a huit cours & ſix départements.

Le premier eſt uniquement deſtiné au logement des employés aux premiers guichets & à tous les acceſſoires du ſervice.

Le ſecond aux priſonniers détenus pour mois de nourrice.

Le troiſieme aux autres débiteurs civils de toute eſpece.

Le quatrieme aux priſonniers de police.

Le cinquieme réunit toutes les femmes priſonnieres.

Et le ſixieme ſert de dépôt aux mendiants.

Un des changements les plus eſſentiels, dont on s'apperçoit déjà dans la maiſon, c'eſt que les chefs en font infiniment plus honnêtes, & qu'il n'est pas jusqu'aux guichetiers qui, au lieu d'être repoussants & barbares comme autrefois, semblent porter sur leur physionomie l'humanité, la commisération, la bienfaisance.

27 *Janvier.* M. *Mercier* n'a point perdu de temps chez son imprimeur de Neuchâtel, & il paroît déjà une nouvelle édition de son *Tableau de Paris,* augmentée de deux volumes, en sorte qu'il est en quatre aujourd'hui.

28 *Janvier.* Extrait d'une lettre de Besançon, du 15 janvier... Nous ne sommes pas surpris du sieur *Jaquet.* Un homme qui, de magistrat à son aise, appartenant à plusieurs conseillers de notre parlement, se transforme en espion, en colporteur, ne peut être qu'un mauvais sujet, & l'on ne sauroit le plaindre. Le bruit s'est bien répandu ici qu'il avoit été expédié à la Bastille. Cependant nous croyons qu'on l'eût supplicié plus légalement, si l'on eût voulu en faire un exemple.

28 *Janvier.* Tous ceux qui ont occasion d'aller voir les nouvelles prisons, en sortent enchantés. Chacun des six départements a ses guichets particuliers, & ils ont entr'eux les communications qui peuvent être utiles au service sans nuire à la sûreté ; il y a dans la plupart des chambres, un, deux, trois & quatre lits, &, sur-tout dans le département des débiteurs, plusieurs chambres ont des cheminées ; il y a en outre de vastes dortoirs, dans lesquels les prisonniers, hors d'état de payer un loyer, sont cependant couchés dans des lits à bascule, qui se relevent pendant le jour, & qui sont garnis d'un matelas de laine & crin, d'un traversin & d'une couverture.

Chaque département a sa cour, sa galerie couverte, des fontaines qui fournissent toute l'eau nécessaire; il y a en outre un chauffoir commun pour les prisonniers qui n'ont pas le moyen d'être en chambre particuliere, des réverberes illuminés toute la nuit, & un lieu destiné pour les repas communs.

On a placé dans cette prison deux chapelles, où chaque espece de prisonniers assiste régulierement aux offices, sans qu'ils puissent se voir, ni se communiquer en aucune maniere.

Une infirmerie très-salubre, & dans laquelle tous les malades seront couchés seuls, est divisée en deux salles, l'une pour les hommes & l'autre pour les femmes; elle est placée à la portée des différents départements. On y a réuni tous les accessoires nécessaires, & principalement une pharmacie où se trouve le dépôt des drogues à fournir dans toutes les prisons de la ville.

Enfin, tous les pauvres prisonniers qui n'ont aucune ressource, y sont non-seulement couchés seuls, comme on l'a déjà dit, mais ils reçoivent encore chaque jour une livre & demie de bon pain, & une portion, soit de viande, soit de légumes; on leur donne des vêtements quand ils en manquent & du linge blanc une fois la semaine.

28 *Janvier*. MM. *Piis* & *Barré* s'obstinent à vouloir être sifflés une seconde fois, & demain l'on reprend leur *Gâteau des rois*. En attendant voici une épigramme qu'on distribue, elle est adressée au sieur *Piis*.

Pour ton gâteau fait à la hâte,
Te voilà, cher Piis, rudement rembarré.
Quoi diable aussi fais-tu de ton monsieur Barré!
Car, entre nous, c'est un vrai gâte-pâte.

Veux-tu favoir le fin de l'art!
Chaffe-moi ce garçon, travaille davantage,
Et chez le pâtiffier Favart
Va faire encor deux ans d'apprentiffage.

29 *Janvier.* Un plaifant a parodié l'épigramme contre Mad. la comteffe de Genlis, & fait la réponfe fuivante.

>Aujourd'hui prude, hier galante,
>Tour-à-tour folle & docteur,
>Genlis, douce gouvernante,
>Deviendra dur gouverneur,
>Et toujours femme charmante
>Saura remplir fon deftin,
>On peut bien être pédante
>Sans ceffer d'être catin.

La reine répugnant à venir aux bals de l'opéra dans la nouvelle falle des boulevarts, ils ont été transférés au château des Tuileries, à celle où fe joue aujourd'hui la comédie françoife. Le bruit fe répand même qu'après le départ de celle-ci, l'académie royale de mufique y reprendra fes féances; mais M. le comte d'Angiviller s'y oppofe fortement, & non fans raifon.

Meffieurs Miqué, Hezon, Brebion, intendants & infpecteurs des bâtiments du roi, conjointement avec M. Morat, commandant de la compagnie des gardes pompes, fe font tranfportés au Louvre & aux Tuileries, & ont fait une vifite générale des deux palais. Leur rapport a été des plus effrayants; ils fe font accordés à déclarer qu'il n'y avoit point de palais plus combuftibles, fur-tout dans la partie où eft la falle de la comédie françoife. C'eft ce qui détermine M. le directeur-général des bâtiments du Roi a rejeter tout établiffement de cette efpece ; on regarde même le projet de bâtir l'opéra futur dans le voifinage, comme très-incertain ; & il en pourroit bien réfulter que le duc de Chartres obtiendroit de nouveau la faveur d'avoir l'opéra chez lui.

19 *Janvier.* Quoique le feu ait été très-mefquin, la décoration en étoit fuperbe, & frappoit le fpectateur par un coup d'œil impofant. Elle repréfentoit le temple de l'hymen, formé par un portique de colonnes, furmonté d'un fronton & couronné d'un attique. Sur les degrés étoient des piédeftaux dans les angles, où des enfants fe voyoient portant des torches & des brandons enflammés. Du centre du temple s'élevoit un autel chargé des offrandes des François pour la profpérité de la famille royale. La France étoit fous l'emblême d'une femme devant le portique du temple, recevant des mains de l'Hymen, accompagné de la paix & de l'abondance, l'enfant augufte & précieux qui vient de naître.

Le couronnement de l'édifice étoit orné d'emblêmes & de bas reliefs, furmonté par des enfants & des aigles, tenant des guirlandes, & en décorant le temple.

Le tout étoit pofé fur un double foubaffement en rochers, dont le premier orné fur le devant d'un grouppe de figures repréfentant la Seine & la Marne; leurs eaux mêlées fortant par une urne, couloient dans une grande conque, d'où elles tomboient en nappe au milieu des Tritons & des Naïades, habitants de ces fleuves, raffemblés pour prendre part à la fête : du refte, des fontaines jailliffantes des baffins. Le fecond foubaffement étoit formé par des rochers & des grottes agréables au deſſous du temple, où l'on montoit par des eſcaliers tournants, bordés de plantes & d'arbres fleuris.

Des deux côtés le temple étoit accompagné de deux colonnes coloſſales, ſurmontées d'un grouppe de dauphins, portant un globe aux armes de France, terminé par une couronne.

20 *Janvier.* Le mandement du cardinal de Rohan, évêque-prince de Strasbourg, a été rendu pour la ſolemnité de la fête ſéculaire du rétabliſſement du culte catholique dans la cathédrale & la ville de Strasbourg. A la fin il eſt dit : donné à Versailles, où nous ſommes fixés par notre charge auprès du roi, le 12 octobre 1781.

Le prélat prend occaſion de cette circonſtance pour déclamer contre la nouvelle philoſophie, qui déclare une guerre ouverte à la croyance de dix-huit ſiecles, qui écrit publiquement contre l'évangile, qui lui ſubſtitue des écrits inſidieux, reproduit des ouvrages qu'une ſage génération avoit condamnés aux ténebres & à l'oubli. Il vient enſuite à la nouvelle édition de Voltaire, à laquelle on travaille au fort de Kell, près de ſa ville épiſcopale & ſous ſa juriſdiction ſpirituelle, mais il n'oſe nommer ni l'ouvrage, ni l'auteur ; il prend une circonlucution, & s'écrie :

« Eh ! dans quel ſiecle auroit-on vu établir
» une forge d'impiété, où l'on fabriquât con-
» tre la religion des armes nouvelles, que l'art
» y prépare avec ſoin, & que l'induſtrie va ré-
» pandre avec profuſion. Là cependant ſe réuni-
» ront les productions des écrivains les plus licen-
» cieux, les paradoxes des auteurs les plus témé-
» raires : ce n'étoit point aſſez de tous ceux qu'ils
» avoient haſardés dans les ouvrages qu'ils ont

,, pu publier de leur vivant ; on va fouiller dans
,, leurs cendres pour en extraire ce qu'ils auroient
,, rougi d'avouer.... ,,

Tel est le paragraphe que les académiciens & partisans de Voltaire reprochent à un prélat, membre de l'académie françoise & confrere du défunt, & dont les dévots & les zélés lui font un crime aussi pour sa pusillanimité à n'oser attaquer ouvertement & de front une entreprise si dangereuse pour l'autel & le trône.

Quoiqu'il en soit, les grands-vicaires du cardinal de Rohan se disculpent de leur côté en cette occasion, & déclarent que c'est lui-même qui a fait son mandement.

30 *Janvier*. C'est aujourd'hui que doit enfin avoir lieu à Versailles le bal des gardes-du-corps, qui sera d'abord paré, & ensuite masqué. Il se donnera dans la nouvelle salle d'opéra, décorée particuliérement pour cette fête. On a fait hier la répétition de l'illumination, qui a produit le meilleur effet & enchanté tous les gens de goût appellés à ce spectacle.

31 *Janvier*. Ce qu'on rapporte du bal des gardes-du-corps, en donne la plus haute idée; jamais fête n'a été si brillante ni si bien ordonnée ; tout s'y est passé avec la plus grande décence, avec une politesse rare & soutenue depuis le commencement jusqu'à la fin. En voici les anecdotes principales.

M. de Presy, un des majors de cour, & le plus ancien des gardes-du-corps, devant avoir l'honneur de danser avec la reine, suivant un ancien usage, S. M. lui a permis de faire la révérence du menuet avec elle ; on en est resté là & l'on est passé aux contre-danses. Entre les huit gardes-du-corps nommés pour faire les honneurs du bal, la reine a choisi M. de Mouret, qui, intimidé d'abord, a vu la souveraine le rassurer avec bonté. A la fin il a reconduit S. M. à sa place, & elle lui a remis sur son chapeau un paquet où s'est trouvé une boîte d'or, dans laquelle étoit un brevet de colonel.

Un particulier s'étant immiscé de danser à une des trois contre-danses où étoit la reine, le roi, quoiqu'il ait la vue basse, l'a fort envisagé, & ne le reconnoissant point pour lui avoir été présenté, a chargé le prince de Poix de vérifier le fait. Le quidam a répondu qu'il étoit le comte de Luçon, capitaine à la suite du régiment de Champagne; que n'étant point colonel, il ne pouvoit encore être présenté; mais qu'il étoit fait pour l'être. S. M. a ordonné en conséquence à M. de Ségur qu'il eût à le faire partir incessamment pour son régiment. Par une impudence rare, ce même aventurier a eu celle de se trouver aussi au bal masqué sans l'être, en sorte que le prince de Poix n'a pu s'empêcher de lui témoigner sa surprise de le rencontrer encore là, malgré la liberté que tout le monde avoit d'y être à cet instant.

M. le prévôt des marchands étant venu badauder au bal masqué, un masqué lui a dit qu'il faisoit bien de se trouver en pareil lieu pour apprendre à donner des fêtes.

1. *Février* 1782. Les celembouts continuent; il est question aujourd'hui d'un voyage que M. le duc de Chartres doit faire en Italie pendant qu'on bâtira son palais; on dit qu'il poussera jusqu'à Constantinople, pour y apprendre le rôle de grand-seigneur.

On dit que Mad. la comtesse de Genlis doit

commencer l'éducation des princes par le revers, afin de leur apprendre *à le mettre à la bonne.*

2 *Février.* MM. Piis & Barré avoient d'abord cru capter les suffrages du public pour leur seconde représentation du *Gâteau des Rois* ou *Gâteau à deux feves*, par une longue piece de vers, insérée au journal de Paris sous le titre de *Stances élégiaques*, dans lesquelles ils sembloient persifler leurs critiques, & rire de leur chûte prétendue; ensuite par une précaution mieux imaginée, ils avoient répandu à-peu-près deux cents battoirs dans le parterre, d'où il est résulté une cacophonie considérable, puisqu'une moitié applaudissoit à tout rompre, lorsque l'autre siffloit encore plus fort.

Mais le parquet & les loges ne pouvant être gagnés ainsi, & piqués d'une note insolente desdites stances élégiaques, ont malheureusement fait pencher la balance du côté des frondeurs.

Les acteurs d'ailleurs, eux-mêmes indisposés contre ces auteurs des boulevarts, voulant leur faire la loi & les traiter despotiquement, ont déclaré à ces messieurs que c'étoit beaucoup trop de s'être prêtés à une seconde représentation ; cependant, pour ménager l'amour-propre des auteurs, ils sont convenus qu'ils seroient censés la retirer de leur plein gré, & écriroient aux comédiens une lettre ostensible pour le public, où, en convenant que le laps de temps écoulé entre la premiere & la seconde représentation, annulloit le seul mérite de cette bagatelle, ils se désisteroient de leur droit, en se réservant la liberté de le faire valoir en temps & lieu.

Tel a été le *Mezzoterminé*, trouvé à cette grande & longue négociation.

2 *Février.* Mad. la comtesse de Beauharnois, qui tient aujourd'hui le bureau d'esprit le plus accrédité, qui d'ailleurs n'est pas sans prétention encore à la beauté, doit nécessairement être en bute à beaucoup de sarcasmes. En voici un nouveau lancé contr'elle; c'est un distique.

Chloé, belle & poëte, à deux petits travers;
Elle fait son visage & ne fait pas ses vers.

3 *Février.* Le sieur Piis, d'une insolence qui n'a pas d'exemple, & se manifeste dans une foule de vers contre ses critiques dont il inonde le public, reçoit de temps en temps des ripostes très-humiliantes. Il en veut sur-tout à M Geoffroy, qui fait aujourd'hui en chef l'année littéraire, & le persifle souvent sur ses pieces. Dans ses diatribes il s'efforce quelquefois de singer Voltaire, qui, connoissant le goût du siecle pour les calembours, s'y livroit souvent afin de rendre ses ennemis plus ridicules, & jouoit sur le mot. En parlant du journaliste, & feignant de le regarder comme un nouveau venu dans la littérature, le sieur Piis a affecté dans une facétie de demander quel est ce Geoffroy, si c'est *Geoffroy l'Angevin* ou *Geoffroy l'Asnier*, noms de deux rues de Paris? Celui-ci en parlant de ce dernier quolibet l'assomme par le quatrain suivant.

Oui, Piis, je suis Geoffroy l'Asnier sans doute,
Car à grands coups de fouet je chasse devant moi
Tous les ânes brayants & têtus comme toi,
    Que je rencontre sur ma route.

3 *Février.* On s'occupe actuellement à l'opéra

du *Thésée*, remis en musique par le sieur Gossec. Comme il a fallu adapter le poëme aux intentions du compositeur, le réduire en quatre actes, y faire des suppressions, des coupures, des changements, celui-ci a eu recours à sept ou huit personnes, à messieurs de *Cinqmars*, *Gaillard*, *Vitra*, *Desfontaines*, *de Charnoi* : c'est aujourd'hui un véritable habit d'arlequin. Pour comble de ridicule, il a exigé un nouveau dénouement. Suivant les notes conservées dans les archives du théâtre lyrique, celui de *Quinault* a paru toujours brusqué, forcé & a manqué son effet. Ce travail exigeant plus de génie, il a clandestinement engagé M. Rochon de Chabannes à lui en fournir un. Le poëte moderne n'a pas cru devoir mutiler l'ancien ; mais en intercallant dans la scene une douzaine de vers qui se lient adroitement à ceux qui précedent & à ceux qui suivent, il a eu l'art de le rendre vraiment dramatique, & d'y jeter le plus grand intérêt. Le musicien étoit convenu de lui garder le secret ; malheureusement nécessité à montrer ce nouveau dénouement au comité, messieurs en l'approuvant ont jugé à propos d'y mettre du leur, & il n'est pas jusqu'à un M. Morel, ami & conseil de M. de la Ferté, qui s'est avisé d'y inférer de ses vers. M. Rochon, ne pouvant tolérer un pareil accouplement, a été obligé de se demasquer, de réclamer sa propriété, & d'exiger ou que le dénouement fût donné tel qu'il l'avoit fait, ou lui fût restitué. C'est aujourd'hui la matiere d'une grande négociation qui retarde la représentation de l'ouvrage.

3 *Février*. Le concert d'hier n'a pas pris, & nos petits-maîtres s'écrioient souvent & très-haut : *C'est détestable !* D'ailleurs tous les morceaux qui

le composoient étoient connus du public, & entre les virtuoses il n'y avoit de nouveau que messieurs *Wachtres* & *Ech*. La belle exécution du premier a fait grand plaisir : on a sur-tout admiré la netteté & la pureté des sons qu'il a l'art de tirer d'un instrument aussi ingrat que la clarinette. Le second de qui l'on devoit plutôt attendre ce genre de mérite, parce que le violon est plus propre à rendre agréablement les difficultés, n'a pas produit la même sensation : son jeu a quelquefois paru maigre ; il est cependant en total assez brillant ; mais trop souvent peut-être aux dépens de la sureté des intonations ; qualité essentielle, qu'il est à présumer que ce jeune musicien acquerra par le travail. Du reste, il n'a que quatorze ans ; il est de la musique de S. A. S. monseigneur l'électeur Palatin.

3 *Février*. On a mis en chanson le calembour concernant Mad. la comtesse de Genlis.

Sur l'air : *Vous m'entendez bien*.

Aux princes Genlis doit, dit-on,
Du reversi donner leçon :
C'est de sa politique,
Eh bien !
Une fine rubrique,
Vous m'entendez bien.

Ces élèves bientôt instruits,
S'amusant les jours & les nuits,
Pour peu que le jeu donne,
Eh bien !
Le mettront à la bonne,
Vous m'entendez bien.

4 *Février*. On assure que le roi a été si content de la fête de messieurs les gardes-du-corps, qu'il se propose d'en donner une pareille à M. le comte & à madame la comtesse du Nord, lorsqu'ils viendront en France. En attendant, pour qu'il ne manquât rien à la premiere, on y a distribué aussi des couplets, & voici un impromptu à la reine, qui doit la flatter infiniment.

>Le ciel de tous ses dons, aimable souveraine,
> Fut envers vous si *libéral*,
> Que quand vous ne seriez pas reine,
>On vous proclameroit par choix reine du bal.

On a fait aussi un calembour sur M. le comte de Luçon. Comme ce qui le fit remarquer du roi, c'est qu'il n'étoit pas dans le costume brillant des autres danseurs : on dit qu'il va avoir un procès avec son tailleur, parce qu'il lui avoit demandé un habit de bal, & qu'il ne lui a apporté qu'un *habit de chasse*.

4 *Février*. Les comédiens françois ont remis depuis quelque temps, on ne sait pourquoi, une tragédie de M. le Blanc, intitulée *Manco Capac*, jouée pour la premiere fois en 1763, avec un succès très-équivoque : il n'avoit pas été plus considérable à cette reprise ; mais, aujourd'hui que c'étoit la troisieme représentation, le parti qui la soutient a fait un effort violent & l'a emporté. On a demandé l'auteur avec acharnement, & celui-ci a cru devoir se rendre au désir du public, & a paru sur le théâtre traîné par le sieur Larive.

De grandes sentences philosophiques, de belles maximes philosophiques, & puis de la philosophie, & toujours de la philosophie, voilà ce qui fait le fonds de cette piece. Du reste, ni mouvement, ni action, ni intérêt : mais c'est un ouvrage de secte, & il a été soutenu par toute la cabale philosophique. On ne doute pas que cette explosion ne pousse incessamment l'auteur à l'académie françoise, dont les coryphées le soutiennent.

4 *Février*. Les comédiens italiens ne tarissent point : ils jouent demain une nouveauté, ayant pour titre la *Soirée d'été*, opéra comique en un acte & en vaudevilles. Il est de M. *Parisau*.

5 *Février*. La nouveauté jouée aujourd'hui aux Italiens, n'a point d'intrigue ; on n'y trouve pas même des couplets aussi agréables que dans la parodie de Richard III. Cependant on a eu de l'indulgence pour l'auteur, & l'on a fait répéter le dernier couplet, consacré, suivant le vieil usage, à se concilier le public. C'est une villageoise qui chante.

> Hélas ! du moins si notre zele
> Fait tout pour réchauffer nos jeux,
> Sur les défauts de ste bagatelle,
> Messieurs, daignez fermer les yeux.

Le plaisir que prennent des paysans à jouer au gage-touché & à se faire des niches, forme tout le fonds de la piece. Ce léger moyen ne laisse pas que d'amener des situations, mais trop foibles sans doute pour soutenir l'ouvrage.

5 *Février*. La géographie vient de perdre un de ses plus grands coryphées en la personne de M. *Bourguignon d'Anville* : comme il étoit membre des deux académies des sciences & des belles-lettres, son éloge y sera sans doute traité amplement. Nous nous contenterons d'observer ici que

c'étoit un savant dans le genre ancien, point petit-maître, point bel esprit, point répandu. Il ne connoissoit guere que son cabinet. Tant que ses forces le lui ont permis, il a travaillé quatorze ou quinze heures par jour; & il trouvoit fort étrange que ses éleves ne pussent pas l'imiter. Un de ses grands regrets, qu'il exprimoit bonnement, sans orgueil & sans se rendre ridicule, étoit que la science qu'il soutenoit, seroit ensevelie avec lui; & il avoit raison à un certain point. Il étoit frere de M. Gravelot, un des plus habiles dessinateurs de ce siecle.

5 Février. M. le comte de Buffon ayant eu occasion d'envoyer ses œuvres à la Czarine, cette magnifique souveraine lui a fait donner en échange la collection des médailles de son regne en or, présent d'environ 40,000 liv. Elle y a joint une lettre charmante, & le philosophe très-galant a répondu par une de remerciement dans le genre de celle qu'on a vue il y a un an adressée à Mad. la comtesse de Genlis, mais proportionnée toujours à l'illustre héroïne.

6 Février. MM. *Piis & Barré*, dans une note insérée au journal de Paris avec leurs stances élégiaques sur la premiere représentation du Gâteau à deux feves, caractérisent ainsi les diverses classes de spectateurs, leur jugement & leur façon de s'exprimer.

Nous aurions dû rire de la chûte de cette piece, pour & contre laquelle on avoit parié; mais nous écoutâmes aux portes, & voici ce que nous entendîmes aux petites loges des troisiemes: *D'honneur, Vicomte, il faut que ces jeunes auteurs voient bien mauvaise compagnie, car ils ne mettent jamais que des paysans sur la scene;* aux secondes loges: *je ne leur conseille plus de répondre à M. G.; qui vient de prouver dans l'année littéraire, No. 39, que l'invention du pot-de-chambre de Jeannot, vaut mieux que celle de la balançoire dans les Vendangeurs*; aux premieres loges: *détestable, incroyable! je ne voudrois pas que mon cheval l'eût faite*; au parquet: *ce sont de passables oculistes, mais de bien mauvais pâtissiers*; au parterre... on ne disoit rien... on faisoit mieux, ou pis; c'est selon, *& adhuc sub judice lis est.*

Le vicomte de Choiseul, celui désigné dans cette note pleine d'humeur & d'impertinence, ami des lettres & qui les cultive, auteur de plusieurs chansons agréables, avoit jugé à propos de répondre à ces messieurs par une lettre envoyée au même journal; mais le comité de cet aréopage, absolument vendu au sieur *Piis*, n'a pas jugé à propos de l'inférer.

6 Février. On n'a pas manqué de chansonner aussi M. de Charlut sur sa nouvelle place de major de la gendarmerie; on le plaisante sur sa hauteur principalement: les officiers de ce corps ne sont pas fâchés de voir tourner en ridicule ce jeune seigneur; mais le couplet est assez plat.

7 Février. Extrait d'une lettre de Bruxelles, du premier février.... Il passe pour constant en effet qu'il s'est imprimé ici bien des choses par une société qui est aujourd'hui presqu'entiérement détruite. Le sieur Henry exempt de police, en a enlevé cinq vers le 8 janvier. Le sieur *Jacquet de la Douay*, le chef de la bande, arrêté quelque temps avant, les a vraisemblablement dénoncés. Il est inconcevable que ce malheureux que nous voyons venir ici revêtu du titre respectable d'inspecteur de la librairie étrangere, eût abusé de la confiance qu'on avoit en lui au point de faire imprimer, colporter & composer lui-même des libelles.

Il paroît depuis quelque temps un petit volume intitulé : *Supplément à l'Espion Anglois.* On y parle sur-tout de la détention de M. Linguet, & de la retraite de M. *Necker.* Ce pamphlet est très-mal écrit, n'a nul rapport à son titre, & ne peut sortir de la même main que l'ouvrage auquel on veut l'accoupler. Il y a sur-tout deux pages de mensonges & d'horreurs sur la reine de France, qui le rendent digne du feu. La police cherche sagement à en retirer tous les exemplaires. On dit qu'il y a déjà chez vous plusieurs colporteurs à la Bastille, pour avoir vendu ce libelle.

On parle d'un ouvrage rare sur la vie ou l'administration du comte de Maurepas; mais je ne le connois pas encore.

7 Février. Le sieur Grammont est un bel exemple de l'inconstance du public, & du peu de fond qu'un artiste doit faire sur sa faveur. Le Kain venoit de mourir; il parut, & tout le monde crioit au miracle. On vouloit que ce fût le défunt ressuscité ; on lui trouvoit sa voix, ses gestes, une telle ressemblance, qu'il passoit pour le fils du défunt. L'amour-propre du nouvel acteur s'est tellement exalté, qu'il n'a plus étudié, & est resté dans sa médiocrité. Le parterre, également outré dans son amour & dans sa haine, a pris le sieur Grammont en gripe, & enfin a manifesté son dégoût par l'explosion dont on a rendu compte. Les suites en ont été funestes pour lui au point que, comme il n'étoit reçu qu'à la pension, les gentilshommes de la chambre ont donné ordre de le renvoyer absolument.

8 *Février*. On a parlé autrefois d'un sieur de l'Epine, neveu du sieur de Beaumarchais, que celui-ci avoit envoyé en 1777 chez les Insurgents, avec un brevet d'officier & une pacotille considérable de ses mémoires, de ses pamphlets & de ses comédies. Ce jeune homme n'a pas fait fortune avec; il a été obligé de revenir; & son oncle lui a su mauvais gré de n'avoir pas tiré meilleur parti de ses œuvres. Il lui a fait fermer sa porte; d'un autre côté, ses camarades se sont moqués de lui, & le sieur l'Epine a été si sensible à ces affronts, qu'il a essayé de se brûler la cervelle. Ayant manqué deux fois son coup, il a mis le feu à sa chemise pour s'étouffer. Touché de remords & prévoyant les suites funestes que cet accident pourroit causer à sa famille, aux voisins, &c. en mettant le feu à la maison, il a appelé du secours, mais trop tard pour lui: il est mort des suites de son accident.

8 *Février*. On parle beaucoup d'un nouveau rescrit de l'empereur, où il attaque le clergé plus vivement que jamais, & le renferme dans les bornes les plus étroites de son ministere, en le réduisant aux fonctions des premiers apôtres. Ce rescrit envoyé à Bruxelles, a paru aux magistrats tellement propre à exciter les réclamations des prêtres & le fanatisme des peuples, qu'ils ont représenté à leur souverain qu'ils n'osoient l'enrégistrer. Ce monarque a eu la modération de ne pas l'exiger, mais a ordonné qu'on s'y conformât dans toutes les occasions.

On raconte à ce sujet que lorsque l'empereur eut eu avec le roi de Prusse les conférences dont on a parlé dans le temps, ce dernier écrivoit à Voltaire: « Je ne crois pas que l'empereur m'ait

,, pris pour son confident; mais, à en juger par
,, sa conversation, c'est un philosophe qui nous
,, effacera; nous ne sommes, vous & moi, que de
,, petits garçons auprès de lui. ,,

9 Février. Un des messieurs du châtelet a en effet dénoncé à Messieurs assemblés le mémoire contre M. de Brunville, comme un libelle Cette dénonciation a tourné absolument à la gloire du procureur du roi, dont il a été fait le plus grand éloge, ainsi que de M. le Noir, le lieutenant-général de police, impliqué dans l'affaire, & qu'on accusoit d'abus d'autorité. L'on a arrêté de laisser, du reste, prendre au procès la tournure qu'il plairoit à la sagesse du monarque de lui donner.

Il paroît que l'objet de messieurs étoit uniquement de causer quelque mortification au lieutenant-civil, qui avoit voulu empêcher le châtelet de prendre connoissance du mémoire.

On croit de plus en plus que tout l'esclandre est une suite des manœuvres ténébreuses de M. Moreau, l'ancien procureur du roi, cherchant à mettre son successeur *in reatu*, afin de se faire donner des lettres de *continuatur*, & en gardant le prix de l'office, d'en conserver toujours les émoluments.

Par bonheur messieurs du châtelet ont éventé cette mine sourde.

10 Février. La maison de Sorbonne, depuis la mort de M. de Beaumont, étoit fort occupée du choix du successeur de ce prélat à la dignité de proviseur, dignité purement honorifique, mais possédée d'ordinaire & toujours par les membres les plus distingués du clergé, soit du côté de la naissance, soit du côté du mérite. Plusieurs Rohan l'ont eue, & cette fois les grands personnages de cette maison ont désiré la faire rentrer chez eux. Cela regardoit naturellement l'archevêque de Cambray, parce qu'il est de la maison de Sorbonne, condition requise pour la place; mais ce prélat étant peu considéré, même assez décrié pour ses mœurs, le cardinal de Rohan a cru devoir se mettre en avant, & n'a eu pour compétiteur à craindre que le cardinal de la Rochefoucault. Tant que la concurrence a duré, il y a eu beaucoup de brigue; les zélés ont gémi qu'on pût balancer en faveur du premier, dont les scandales dans sa jeunesse n'ont pas été moins grands que ceux de son frère, & qui d'ailleurs passe pour n'être pas fort religieux, & même, malgré son mandement, pour entiché de la philosophie moderne; c'est-à-dire, de matérialisme & même d'athéïsme. On ne sauroit rendre toute la dissention que cette querelle a mise entre les électeurs. M. le cardinal de la Rochefoucault n'est pas un génie, disoient ses partisans, mais il remplit très bien toutes les fonctions de son état; c'est un prélat exemplaire & d'un nom qui n'est pas médiocre. Malgré ces réflexions, comme l'élection se fait à haute voix, & non par scrutin, la faveur l'a emporté; bien des docteurs timides n'ont osé choisir suivant leur vœu, ont craint le crédit du grand-aumônier, & le cardinal de Rohan a eu quarante-huit voix contre trente-quatre pour son compétiteur. C'est le jeudi 31 janvier que la chose a été décidée. On a passé même par-dessus l'usage & la règle, puisque le cardinal de Rohan n'est pas de la maison.

10 Février. Extrait d'une lettre de Bar-le-Duc, du 18 janvier... M. l'abbé Meret, maître de musique de l'église noble & royale de Saint-Mar-

de cette ville, ayant atteint le 16 de ce mois sa centieme année, a donné ce jour-là un repas splendide, auquel il avoit invité un grand nombre de personnes, & dont il a fait les honneurs avec un enjouement qui ne laissoit aucunement appercevoir le poids de ses années. Il y a eu ensuite un concert, dans lequel on a chanté un motet en l'honneur de ce respectable vieillard, qui a paru très-sensible à tous les témoignages d'intérêt & de satisfaction qu'il a reçus de toutes les personnes que y ont assisté. M. l'abbé Merlet, né à Besançon le 16 janvier 1682, a été pendant plusieurs années maître de musique de Saint-Germain-l'Auxerrois, à Paris. Lors de la réunion des canonicats de cette église à ceux de Notre-Dame, il quitta & revint dans sa patrie pour y occuper la place qu'il a. Malgré son grand âge, il jouit d'une présence d'esprit admirable, & il n'y a que trois ans qu'il ne fait plus exécuter par lui-même la musique de cette église.

11 *Février.* Jusqu'à présent *Silius Italicus*, poëte latin, auteur d'un poëme sur la seconde guerre punique, étoit peu estimé & presqu'ignoré. M. le Febvre de Villebrune a entrepris de le mettre en vogue. Il a d'abord corrigé le texte sur quatre manuscrits, & sur la précieuse édition de *Pomponius*, donnée en 1471, inconnue de tous les éditeurs. Il l'a complété ensuite d'un long fragment trouvé dans la bibliotheque du roi. Enfin, il y a joint une traduction françoise. Il espere avec ces soins multipliés avoir rendu son auteur, fruit précieux de la plus saine critique, digne d'être rangé par les universités au rang des auteurs classiques, & lui procurer une célébrité qu'il

mérite. Malheureusement sa traduction est sans élégance & d'une sécheresse extrême.

11 *Février.* La société royale de médecine, pour enlever de plus en plus à la faculté toute la considération qu'elle pourroit avoir, & lui ôter les divers moyens de faire connoître & d'exalter les ouvrages de ses membres, pour mieux répandre au contraire ceux des membres de la nouvelle compagnie par un organe tiré de son sein, & toujours prêt à les prôner, a imaginé d'avoir un ouvrage périodique à elle. Il sera intitulé : *Journal de Médecine Militaire* : il est imprimé au Louvre, publié par ordre du roi, & n'est point destiné à être exposé en vente : il paroîtra tous les trois mois. La rédaction en est confiée à M. de Horne, médecin de Mad. la comtesse d'Artois, & confrere de la société royale ; c'est la société qui est chargée par le roi de l'examen du journal. Tout cela prouve combien il est favorisé.

11 *Février.* Hier on jouoit à l'opéra *Iphigénie en Aulide.* M. le marquis de la Fayette y étoit en loge. Le public l'a découvert dans le fond, où sa modestie l'obligeoit de se tapir, & saisi le moment où le chœur chante : *Achille est couronné des mains de la Victoire*, pour l'applaudir. Ce signal a encouragé l'actrice, qui, de son propre mouvement, a dirigé vers lui une couronne de laurier qu'elle tenoit en main. Elle n'a pu en faire davantage, n'y étant point autorisée par ses supérieurs. Le parterre a admiré la présence d'esprit de Mlle. Torlay, qui avoit si bien saisi son vœu, & a redoublé de battements de mains.

Tous les talons rouges, présents au triomphe du jeune héros, n'ont pas également approuvé l'action de Mlle. Torlay ; ils sont furieux que

M. de la Fayette, à 24 ans, soit désigné maréchal-de-camp, sans avoir passé par le grade de brigadier; ils disent qu'il n'a rien fait d'extraordinaire, & qu'ils en auroient bien fait autant, s'ils avoient eu les mêmes occasions.

Au surplus, cette récompense est accordée par S. M. avec tous les ménagements possibles. M. de la Fayette n'a qu'une lettre du roi, où S. M. lui déclare qu'étant au service de l'étranger, il n'est point susceptible d'aucun grade en France, mais cependant qu'elle le fait maréchal-de-camp sans aucune fonction, & à prendre rang de la date du jour de cette lettre, lorsqu'il plaira à sa majesté de le faire rentrer dans ses armées.

12 *Février*. Les amateurs des arts & des spectacles s'empressent de se pourvoir d'une collection précieuse de bustes, que vient de mettre en vente le sieur Merchi sculpteur. Ils sont au nombre de quinze, & représentent MM. *Piccini*, *Sacchini*, *le Gros*, *Lainé*; Mlles. *Beaumesnil*, *Girardin*, *Cadette*, *Guimard*, *Heynel*, *Théodore*, *Allard*, *Peslin*; MM. *Vestris* pere, *Nivelon*, *Carlin* & Mad. *Todi*.

12 *Février*. Un des grands inconvénients de l'arrêt du conseil du 9 décembre 1780, ordonnant la relute des pieces déja reçues à la comédie françoise, c'est que les meilleurs auteurs, ou ne veulent pas s'y soumettre, sous prétexte qu'ils ne peuvent le reconnoître, n'ayant pas la sanction légale, qui est l'enrégistrement, ou reculent parce qu'ils craignent le ressentiment des comédiens, dont l'animosité pourroit les porter à refuser leurs ouvrages. Au contraire les médiocres profitent de la circonstance pour passer sur le corps des anciens, ou pour jouir d'une indulgence sur

laquelle

laquelle ils comptent de la part des histrions flattés de leur soumission. Voilà pourquoi depuis plus d'un an on n'a vu à ce théâtre presque que des chûtes.

Quoi qu'il en soit, c'est à cette conjoncture heureuse pour lui, que nous devons la comédie du *Flatteur* de M. *Lantier*, connu encore seulement par l'*Impatient*, petite piece très-médiocre.

On assure que le sieur *Préville*, chargé d'un rôle assez étendu, puisqu'il étoit d'environ trois cents vers, paroissant peu se soucier d'y jouer, l'auteur, pour satisfaire cet acteur, a supprimé tout-à-fait de sa piece le personnage qu'il devoit représenter. On peut juger par cette anecdote du reste de l'ouvrage.

13 *Février*. Une cause de dol & d'usure compliquée, jugée le 7 de ce mois au châtelet, a fait grand bruit & a attiré beaucoup de spectateurs, moins à raison du fonds que des personnages acteurs dans cette scene judiciaire. D'une part, c'étoit un chevalier de *Rutlidge*, Irlandois d'origine, homme de condition, capitaine de cavalerie, auteur de la comédie du *Bureau d'esprit*, du joli roman de la *Quinzaine Angloise*, & d'un ouvrage périodique, intitulé le *Babillard*; & de l'autre, M. *Deberain* notaire, accusé d'avoir profité de la candeur & de l'inexpérience du jeune client qu'on lui avoit adressé; pour, avec le secours de confreres & intrigants, aussi peu délicats que lui, dépouiller cet étranger, &, le conduisant à travers un labyrinthe de manœuvres incroyables, le plonger dans un précipice dont il ne pût se retirer. Celui-ci traînoit à sa suite son corps, intéressé à conserver l'honneur d'un de ses membres, & une foule d'agioteurs, d'usuriers, d'escrocs, avides d'apprendre comment on élude les loix, jusqu'à quel point on peut les enfreindre & compter sur leur indulgence: l'autre avoit en sa faveur tous les gens de lettres, tous

les fils de famille perdus de débauche, tous les militaires sans conduite, désirant voir le glaive de la justice frapper sur quelqu'un de ces corrupteurs publics, leur fournissant de funestes facilités de se ruiner, afin d'acquérir leurs biens à bon compte ensuite, & de s'enrichir à leurs dépens.

Le sujet du procès étoit une terre vendue 110,000 liv. par le chevalier de Rutlidge, à peine majeur, sans expérience, ignorant la valeur de ce bien, estimé aujourd'hui 400,000 liv., acquise par le sieur Deherain, sous un nom fictif, quoique son notaire & son conseil; enfin, une usure énorme de cet officier public, qui, sous prétexte de lui acheter sa créance sur le débiteur prêteur du acquéreur de la terre, ne lui avoit donné qu'une très-petite valeur réelle.

M. Deherain récriminoit contre les insultes, les menaces du chevalier; que, pour en arracher quelque argent, il a fait un libelle contre lui, &, sur son refus d'acheter son silence, le répand, le fait colporter dans les maisons, dans les cafés, le fait vendre chez un libraire pour trente sous & chez tous les marchands de nouveautés; enfin, fait afficher un placard en ces termes: *du 14 février 1774, acquisition clandestine & à vil prix, par un notaire au châtelet de Paris, de la terre que son client l'avoit chargé de vendre.* Il produit en sa faveur le jugement de ce procès-criminel, qui, après six séances de rapport & l'examen le plus scrupuleux, le décharge de toute accusation; lui permet de faire imprimer & afficher le jugement, sauf à se pourvoir ainsi qu'il avisera.

L'affaire reprise au civil, M. Deherain a publié une consultation en date du 3 février 1762, signée de neuf des plus fameux jurisconsultes, tous regardant comme inique & sans fondement l'attaque du chevalier; & en effet, il a succombé sous la sentence définitive.

14 *Février*. On accuse Mad. la comtesse de Genlis, dans le nouvel ouvrage qu'elle vient de faire paroître sur l'éducation, d'avoir tracé des portraits très-ressemblants & très-satiriques, entr'autres un de Mad. de la Regniere, femme du fermier-général, sa bienfaitrice, & qui l'a accueillie dans un temps où elle manquoit de tout. Cette ingratitude a révolté. Mad. de la Regniere a un fils, homme de lettres, qui n'a pu supporter l'injure faite à sa mere, & qui, dit-on, s'est permis une chanson contre la premiere. Cette chanson est très-médiocre & d'une méchanceté plate; on ne peut la croire de M. de la Regniere, qui a trop d'esprit pour n'avoir pas vengé sa mere d'une façon plus spirituelle, & trop d'honnêteté pour n'avoir pas mis plus de noblesse & de grandeur dans son procédé. Quoi qu'il en soit, comme elle fait anecdote & contient un historique précieux de la vie d'une femme qui fixe aujourd'hui l'attention de toute la cour & des gens de lettres, la voici ; elle est sur l'*air des trembleurs*.

  Saint-Aubin (1) dans sa patrie
  Ne vivoit que d'industrie ;
  Elle étoit assez jolie,
  Ses nuits lui payoient ses jours.
  Bientôt par son savoir-faire,
  A l'abri de la misere,
  Son ame fut un repaire
  De fraudes & de détours.

  Genlis, époux digne d'elle,
  De ses vices le modele,

---

(1) Nom de fille de Mad. la comtesse de Genlis.

Brûlant d'une ardeur fidelle,
Vient lui présenter sa main :
Dans l'espoir du cocuage,
Il conclut son mariage,
Fondant son honteux ménage
Sur une épouse catin.

Graces à son impudence,
La voilà dans l'opulence ;
Se livrant à sa science,
Elle trame des noirceurs.
Elle imprime une bêtise ;
Pour consommer sa sottise,
Elle doit tout à Céphise,
Elle en écrit des horreurs.

14 *Février Coraline*, ancienne actrice très-célebre dans son temps sur la scene italienne, vient de mourir. M. le prince de Conti d'aujourd'hui, alors comte de la Marche, avoit conçu pour elle une passion violente, & lui avoit fait beaucoup de bien. Il lui avoit acheté le marquisat de Silly, nom qu'a d'abord porté un fils qu'il en a eu, qu'il a reconnu, qu'il a logé dans son palais ; occasion de sa rupture avec la comtesse de la Marche, & qu'il aime tendrement. Il est connu aujourd'hui dans le monde pour le chevalier de *Vauréal*. Coraline se nommoit en son nom *Véroneze*, & étoit de cette famille fort connue dans la troupe. Elle étoit sœur de feu Camille, infiniment plus estimable qu'elle par ses talents & par sa conduite.

Coraline avoit eu plusieurs amants distingués,

entr'autres le prince de Monaco, qui un jour l'ayant surprise couchée avec un guerluchon obscur, se contenta de cette vengeance : il fit simplement emporter de chez elle tout ce qui, étant à ses armes, pouvoit servir de monument de sa passion honteuse, & la quitta.

15 *Février*. On ne tarit point sur le compte de Mad. de Genlis. Voici encore une caricature sur elle en forme d'*énigme*.

En physique je suis du genre féminin ;
Dans le moral je suis du masculin :
Mon existence hermaphrodite
Exerce maint esprit malin ;
Mais la satire & son venin
Ne sauroient ternir mon mérite.
Je possede tous les talents ,
Sans excepter celui de plaire :
Voyez les fastes de Cythere
Et la liste de mes amants ;
Et je pardonne aux mécontents
Qui seroient d'un avis contraire.
Je sais assez passablement
L'orthographe , l'arithmétique ;
Je déchiffre un peu la musique ,
Et la Harpe est mon instrument.
A tous les jeux je suis savante ,
Au trictrac , au trente & quarante ,
Aux échecs , comme au biribi ,
Au vingt & un , au reversi ;
Et par les leçons que je donne
Aux enfants sur le quinola ,

J'efpere bien qu'un jour viendra
Qu'ils fauront le mettre à la bonne.
C'eſt le plaiſir & le devoir
Qui font l'emploi de ma journée :
Le matin ma tête eſt fenſée,
Elle devient foible le foir ;
Je fuis monfieur dans le lycée,
Et madame dans le boudoir.

16 *Février*. Mlle. d'Orléans, morte le 6 au Palais-Royal, des fuites de fa rougeole, a été ouverte le 8 fous la préſidence du docteur *Petit*. Cette opération étoit importante pour la réputation du docteur Barthes, qui avoit prétendu que la jeune princeſſe avoit un abcès dans la tête. M. Petit, par l'ouverture de cette partie noble, lui a démontré qu'il s'étoit trompé. Cependant, comme il y a un épanchement féreux, M. Barthes prétend fe fauver par là. Quoi qu'il en foit, voici le deſſous de cartes de cette querelle : Mad. de Genlis y entre encore pour quelque choſe.

Soit rivalité d'eſprit, foit mécontentement perſonnel, foit hauteur, on a prétendu que Mad. de Genlis, dans fon nouvel ouvrage, avoit auſſi tracé le portrait de Mad. de Monteſſon, & cherché à la traduire en ridicule. On veut que celle-ci, pour fe venger, ait engagé le docteur Barthes à profiter de la circonſtance de l'état défefpéré de Mlle. d'Orléans, pour fuppofer qu'elle étoit tombée & qu'elle mouroit de cette chûte, cauſe d'un abcès qu'on n'avoit pas prévu à temps. C'étoit inculper ainſi indirectement la gouvernante de négligence envers la jeune princesse, ou d'une réticence non moins funeste; elle espéroit par là lui aliéner au moins Mad. la duchesse de Chartres, ce qui pouvoit conduire à lui faire perdre sa place de gouverneur. Jusqu'à présent tout ce complot, s'il a existé, n'a tourné que contre le médecin.

16 *Février.* La comédie *du Flatteur*, jouée hier, n'a pas eu le succès que l'auteur s'en promettoit, mais n'est pas aussi mauvaise qu'on s'attendoit à la trouver. On l'a jugée en général beaucoup trop longue, chargée de personnages épisodiques & n'étant point assez liée dans son intrigue, foible d'ailleurs, mal combinée & sans vraisemblance. On s'est apperçu de la suture où devoit se joindre le rôle supprimé de Préville, qui ne laisse en effet aucun vuide, & il ne seroit pas difficile d'en faire disparoître ainsi plusieurs autres. Cette piece devroit être réduite en trois actes, élaguée d'une foule de choses accessoires superflues, & le caractere principal pourroit alors devenir plus saillant & avoir plus de jeu. Il faut voir au surplus comment le poëte l'aura arrangée pour la seconde représentation, & quel effet elle produira.

16 *Février.* M. de *la Live d'Epinay* vient de mourir; c'étoit un riche amateur des arts, jouant la comédie, & en faisant exécuter à sa terre avec beaucoup de goût & de magnificence; sa femme est une virtuose, sur-tout célebre par la passion de J. J. Rousseau, que le mari avoit recueilli chez lui, & qu'il appelloit son *Ours*.

17 *Février.* Le musée de M. Pilâtre de Rozier, infiniment préférable à l'assemblée de M. de la Blancherie, acquiert de plus en plus consistance. C'est une source d'instructions continuelles, d'expé-

riences rares & hardies, très-capables d'attirer les curieux & de soutenir leur attention beaucoup plus qu'un spectacle muet, ne parlant qu'aux yeux, souvent stérile, ou la répétition des mêmes choses. Il est question aujourd'hui d'éprouver des machines propres à garantir les citoyens des dangers des eaux.

On plongera dans un très-grand cuvier d'eau un homme revêtu d'une robe impénétrable à cet élément, & il en ressortira sec ; & les spectateurs en le touchant pourront s'assurer de la vérité du fait. Le même homme sera plongé encore, après avoir successivement revêtu plusieurs scaphandres, & on lui mettra plusieurs poids sur le corps pour prouver qu'une personne qui ne sait pas même nager, peut en sauver une autre qui seroit dans le cas de périr.

On fera voir aussi une autre robe de soie qui concentre tellement la chaleur du corps, qu'une personne qui en seroit revêtue en voyageant, ne sentiroit pas les froids les plus rigoureux qu'on éprouve dans les régions du Nord.

On parle encore d'un bonnet pourvu d'une torche propre à éclairer ceux qui dans la nuit vont sauver des eaux les hommes & les ballots.

Le même auteur doit faire la démonstration de plusieurs autres machines pour garantir des dangers de l'eau, & même des chûtes mortelles auxquelles sont exposés ceux qui secourent dans les incendies, & ceux qui par état sont obligés de travailler dans des endroits périlleux & fort élevés ; enfin, il est question de *l'Echelle en fusée*, qui sauve cent quatre-vingts hommes en moins d'une heure, avec leurs meubles les plus précieux, &c.

Tout cela ressemble beaucoup à de la charlatamerie, & il faut voir comment l'inventeur opérera tant de merveilles.

17 *Février*. Chaque saison a ses spectacles périodiques, qui varient de lieu & de forme suivant les convenances. Celui du carnaval est l'assemblage des masques qui remplissent, soit à pied, soit en carrosse, toute la rue Saint-Antoine, tout le fauxbourg, & prennent leurs ébats jusqu'au Trône. Il y a quarante ans & peut-être un demi-siecle, que cette cohue très-brillante, formée des plus grands seigneurs de la cour, des princes & même des princesses du sang, accompagnée d'équipages & de voitures magnifiques, de chars nouveaux & bizarres, à l'image d'un vaste bal public, joignoit celle des promenades de l'été. La tristesse des dernieres années du regne de Louis XV, avoit absolument fait tomber ce genre de divertissement, qui n'étoit plus soutenu que par la police, soudoyant quelques gens de la canaille pour amuser le reste.

Il paroît reprendre sous le regne de Louis XVI, où le peuple respirant est plus libre de se livrer à sa gaieté naturelle. Son caractere, porté à la joie & aux folies, s'est sur-tout manifesté cette année, & le concours nombreux d'acteurs, de spectateurs & de carrosses, favorisé par la beauté du ciel, a ramené ces spectacles des anciennes orgies qu'on regrettoit; mais en même temps l'ordre le mieux établi a prévenu les excès & les malheurs trop ordinaires à de semblables fêtes. Le guet, répandu depuis la Greve jusqu'au terme de la course, prescrivoit aux voitures leur marche & empêchoit toute confusion, ce qui en rendoit le coup-d'œil encore plus enchanteur.

La foule des masques a été telle qu'ils se sont répartis en une autre promenade, & ont occupé aussi la rue Saint-Honoré, moins propre par sa largeur à cette procession, mais plus riche & plus décorée. On ne doute pas que ce goût ramené, on n'enchérisse encore à l'avenir sur la magnificence de nos anciens en ce genre.

17 *Février.* Les comédiens Italiens se disposent à donner incessamment au public encore une nouveauté. Cette fois c'est une comédie en un acte, en prose, ayant pour titre : *Les deux Fourbes.*

18 *Février.* M. le président de Châteaugiron, vient de mourir. Son nom, déjà en exécration en Bretagne, n'est pas moins détesté ici de ceux qui n'aiment ni les fourbes, ni les traîtres. Avocat-général au parlement de Bretagne, il désiroit passer à la place de procureur-général, & fut un des plus ardents persécuteurs de MM. de Caradeuc ; obligé de sortir de sa compagnie, il est resté tout dévoué à M. de Maupeou, a été président de son parlement & grand coopérateur de la révolution. Repoussé au grand-conseil lors du rétablissement, il a eu la douleur de ne pouvoir même obtenir la premiere place de cette compagnie, & de se voir passer sur le corps le plus jeune, le président de Nicolaï ; il avoit pris le parti de ne plus assister au tribunal ; &, bourrelé de remords, humilié de toutes les manieres, perdu de réputation, il y a grande apparence que le chagrin aura accéléré sa fin.

18 *Février.* Quoique la comédie du *Flatteur*, de Jean-Baptiste Rousseau, ait été représentée dix fois de suite en 1696, & sept fois en 1717 : qu'il la réproduisit en vers, car d'abord elle étoit en prose, on la regarde généralement comme n'ayant point eu de succès. On blâmoit ce grand lyrique d'avoir fait de son Flatteur un intrigant, un fourbe & même

un escroc; en sorte qu'il devenoit odieux & rebutant. L'auteur de la piece moderne sous le même titre, en profitant de quelques situations de l'ancienne, a tellement modifié le caractere de son Flatteur, qu'on ne peut guere lui reprocher de l'avoir calqué sur l'autre; mais aussi il l'a singuliérement affoibli; il l'a privé de ses traits énergiques, & le dénouement ressemble trop à celui du Misanthrope, à celui du Méchant, à celui des Philosophes & à plusieurs encore.

Quoique l'auteur n'ait pas suivi les conseils qu'on lui avoit donnés d'élaguer prodigieusement son ouvrage & de le réduire même à trois actes, de le purger du moins d'une quantité de plaisanteries de mauvais goût, il a eu recours à un moyen plus prompt & plus sûr pour le moment: il a rempli le parterre de vigoureux battoirs, & ses partisans prétendent qu'à cette seconde représentation il a eu un succès décidé.

19 *Février*. C'est au jeudi 21 qu'est fixé le jour de la réception de M. le marquis de Condorcet à l'académie françoise.

20 *Février*. M. le baron de Bagge, très-connu par un procès fameux que sa femme lui a intenté, il y a déjà quelques années, l'est encore plus par des concerts qu'il donne depuis long temps, les plus brillants de Paris. Il est fou de musique, il ne parle que de musique, il ne rêve que musique, il ne vit qu'avec des musiciens, & il consacre à cette passion les trois quarts de sa fortune considérable. Il ne vient point de virtuose à Paris qu'il ne veuille voir & entendre, à quelque prix que ce soit. C'est ordinairement chez lui qu'on débute avant de paroître au concert spirituel.

Malheureusement, M. le baron de Bagge a

la manie de jouer du violon; & quoique plein de goût & de connoissances, quoiqu'ayant le tact excellent pour apprécier le talent d'autrui, il est aveugle pour son propre compte; il croit ne pas jouer simplement comme un amateur, mais comme un professeur consommé. En conséquence, il n'est aucun de ses concerts où il ne veuille régaler l'assemblée de quelque *solo* de sa façon, & il faut, pour lui plaire, l'entendre avec la plus grande attention, le combler de *bravo*, de *bravissimo*. Cette farce dépare un peu la magnificence de son spectacle, plus renommé encore pour la musique instrumentale que pour la vocale. Quoi qu'il en soit, tout ce peuple d'Harmoniphiles, qui ne vit qu'à ses dépens, l'entretient dans sa folie, & l'encense du soir au matin sur son superbe jeu, sur son archet divin.

Enfin, il vient tout récemment de se faire peindre, un violon à la main comme un ménétrier, regardant cet instrument pour son plus digne attribut. Un plaisant lui a offert très-sérieusement le quatrain suivant à inscrire au bas, & son amour-propre le lui a fait adopter, quoiqu'il soit facile de juger que ce n'est qu'un persiflage complet.

Du Dieu de l'harmonie adorateur fidele,
Son zele impétueux ne pouvoit s'arrêter:
Dans l'art du violon il n'eut point de modele,
Et personne jamais n'osera l'imiter.

20 *Février*. L'hiver qui jusqu'ici avoit été très-doux, est devenu dans ce mois seulement très-rigoureux. Le thermometre ayant baissé la nuit du 14 au 15 jusqu'à 7 degrés, terme du froid où la Seine commence ordinairement à cha-

rier, ce phénomene a eu lieu ; & dans la nuit du 16 au 17, le thermometre descendant encore jusqu'à plus de 10 degrés, froid de 1740, la riviere s'est trouvée absolument prise.

Dans cette saison un froid aussi excessif ne peut être de durée ; le 19 le dégel étant venu subitement, la débâcle des glaçons a occasionné de grands dégâts, a renversé l'estacade construite entre l'Isle-Louvier & la pointe de l'Isle-Saint-Louis, & entraîné pêle-mêle une quantité de bateaux chargés de grains, bois, charbon, &c. dont les marchandises ont été submergées totalement ou avariées. La grande patache a démâté & causé le désordre le plus considérable. Deux moulins & la pompe des puisoirs ont été brisés ; enfin, si l'impétuosité de la débâcle eût continué, il étoit à craindre que les premiers ponts n'eussent essuyé des ébranlements funestes. Aussi la ville s'est-elle assemblée extraordinairement, & a ordonné à tous les habitants des ponts de déménager sur le champ. Les craintes se sont dissipées bientôt, & il n'y a point eu d'autres suites. On estime à plus d'un million la perte des bâtiments, denrées & effets : mais on croit que c'est exagéré de beaucoup.

20 *Février*. L'édition complete des œuvres de M. l'abbé de Voisenon paroît enfin. On y lit quelques notices sur des gens de lettres morts & vivants, dans le genre de celles de Voltaire à la fin du siecle de Louis XIV, mais beaucoup plus gaies, plus piquantes & plus satiriques. Messieurs marmontel & Diderot entr'autres s'y sont trouvés tellement maltraités, qu'ils ont obtenu la suspension de la distribution de l'ouvrage, & un carton à leur article. Le défunt peignoit le premier

comme une espece d'étalon, qui s'étoit fait bien venir de quelques riches financiers, & avoit accru sa fortune considérablement, plutôt par ses talents physiques que par ses talents littéraires.

Le second étoit représenté comme un charlatan, ne croyant pas à sa drogue; comme un enthousiaste factice, cherchant à électriser ses admirateurs; comme un fourbe, propre à faire des dupes; en un mot, l'abbé de Voisenon sembloit à cet égard s'accorder assez avec ce qu'en dit *Rousseau* dans ses confessions.

22 *Février.* M. le marquis de Menars étant mort sans enfants & sans avoir fait de testament, du moins sans qu'on ait jamais pu trouver celui qu'il avoit déclaré avoir fait, il s'élève un procès au sujet de sa succession entre M. Poisson de Malvoisin & les héritiers plus proches, & la veuve de M. de Menars. C'est ce qui a donné lieu à l'impression des testaments & codicilles de madame la marquise de Pompadour, dont le frere avoit fait casser quelques dispositions, que M. le Malvoisin veut faire valoir aujourd'hui, & sur lesquelles il revient au parlement par requête civile. Il en est d'autres dans cette piece à conserver, & qui sont vraiment curieuses.

Après un préambule religieux où madame de Pompadour se recommande à Dieu, à la Vierge & à tous les saints & saintes du paradis, elle désire que son corps soit enterré aux capucines sans cérémonie, dans le caveau qui lui a été concédé dans leur église.

Elle donne au roi son hôtel de Paris, étant susceptible de faire le palais d'un de ses petits-enfants, & elle désire que ce soit monseigneur le comte de Provence.

Elle donne également à S. M. toutes ses pierres gravées par *Guay*, soit bracelets, bagues, cachets, pour augmenter le cabinet de pierres fines gravées du roi.

Elle institue, au surplus, son légataire universel, Abel-François Poisson, marquis de Marigny, son frere; & en cas de mort sans enfants, lui substitue M. Poisson de Malvoisin, chef de brigade des Carabiniers & ses enfants.

Elle nomme pour son exécuteur testamentaire le prince de Soubise, avec les pouvoirs les plus amples; elle en parle avec une véritable affection, & lui legue une gravure de Guay, représentant l'amitié. *C'est son portrait & le mien*, ajoute-t-elle; *depuis vingt ans que je le connois* ; elle se flatte qu'il ne s'en défera jamais, & qu'elle lui rappellera la personne du monde qui a eu pour lui l'amitié la plus tendre.

Elle donne des marques d'amitié aussi à Mad. la maréchale de *Mirepoix*, à Mad. de *Château-Regnault*, à la duchesse de *Choiseul*, à la duchesse de *Grammont*, au duc de *Gontault*, au duc de *Choiseul*, à Mad. d'*Amblimont*.

A l'égard de Mad. *du Rouve*, elle lui legue le portrait de sa fille en boîte garnie de diamants, quoique sa fille, dit-elle, n'ait pas l'honneur de lui appartenir. On croit que toutes ces dames & ces messieurs se seroient bien passés d'une telle publicité.

Le premier testament est daté de Versailles, le 15 novembre 1757.

Il y a de nouvelles dispositions du 30 mars 1761, entr'autres la substitution indéfinie du marquisat & pairie de Menars au marquis de Marigny, & à ses enfants & petits-enfants mâles,

& toujours à l'aîné ; & en cas de mort de son frere fans poftérité, à M. Poiffon de Malvoifin.

Le codicille dernier eft daté du 15 avril 1764, & n'a été que dicté par la teftatrice au fieur Colin, fon intendant.

21 *Février.* On vient d'imprimer par ordre du gouvernement *l'Anti-méphitique*, ou moyens de détruire les exhalaifons pernicieufes & mortelles des foffes d'aifance, l'odeur infecte des égouts, celle des hôpitaux, des prifons, des vaiffeaux de guerre, &c. avec l'emploi des vuidanges neutralifées, & leur produit étonnant.

C'eft un M. Janin de Lyon, médecin oculifte, de la fociété royale de médecine de Paris, qui a fait cette découverte, plus fimple encore dans fon genre, s'il eft poffible, que celle du fieur *Vera* ; plus facile du moins, puifqu'elle ne confifte que dans une fimple afperfion de gros vinaigre, renouvellée par intervalle.

M. le comte de Vergennes, ayant le Lyonnois dans fon département, a en conféquence très-accueilli ce précieux citoyen, l'a préfenté au roi, qui lui a témoigné beaucoup de bonté, & a voulu qu'après avoir conftaté par des expériences réitérées la vertu de fon fpécifique, le fieur *Janin* inftruisît toute la France de fon fecret.

Il ne demande pour récompenfe que le cordon de Saint-Michel, & l'on ne doute pas qu'il n'obtienne bientôt une grace auffi bien méritée.

22 *Février.* M. le comte de Thélis n'ayant pu tirer du gouvernement les fecours qu'il en efpéroit, & les premiers bienfaiteurs s'étant laffés vraifemblablement, les écoles nationales militaires font fufpendues dans leurs travaux, & il fe

restreint à maintenir l'école des gentilshommes; attendu que c'est suivre le vœu de la famille royale, désirant que les fonds de sa bienfaisance fussent spécialement consacrés à cette classe d'éleves.

Il paroît que l'instituteur, craignant même encore que cet établissement ne puisse se soutenir par la défection des bienfaiteurs, voudroit les lier par une sorte d'abonnement & de correspondance, dont un journal seroit l'échange & l'aliment. Il en propose un qu'il enverra en forme de mémoire chaque mois, dont le principal objet sera de rendre compte de tout ce qui aura rapport aux écoles: on y lira les discours prononcés aux éleves, sur tous les objets de leurs devoirs & de leurs études. On n'y dissimulera point les objections qui auront été faites; on fera valoir les réfutations, les instructions qu'on sollicite avec empressement; enfin, on y fera l'analyse des livres nouveaux qui paroîtront sur l'art militaire.

22 *Février.* L'académie françoise a tenu hier sa séance publique pour la réception de M. le marquis de Condorcet. Son discours, trop long & peu applaudi, avoit pour objet principal de développer les progrès que les connoissances physiques & morales ont faits de nos jours, l'influence qu'ont les sciences sur le caractere d'une nation & sur son gouvernement. Il a prétendu que sans la philosophie sur-tout, d'où elles dérivent toutes, il n'y a point de saine politique, point de vraie sagesse; que l'esprit d'ordre & de justice sera toujours étranger à l'homme. Malgré le peu de sensation qu'a produit l'orateur, ses partisans assurent qu'à la lecture on sera émerveillé de son ouvrage, de son éloquence douce, natu-

relle & persuasive ; qu'en un mot , les graces du style y sont alliées à la profondeur & à l'étendue des idées.

Quoi qu'il en soit , M. de Condorcet , après des vues générales, a passé, suivant l'usage, à l'éloge direct de son prédécesseur ; ce qui lui a fourni matiere à une digression sur les drames dont il a fait l'apologie. On n'a pas été peu surpris de cette opinion si contraire à celle des gens du goût le plus exquis en matiere de théâtre, sur-tout de Voltaire , l'idole du parti dont M. de Condorcet est aujourd'hui un des coryphées. Au surplus, ce genre est dans le génie du récipiendaire , naturellement mélancolique & noir.

M. le duc de Nivernois , qui , par une réunion de circonstances assez extraordinaires , étoit directeur de l'académie à la réception de Saurin, s'est trouvé la présider encore à sa mort, & en cette qualité a répondu au récipiendaire. On a trouvé son discours trop court , & les applaudissements n'ont pas discontinué ; il est composé avec la clarté, la précision , l'aimable simplicité qui caractérisent toutes les productions de ce disciple de la Fontaine ; il y a amené un éloge du comte de Maurepas, tribut qu'il devoit à la parenté & à l'amitié.

M. l'abbé de Lille a lu ensuite le premier chant de son poëme sur les jardins : on l'a jugé digne des autres , dont il avoit déjà régalé son auditoire ; il y a amené un éloge de Chantilly , & de madame la duchesse de Bourbon. Les morceaux principalement admirés ont été la peinture du cheval , & la description des jardins de Versailles & de Marly.

La séance a été terminée par le bouquet accoutumé de M. d'Alembert, c'est-à-dire, par un éloge. Cette fois il avoit choisi pour son héros le marquis de Saint-Aulaire. Il y a mis un petit préambule dont le but étoit d'établir une ressemblance entre le récipiendaire & le défunt confrere. On n'a pu qu'admirer l'art de l'historien, sachant ainsi rapprocher les extrêmes. On a beaucoup ri à cet éloge, & peu applaudi. On a trouvé que M. d'Alembert baissoit.

23 *Février.* La comédie des *deux Fourbes*, dont on a donné hier la premiere représentation, est prise mot à mot de Gilblas; & l'intrigue est pour le fonds à peu près la même que celle de *Crispin rival de son maître*; mais les détails en sont malheureusement moins agréables. Aussi cette piece, par la difficulté sans doute de soutenir la comparaison, n'a pas eu un succès brillant. Le dialogue sur-tout, quoique presque toujours formé de la prose de *le Sage*, a paru quelquefois languissant & dépourvu de génie: une des situations qui ont fait le plus de plaisir, est celle où les deux fourbes ne se connoissant pas, tâchent réciproquement de se voler. Mais ni le comique de cette scene, ni plusieurs traits d'esprit répandus dans le cours de la piece, n'ont pu satisfaire complétement le public, qui attendoit davantage de l'auteur des *Maris corrigés*.

Tel est le jugement de M. l'abbé Aubert dans les petites affiches, qu'on ne peut qu'adopter, & auquel a souscrit M. de la Chabeaussiere lui-même, séduit par le roman dont il a tiré son sujet, & qui en croyoit les scenes d'un effet plus théâtral. Il convient s'être trompé dans cet essai.

23 *Février.* Les comédiens Italiens qui ont déjà cinq ou six nouveautés en train, en annoncent

encore une autre : c'est l'*Amour & la Folie*, opéra comique nouveau en trois actes, en prose & en vaudevilles.

24 *Février*. La reine ayant bien voulu s'intéresser au sieur Grammont, assez injustement expulsé de la scene françoise, il a reparu hier dans la tragédie de *Pierre-le-Cruel*, où il a fait le rôle de dom Pedre. Ce qu'on avoit prévu est arrivé, & ce même parterre qui l'avoit sifflé il y a un mois, l'a applaudi à tout rompre, dès qu'il s'est montré sur le théâtre : il a été obligé de s'avancer & de prier lui-même, par un discours préparé sans doute, de vouloir bien suspendre les battemens, jusqu'à ce qu'il les eût mérités.

Il faut espérer qu'en effet la mortification qu'il a essuyée le corrigera ; qu'il sera moins insolent & travaillera davantage.

24 *Février*. M. *Bailly* jette les hauts cris contre le comte de *Tressan*, dont en effet l'ingratitude est bien noire, si le trait est vrai. Le premier raconte qu'il étoit déjà sur les rangs lorsque le second briguoit les suffrages de l'académie; qu'instruit de cette rivalité, il avoit déclaré à M. de Tressan que, par déférence pour son mérite, son âge & son rang, il se retiroit de la lice ; à quoi l'autre, pénétré d'une reconnoissance simulée, lui avoit répondu qu'il n'oublieroit pas ce beau procédé ; & l'on a vu que c'est au contraire lui qui, à la derniere élection, a fait pencher la balance en faveur de M. de Condorcet.

25 *Février*. Le véritable titre du nouveau livre de Mad. la comtesse de Genlis, est *Adele & Théodore*, ou *Lettres sur l'éducation*, contenant tous les principes relatifs aux trois différens plans d'éducation des princes, des jeunes personnes &

des hommes. Il est en trois volumes in-8°, & en forme de lettres, embrassant un espace de douze ans. Le baron & la baronne d'Almanc ont un fils & une fille, l'un âgé de sept ans & l'autre de six. Ils se retirent dans une terre qu'ils ont au fond du Languedoc pour y passer quelques années à vaquer à l'éducation de leurs enfants; ils n'emmenent avec eux qu'une maîtresse de langue Angloise, un jeune dessinateur qui sait l'italien, & une femme de chambre brodant parfaitement & instruite de tous les ouvrages du sexe. C'est avec ces secours, joints à leurs propres lumieres, à leurs talents, qu'ils doivent remplir leur important objet. Ils ont un fréquent commerce de lettres avec leurs parents & amis, & c'est dans ces épanchements particuliers qu'ils parcourent en détail tout ce qui est relatif aux deux derniers plans d'éducation. Quant au premier, il intervient parmi les acteurs de cette correspondance un comte de Roseville, chargé de l'éducation d'un prince, qui traite cette matiere plus vaste & plus intéressante encore.

On conçoit qu'il ne doit y avoir rien de bien saisi, de bien approfondi dans ce commerce, & que cette forme de discuter plus agréable ne peut être que très-superficielle; mais elle est très-variée. Tantôt ce sont des descriptions, des portraits; tantôt de petits contes, des historiettes; quelquefois on cite les différents auteurs qui ont écrit sur l'éducation; on les approuve, ou plus souvent on les combat, on les réfute.

A travers beaucoup de minuties, de puérilités & d'hypocrisie, il y a des choses excellentes dans cet ouvrage, en général bien écrit, sans recherche, d'un style élégant & naturel. L'auteur a cru devoir sans doute le rendre piquant par des portraits prêtant à des allusions malignes qui lui ont attiré beaucoup d'ennemis, des sarcasmes, des épigrammes, des chansons. Quoi qu'il en soit, c'est un mérite peu commun de trouver le secret de se faire lire dans trois volumes d'aussi longue haleine, sur un sujet rebattu & épuisé par les plus grands maîtres.

25 *Février*. Il paroît qu'un sieur *Aubier*, avocat du roi en la sénéchaussée de Clermont, devenu conseiller au conseil supérieur établi en cette ville en 1771, a profité de cette circonstance pour élever des prétentions à la noblesse, pour se qualifier d'écuyer, non-seulement en vertu de sa dignité nouvelle, mais à raison du droit qu'il en avoit d'ancienne date. Le souverain tribunal dont il étoit, supprimé, on a voulu le chicaner sur ce titre, & la haine de son corps, qu'il s'étoit attirée en passant au conseil supérieur, n'a pas peu contribué à lui susciter un procès fort désagréable.

La cour des aides de Clermont n'a pas été fâchée de trouver occasion de mortifier le suppôt du chancelier; &, après différentes procédures, par arrêt du 14 juillet 1778, a déclaré le sieur Aubier usurpateur des titres & qualité de noble. Celui-ci avoit eu l'adresse de se pourvoir au parlement de Paris, & d'établir un conflit de jurisdiction entre les deux cours, même de se faire maintenir par le parlement dans sa qualité, suivant un arrêt du 16 février 1780. De-là une double contestation au conseil, & au conseil des dépêches, qui n'a pas été favorable à la cour des aides de Clermont.

Le secrétaire d'état de la province, rapporteur de l'affaire, apprit à cette cour que son procureur-général avoit été purement & simplement débouté de sa requête en caffation. Elle fit de premieres remontrances, & le garde-des-sceaux lui manda, dans une lettre *infiniment laconique*, que ces remontrances n'avoient frappé ni S. M ni son conseil. Elle en fit d'itératives très-longues & très-détaillées en date du 17 juillet 1781, qui n'eurent pas plus d'effet : de-là sans doute est provenu une plus grande fermentation dans la compagnie, qui a causé la disgrace complete & une suspension de service qui doit intéresser les autres cours du même genre.

25 *Février*. On annonçoit depuis quelques jours un drame nouveau en trois actes & en prose de Mlle. *Raucoux*, qui devoit avoir lieu aujourd'hui sous le titre de la *Fille déserteur* : il est changé, & la piece s'annonce maintenant sous celui d'*Henriette*, nom sans doute de l'héroïne. C'est décidément pour vendredi la premiere représentation ; Mlle. Raucoux doit y jouer elle même.

26 *Février*. Les itératives remontrances de la cour des aides de Clermont sont très-bien faites, & quoique d'une longue étendue, claires, serrées de faits, & d'une logique suivie & facile à saisir.

Le court apperçu de tous les objets qui y sont traités, se résume ainsi.

Cette cour commence par instruire sa majesté des faits, des circonstances de l'affaire qui y donnent lieu depuis l'instant de la dénonciation qui lui fut faite par un de ses membres de l'usurpation du sieur Aubier, jusqu'à celui du jugement du conseil des dépêches.

Elle met sous les yeux du roi l'analyse exacte, tant de ses précédentes remontrances que de la requête en caffation présentée par son procureur général contre l'arrêt du conseil privé & celui du parlement de Paris.

D'après cette discussion préliminaire, elle passe à l'histoire générale & successive de notre législation sur *le fait d'usurpation de noblesse*, & en tire des conséquences naturelles en faveur de sa compétence exclusive.

Elle prouve ensuite qu'elle avoit connu de la question de noblesse des sieurs Aubier de la manière précise dont elle devoit en connoître, & que la conduite, dans tout le cours de cette affaire, avoit été telle qu'elle devoit être.

Enfin, elle rapporte les différentes qualités prises par les ancêtres des sieurs Aubier, & par ces particuliers eux-mêmes dans les actes qu'ils ont consentis.

Elle termine par dénoncer à S. M. un libelle produit par le sieur Aubier fils, lors de l'instance au conseil des dépêches.

26 *Février*. Le grand-conseil perd successivement ses membres les plus fameux. Le sieur Jacques de Vergès, son premier avocat-général, si bafoué dans les pamphlets du temps de la dispersion de la magistrature, vient de mourir.

26 *Février*. Le libelle effroyable contre la reine, dont on a parlé, & d'autres du même genre, ont déterminé le gouvernement à faire un effort à ce sujet, & à sacrifier de l'argent, ce qui répugnoit beaucoup : avec ce secours on a remonté à la source ; on a réclamé l'assistance des gouvernements étrangers ; on a fait des recherches dans toutes les imprimeries suspectes de Hollande & d'Allemagne ; on a enlevé tout ce qui méritoit de l'être, & l'on a fait même arrêter les libraires qui se hasardoient à venir en France

France pour y introduire leurs marchandises ; on les a fait condamner à de grosses amendes : en les ruinant de fond en comble, on s'est persuadé que ce seroit le meilleur moyen de les punir, & de les empêcher de récidiver.

26 *Février*. Le libelle dont la cour des aides de Clermont se plaint, est un *Précis de ce qui s'est passé dans l'affaire des sieurs Aubier*, produit au conseil des dépêches, où plusieurs magistrats de cette cour sont gravement inculpés, où elle se plaint que les faits les plus intéressants sont faux, que l'expression peu respectueuse en est fortement répréhensible. Le ministere public, toujours occupé à soutenir la dignité de la compagnie, étoit prêt à remplir le devoir que lui imposent ses fonctions, en dénonçant ce libelle à la chambre, & en sollicitant de la justice un arrêt solemnel qui en ordonnât au moins la suppression ; mais dès qu'il apprit qu'il avoit été présenté au garde-des-sceaux, le respect profond dont il est pénétré pour sa personne, suspendit seul sa sévérité : il ne se détermina à le dénoncer qu'au chef de la magistrature, dans l'espoir qu'il rendroit à sa compagnie la justice éclatante qui lui étoit due à cet égard, en rappellant au sieur *Aubier* fils, sous le nom duquel est le mémoire, le respect dont il n'auroit jamais dû s'écarter pour un tribunal souverain, recommandable par le caractere & les vertus de ses membres. Le garde-des-sceaux ne fit aucune réponse ; il annonça seulement au député de la cour des aides, que la justification de la compagnie, au sujet de ce libelle, auroit lieu au jugement de l'affaire. Cependant il n'a été rien prononcé, ni à cette époque, ni à aucune autre, sur un chef de réclamation qui tenoit autant à

l'ordre public qu'à l'honneur de la magistrature.

Ce point est un de ceux sur lesquels la cour des aides paroît le plus ulcérée, & insiste le plus auprès du roi dans ses itératives, pour en obtenir l'entiere justification qu'elle sollicitoit auparavant auprès du garde-des-sceaux.

Le style de ces remontrances est grave, austere, & le rédacteur, plus occupé des choses que des mots, paroît avoir moins cherché l'élégance que l'énergie ; c'est le style du genre ; en un mot, c'est un magistrat, & non un rhéteur, qui parle.

27 *Février*. On conservoit dans l'isle de Malte deux marbres, sur chacun desquels étoit gravée une même inscription phénicienne, que l'abbé Barthelemi avoit expliquée, mais sur de simples moules en plâtre, qui n'avoient pas l'authenticité des originaux. L'ordre voulant donner à l'académie des inscriptions & belles-lettres une preuve de l'intérêt qu'il prend à ses travaux, lui a fait présenter de sa part un des marbres par le commandeur de Boscheron, son agent général. C'est le 16 de ce mois que la compagnie a reçu ce monument, & l'a placé avec distinction dans sa bibliotheque.

Il ne s'agit dans l'inscription que d'un vœu adressé par deux Tyriens à Hercule ; mais ce qui lui donne du prix, c'est qu'elle sert à fixer la valeur, jusqu'à présent incertaine, de certaines lettres phéniciennes ; qu'elle a engagé plusieurs savants de l'Europe à s'occuper de ce genre de littérature ; qu'elle a donné lieu à des découvertes importantes.

27 *Février*. Ce discours de M. de Condorcet, peu applaudi au débit, gagne à la lecture. Dans cet ouvrage, plein de philosophie, on aime à le

voir considérer l'état actuel des sciences physiques & morales, leur réunion & leur tendance vers le bien général de l'humanité, les avantages attachés à la culture de l'esprit, sans cesse occupé à perfectionner les moyens de découvrir la vérité, & à simplifier les méthodes qui peuvent nous conduire au vrai plus sûrement & plus promptement. C'est en effet, suivant lui, avec le même instrument qu'agissent l'homme d'état & le géometre ; leurs opérations ne different que dans l'objet sur lequel ils travaillent. La législation, la politique, ne sont de véritables sciences qu'autant qu'elles ont pour base des principes incontestables, & qu'elles marchent avec ordre vers le but qu'elles se proposent. Les problêmes de cette science sont peut-être plus compliqués & plus difficiles à résoudre que ceux de la géométrie transcendante ; mais ce qu'il y a de singuliérement consolant dans la façon de voir du récipiendaire, c'est l'espoir qu'il conçoit des progrès actuels de la morale, quoiqu'il avoue que cette science est beaucoup moins avancée que les autres ; appuyée comme elles sur l'observation des faits & sur des principes incontestables, la morale commence à suivre la même méthode, à se faire une langue intelligible & fixe.

M. de Condorcet finit par représenter sous des couleurs très-intéressantes, les qualités morales & littéraires de l'estimable académicien auquel il succede.

Quant au discours de M. de *Nivernois*, on y sent encore à la lecture ce ton noble & délicat de l'homme du monde, perfectionné par la culture des lettres.

28 *Février*. Depuis que l'empereur a si violemment attaqué les usurpations de la puissance

ecclésiastique, on répand ici une collection de trois lettres manuscrites. Suivant cette correspondance, l'électeur de Treves auroit fait ses représentations à sa majesté impériale sur ses démarches; l'empereur lui auroit répondu; l'électeur auroit répliqué, & son chef lui auroit fermé la bouche par une turlupinade. Quoiqu'on veuille donner ces écrits pour authentiques, ils ne sont ni dans le style d'un souverain, ni dans le caractere sérieux & grave de *Joseph II*; il est plutôt à croire que c'est l'ouvrage de quelque prêtre mécontent, cherchant à jeter ainsi du ridicule sur un prince qu'il regarde aujourd'hui comme l'ennemi de la religion.

28 *Février*. Une anecdote qui a rendu la réception de M. de Condorcet au sein de l'académie françoise plus agréable à ses amis, aux philosophes & aux bons patriotes, c'est l'exclusion qui lui avoit été donnée par le premier ministre, & qui vraisemblablement auroit duré s'il ne fût mort. Cette exclusion faisant infiniment d'honneur à M. de Condorcet, on ne sauroit trop en publier les circonstances. Comme secretaire de l'académie des sciences en 1777, il étoit chargé de faire l'éloge du duc de la Vrilliere, honoraire de cette compagnie, qui venoit de mourir. Plus délicat que le secretaire de l'académie des belles-lettres, qui avoit rempli cette tâche désagréable, il reculoit à s'en acquitter : M. de Maurepas lui en fit des reproches; on prétend même qu'il alla jusqu'aux menaces. L'orateur philosophe tint bon, & lui déclara qu'il ne loueroit jamais un pareil ministre, qu'il méprisoit trop. *Inde iræ*.

1 *Mars* 1782. Voici la premiere réponse à l'électeur de Treves, attribuée à l'empereur. « C'est au milieu de mes occupations militaires & de

mon camp, que j'ai reçu les deux lettres sous le même couvert, qu'il a plu à votre alteſſe de m'écrire en date des 1 & 14 ſeptembre de cette année. Que ne lui dois-je pas pour l'intérêt qu'elle prend à tout ce que je fais, & même à mon ſalut, dont je me flatte, à la vérité, de la ſureté, ſans déſirer néanmoins d'en rapprocher l'époque.

Je n'ai malheureuſement avec moi ici que l'inſtruction du grand Fréderic à ſes généraux, les rêveries du maréchal de Saxe, & de pareils livres profanes. Mais *Queſnel*, *Buzembaum* & l'orthodoxe *Frebonius*, ſont reſtés dans ma bibliotheque. Comment poutrai-je répondre avec détail aux queſtions importantes, diviſées en cinq points, qu'il plaît à V. A. de me faire? Je n'en aurois pas même le temps, ſi une pluie à verſe ne me mettoit dans le cas de pouvoir moraliſer un moment avec vous au lieu d'exercer.

Pour ſuivre l'ordre que V. A. a tracé: 1°. Quant au *Placitum regium*, il m'a paru que quand le chef viſible de l'égliſe, comme elle l'appelle, fait émaner quelques ordres du Vatican aux fideles de mes états, leur chef très-palpable & réel comme moi, doit en être inſtruit & y influer pour quelque choſe.

2°. Trop mal écrit pour pouvoir le copier.

3°. Quant à la privation des bénéfices en cas de contravention aux loix, V. A. elle-même a la bonté de reconnoître qu'indirectement j'étois en droit par la privation du temporel d'obtenir juſtice; mais comme l'indirect eſt toujours le moyen du fourbe, je préfere le direct.

4°. Quant aux bulles *in cœnâ Domini & Unigenitus*, V. A. déſapprouvant la premiere, rend à

E 3

Boniface VIII la justice qui lui est due. Le mot de *l'arracher* des rituels paroît l'inquiéter; si elle vouloit, elle pourroit ordonner dans son diocese, au lieu de cette action trop violente, de coller dessus une feuille blanche de papier, sur laquelle on écriroit ces quatre mots: *Obedientia melior quam Victima*, sentence que, s'il m'en souvient bien, Samuel doit avoir dit à Saül pour quelques Amalécites de trop peu tués. Cette formule pourroit ainsi devenir plus utile.

La bulle *Unigenitus* est postérieure à tout concile œcuménique, par conséquent fort éloignée de l'infaillibilité d'un jugement de l'église universelle. Elle a été reçue par les uns, point par les autres; il paroît que d'ordonner, comme j'ai fait, qu'on n'en parle & n'en dispute en rien, n'est pas trop. Heureusement que mes bons Autrichiens & mes bons Hongrois ne connoissent ni *Molina*, ni *Jansenius*. Si on leur en parloit, ils demanderoient si ce sont des consuls Romains, dont ils n'ont point entendu parler dans les écoles latines. Moi-même j'ai connu un chien levrier qui prenoit son lievre tout seul, & qu'on avoit appellé *Molina*, tant on est ignare chez moi sur les disputes de la grace. Ainsi on continuera de s'en taire dans mes états; & l'on eût bien fait de s'en taire par-tout, il y a plus d'un demi-siecle.

5°. Si je répugne à quelque chose, ce n'est pas à croire les vérités de ma foi, mais seulement à ce qu'on m'en fasse accroire sur les explications. Bref, je me flatte que nous suivons ensemble le plus droit chemin pour faire chacun notre salut, en accomplissant les devoirs dans lesquels la providence nous a jetés, en faisant honneur au pain que nous mangeons: vous mangez celui de l'église, & vous protestez contre toute innovation ; & moi celui de l'état, & je défends ou revendique ses droits primitifs, &c.

1 *Mars*. C'est décidément aujourd'hui que se joue la piece de mademoiselle Raucoux. Quand on lui a demandé au comité la quantité de billets de parterre qu'elle jugeoit à propos de prendre, suivant la méthode des auteurs modernes, pour former un parti, elle a répondu noblement qu'elle n'en désiroit aucun, qu'elle s'en rapportoit au public, & que son drame, s'il étoit bon, se soutiendroit par lui-même. Cette résolution généreuse, répandue aujourd'hui adroitement par les amis de l'actrice, lui concilie déjà beaucoup de suffrages. Du reste, tout est loué, & la chambrée sera certainement des plus brillantes.

1 *Mars*. On a su dans une séance particuliere de l'académie françoise, qu'un membre, qu'on dit être M. Ducis, avoit proposé de faire un réglement de police intérieure & de convenir entre soi de ne point donner de billets aux femmes pour les assemblées publiques, afin de leur rendre la gravité qu'elles avoient autrefois. M. de la Place, indigné de ce bruit, y a répondu par le quatrain suivant :

Si le sexe, au *Lycée*, aujourd'hui s'embarrasse,
C'est à toi d'en sortir, très-inutile *Orgon*:
On voit neuf Muses au Parnasse ;
On n'y compte qu'un *Apollon*.

8 *Mars*. Suivant la correspondance annoncée, l'électeur de Treves a répliqué à l'empereur :
« Sire, ce n'est qu'après avoir mûrement réfléchi devant Dieu sur les obligations de mon état, que je me suis déterminé à faire à V. M. I.

E 4

mes très-respectueuses remontrances touchant les édits qu'elle a fait publier.

L'objet étoit trop important pour être traité légérement ; c'est un reproche que je n'ai pas à me faire, & quelle que soit l'idée que V. M. semble s'être faite de moi, je suis très-convaincu que je n'ai point oublié à qui j'avois l'honneur d'écrire.

Quoi qu'il en soit, Sire, en lisant la lettre dont V. M. m'a honoré, je me suis réjoui sincérement, à l'exemple des apôtres, d'avoir été trouvé digne de souffrir quelques mépris pour Jesus-Christ. Ma joie eût été complete, si j'avois pu me cacher en ce moment les maux extrêmes dont l'église est menacée, & les regrets amers que V. M. se prépare. Oui, quelle que soit maintenant la fermeté avec laquelle elle paroît décidée à soutenir ses démarches, un jour viendra qu'elle en sera inconsolable. Puisse ce jour ne pas être celui de l'éternité !

Je suis, &c.

SECONDE REPONSE DE L'EMPEREUR.

MON COUSIN,

JE vois, suivant la réplique de V. Exc., que nous ne dansons pas de même air : elle prend la forme pour la chose, pendant que je me tiens exactement à la chose en fait de religion, & que je n'obvie qu'aux abus qui s'y étoient glissés, & qui en défigurent entièrement la pureté : vos lettres sont toutes tragiques, & les miennes toutes comiques.

Et comme Thalie & Melpomene, quoique sœurs

au Parnasse, ne s'allient pas toujours ensemble, descendant de l'Hélicon, V. E. me permettra que nos genres se rapprochent davantage, & qu'en attendant je l'assure, &c.

A Vienne, ce 11 *décembre* 1781.

1 *Mars*. Le drame de Mlle. Raucoux paroît vraisemblablement tiré de quelque drame germanique, dont elle aura eu connoissance durant ses caravanes dans ces contrées, & qu'elle aura adapté à notre théâtre. Quoi qu'il en soit, le sujet est allemand, absolument dans le costume & dans les mœurs de cette nation. Il y a un spectacle & appareil militaire à peu près semblable à ce qu'on a vu tout récemment dans le drame intitulé *la Discipline militaire du Nord*. Il y a beaucoup de romanesque dans l'action, dans les caracteres, dans les incidents. Le premier acte a paru froid, le second a excité de longs, de fréquents & de sinceres applaudissements; le troisieme a été aussi applaudi, quoique pas avec autant d'enthousiasme. En un mot, cette piece, simple dans sa marche & dans son style, vaut à peu près toutes celles du même genre qui ont paru sur la scene françoise, & qui y sont même restées.

Mlle. Raucoux, infiniment mieux en homme qu'en femme, a très-bien joué, & ne s'est pas déconcertée de quelques murmures élevés au commencement. Le sieur Molé l'a très-bien secondée, & s'est conduit en bon & franc camarade. Après la piece elle s'est rendue aux invitations du public, s'est montrée dans son costume de soldat, a remercié le public, & a été reçue avec transport.

2 *Mars*. Le *Thésée*, dont la premiere représen-

tation a eu lieu auſſi hier, a eu beaucoup de ſuccés ; mais toute l'attention s'étant portée principalement à la comédie françoiſe, & les véritables connoiſſeurs n'ayant pu ſe partager, il faut attendre la ſuite de quelques autres repréſentations, pour fixer irrévocablement quel degré d'eſtime mérite la nouvelle production de M. *Goſſec*.

3 *Mars*. Les ennemis de Mlle. Raucoux, & elle en a beaucoup, non contents de s'être déchaînés dans les foyers contre ſa piece avec une fureur ſans exemple, ſur-tout envers l'ouvrage d'une femme, veulent lui ravir même le petit mérite qu'ils lui laiſſent, & répandent le bruit qu'elle n'eſt que le prête-nom de M. Duroſoy. En outre on a déjà enfanté une chanſon, où on lui reproche cruellement ſes turpitudes.

3 *Mars*. L'affaire de la cour des aides de Clermont continue à faire grand bruit. On convient aſſez généralement qu'elle a eu tort dans la forme ; qu'elle ne devoit point connoître d'un procès dont la queſtion concernant la nobleſſe n'étoit qu'incidente à la queſtion principale ; mais on trouve qu'elle a très-grande raiſon au fond, & que les raiſonnements de ſes remontrances ſont victorieux.

Une circonſtance ſinguliere, c'eſt que le Sr. Aubier pere ayant été membre du conſeil ſupérieur de Clermont, & ayant pardevers lui cette tache infamante qui devoit le rendre odieux à la magiſtrature, & qu'on inſinue avoir été le motif ſecret de l'animoſité de la cour des aides, ait trouvé au parlement de Paris une protection éclatante au point de l'emporter ſur une cour ſouveraine. Ce triomphe n'a été que la ſuite de ſon adreſſe à ne point paroître en cauſe, à n'y mettre que ſon fils intact, & même gémiſsant en apparence de la honteuse démarche de son pere, & l'inculpant.

Quoi qu'il en soit, on cite sur-tout aujourd'hui une lettre de la cour des aides de Clermont au garde-des-sceaux, piece sur laquelle a été assise son interdiction. Ces magistrats, outrés de voir le peu d'effet de leurs remontrances, lui reprochent dans cette lettre, ou de n'avoir pas lu leurs remontrances, ce qui seroit une négligence impardonnable ; ou, s'ils les a lues, de ne les avoir pas comprises, ce qui seroit une grande ineptie ; ou, après les avoir lues & entendues, d'en avoir dissimulé au roi la force & la justice, ce qui seroit une pusillanimité répréhensible ; ou enfin, convaincu de leur bon droit, d'avoir déterminé S. M. à les punir, ce qui seroit le comble de l'injustice. Cette gradation de doutes indécents, & même injurieux à M. de Miroménil, lui a paru mériter l'animadversion du conseil.

En conséquence, il est d'abord allé chez le roi rendre compte du fait à S. M. qui a daigné lire la lettre, & lui a répondu qu'en effet on ne devoit pas traiter ainsi le chef suprême de la justice ; & cette cour, comme on l'a déjà dit, est interdite.

On veut que l'attribution des affaires y pendantes soit faite à la cour des aides ; en conséquence il y a eu une assemblée générale des chambres, dont on ignore encore le résultat.

3 Mars. On peut se rappeller qu'on a parlé dans le temps d'un grand recueil qui fut publié, en 1779, sous le titre de *Mémoires pour servir à l'histoire du droit public de la France*. Il y restoit des lacunes considérables, & la prudence de ceux qui avoient fait imprimer les fameuses remontrances de 1775, où elles existoient spécialement,

E 6

n'avoit pas osé les rétablir dans l'ouvrage en question. Enfin, on a cru devoir satisfaire les désirs du public, & ces *lacunes* paroissent aujourd'hui en 10 pages *in-4°*. du même format que le recueil, elles completent merveilleusement cet éloquent morceau, & sont bien humiliantes pour les particuliers ou les magistrats qu'elles concernent, & qui sont nommés sans aucun détour.

3 Mars. M. le marquis de Puysegur, lieutenant-général des armées du roi, personnage de distinction, auquel on attribuoit différents ouvrages, entr'autres le dernier mémoire au roi sur la guerre, qu'on avoit désigné plusieurs fois & tout récemment pour le ministere, vient de mourir; il étoit fils du maréchal du même nom.

4 Mars. Voici la chanson composée à l'occasion de la piece de Mlle. Raucoux.

Sur l'air : *Mon pere étoit pot.*

Au théâtre on vient d'annoncer
  Une piece nouvelle,
Qui doit beaucoup intéresser,
  C'est d'un auteur femelle.
  C'est un histrion,
  Las du cotillon,
 Qui prend un nouvel être (1).
  Son cœur est usé,
  Son goût est blasé,
Son esprit vient de naître.

Il est connu par ses exploits
  Plus que par ses ouvrages;

―――――――――――――――――

(1) Mlle. Raucoux fait un rôle d'homme dans sa piece.

Jamais le travail de ses doigts,
   N'obtint notre suffrage ;
   Mais ce nouveau - né
   D'un talent borné,
Surprendra, s'il ne touche.
   L'auteur entre nous
   Travaille beaucoup ;
Mais jamais il n'accouche.

4 *Mars*. Rien de plus merveilleux ici que l'attrait pour la nouveauté, au point que l'on s'enthousiasme soudain sur les inventions les plus fausses & les plus absurdes. Du moins tel est le reproche que les savants font aujourd'hui aux ministres qui ont trop aveuglément suivi leur zele pour accréditer la prétendue découverte de M. Janin. Ils assurent que non - seulement le vinaigre ne peut opérer l'effet salutaire qu'on lui suppose, mais qu'il est, au contraire, très-propre à augmenter les dangers qu'on veut éviter.

Quoi qu'il en soit, la société royale de médecine, qui se plaint de n'avoir pas été consultée dans une matiere aussi essentiellement de son ressort, vient de nommer d'office des commissaires pour vérifier les expériences annoncées. Ces commissaires sont, entre les associés ordinaires, les docteurs, *Marquer*, *Fourcroye*, l'abbé *Tessier* & *Hallé*; entre les associés libres, M. *Poulletier de la Salle* & le duc de la *Rochefoucault*.

L'académie des sciences a, dit - on, entendu déjà un rapport de celles faites par quelques-uns de ses membres, qui ne sont pas absolument de l'avis du sieur Janin.

4 *Mars*. Madame Sophie est morte la nuit du samedi au dimanche, au moment où l'on s'y

attendoit le moins ; les spectacles ont vaqué sur le champ ; mais comme elle a désiré être enterrée à Saint-Denis tout de suite & sans aucun cérémonial, qu'elle ne sera point exposée aux Tuileries suivant l'usage, ils recommenceront dès demain, puisqu'elle a dû être aujourd'hui dans le tombeau des rois.

4 *Mars*. Les comédiens Italiens ne pouvant jouer la nouveauté qu'ils ont annoncée, pour satisfaire l'impatience du public, lui en substituent une autre qui doit avoir lieu demain jeudi ; c'est l'*Eclipse totale*, comédie en un acte, mêlée d'ariettes.

Tout cela n'est qu'en attendant un opéra comique du grand genre, intitulé *la nouvelle Omphale*, de M. Robinot de Beaunoir & du sieur Floquet. L'auteur des paroles ayant fort à cœur d'être joué, a dédié son ouvrage à madame Jules, s'est fait ainsi connoître à la cour, & a obtenu un ordre pour passer avant tous les auteurs ses anciens ; ce qui a occasionné beaucoup de murmures. Cependant, encore un coup, on ne peut jouer *la nouvelle Omphale* dans ce carême ; on est à la veille de la clôture ; elle exige beaucoup de travail, de préparatifs, & les acteurs ont demandé qu'on différât jusqu'après pâques.

5 *Mars*. Le roi, non content d'avoir honoré la cendre du brave vicomte du Couëdic, mort de ses blessures à Brest le 7 janvier 1780, dont on se rappelle le brillant combat, par un monument qui y a été élevé l'année derniere à ce héros marin ; d'avoir répandu ses bienfaits dans le temps sur sa veuve & sa famille, vient encore de donner tout récemment une réforme de cavalerie au régiment royal de Picardie, à un chevalier du

Couëdic, sous-lieutenant d'infanterie, avec dispense de payer la finance ordinaire.

5 Mars. Les spectacles ont repris aujourd'hui, & *Thésée* a encore eu plus de succès à la seconde représentation; ce succès cependant ne porte pas sur le poëme, dont on ne peut approuver les changements. On ne voit pas pourquoi réduire en quatre actes cette tragédie qui en avoit cinq; innovation qui ne consiste que dans une refonte bizarre des troisieme & quatrieme actes réunis ensemble, ce qui en forme seulement un acte d'une longueur interminable & monotone par l'uniformité de la situation.

Le dénouement que M. Rochon de Chabannes avoit substitué à l'ancien, d'après l'invitation de M. Gossec, n'a pas été conservé, parce que ce poëte n'a pas voulu y laisser joindre les sutures & les corrections de tous ceux qui vouloient s'en mêler; en sorte que le changement le plus nécessaire, qui devoit produire le plus d'effet, donner à la situation plus de vraisemblance, & d'intérêt conséquemment, est le seul qui n'ait pas eu lieu.

Au reste, si Quinault, revenu du monde, s'indignoit avec raison contre ses réformateurs, Lully ne pourroit qu'applaudir à son rival. La musique de M. Gossec est infiniment supérieure à celle du vieux lyrique dans la partie des accompagnements & des effets d'orchestre, où il regne une harmonie aussi riche que savante dans celle des chœurs, presque tous de la plus grande beauté, principalement ceux des démons, qu'on a applaudis avec transport; même dans celle des airs de danse, qui n'ont pas laissé aussi que d'être goûtés, quoiqu'on ait paru en général y désirer une tournure plus neuve & plus piquante. Mais ce qui dédommageroit son amour-propre, seroit de voir qu'à l'exception d'un superbe air de Thésée, embelli encore par la voix du sieur le Gros au troisieme acte, & du monologue, *Dépit mortel*, dans lequel Mlle. Duplant brille également, le morceau de chant le plus généralement admiré, soit celui d'Egée : *Faites grace à mon âge en faveur de ma gloire*, qui a été conservé de l'ancienne musique, & que le sieur *Larrivée* rend ainsi que tout son rôle avec beaucoup de noblesse.

6 *Mars*. C'est chez Mlle. Fannier qu'a été charitablement composée la chanson sur mademoiselle Raucoux & sa piece : elle étoit même préparée d'avance, parce qu'on vouloit la répandre dès le soir après la premiere représentation. Elle est sur-tout attribuée au président d'Héricourt, aidé de M. de Chamfort, du marquis de Saint-Marc, & de la divinité de ce petit Parnasse. Il y est resté une légere incorrection de rime, que les connoisseurs seuls trouvent aisément, & qu'on n'a jamais pu changer.

7 *Mars*. Les gentilshommes de la chambre désirant recruter de sujets la comédie Françoise qui se délabre de plus en plus, font rechercher dans les provinces les acteurs les plus distingués. Dans la troupe de Bordeaux, le sieur *Granger* excelloit pour les rôles de petit-maître, & y étoit si aimé, qu'il gagnoit à lui seul 10000 liv., & que, par égard pour lui, on y avoit reçu son pere, sa mere, un frere, tous sujets médiocres ou mauvais, supportés pour lui seul, & lui faisant un sort de 20 à 22000 liv. Il a fallu renoncer à ce joli revenu pour se rendre dans la capitale & y débuter ; mais le sieur Molé qu'il s'agissoit

de doubler, redoutant le parallele, a déclaré que si le sieur Granger paroissoit au théâtre, il quittoit. La crainte sans doute de perdre cet excellent acteur, sans être sûr encore d'en avoir un qui le remplace & plaise au public, a arrêté les supérieurs, qui, ne sachant plus que faire du nouveau venu, l'ont envoyé aux Italiens, c'est-à-dire, dans une arene toute différente, où les pieces qu'il sait, ne lui serviront plus de rien, & où il faut apprendre un autre théâtre. Malgré ces difficultés & ces dégoûts, la supériorité du sieur Granger s'est manifestée dès qu'il a paru, & le parterre enthousiasmé, l'a vivement applaudi & traité avec une distinction méritée.

7 Mars. L'académie françoise, dans son assemblée d'aujourd'hui, a adjugé le legs annuel de 1200 liv., fondé par feu M. le comte de Valbelle, à M. de la *Cretelle*, avocat au parlement, auteur de l'*Eloge du duc de Montauzier*, dont on a parlé.

7 Mars. On raconte que le sieur Thierry, premier valet-de-chambre du roi, un jour s'étant rendu trop tard à son service, en avoit reçu des reproches de S. M.; qu'en convenant de sa faute, il avoit observé à son maître, que s'il en savoit le motif, il le trouveroit moins coupable, & lui pardonneroit. Le monarque a voulu qu'il s'expliquât: alors il lui a appris qu'il avoit été occupé à consoler un de ses amis prêt à faire banqueroute, parce qu'on ne le payoit pas lui-même, & qu'à l'instant il étoit dans un si grand désespoir qu'il se seroit brûlé la cervelle, s'il ne l'en avoit empêché en lui fournissant quelques secours. Tout cela n'étoit que plus propre à augmenter la curiosité de S. M.; bref, par les éclaircissements, il s'est trouvé que le principal débiteur de ce malheureux étoit le grand-aumônier qui, avec 500,000 livres de rentes, le faisoit languir pour 80,000 livres qu'il lui devoit.

Le roi, bien instruit du fait, a donné sur le champ un bon au sieur Thierry pour aller toucher cette somme au trésor royal; & dès que le cardinal de Rohan a paru devant lui, il lui a dit en plaisantant, mais avec fermeté: *vous me devez bien de l'argent; que cela ne tarde pas être remplacé*; Thierry vous l'expliquera.

Tout le monde est enchanté de ce trait qui caractérise à la fois l'humanité, la bonté, la justice du roi, son amour de l'ordre & de la regle.

8 Mars. L'*éclipse totale*, quant à la moralité & au dénouement, est la fable de la Fontaine, intitulée l'*Astrologue au fond d'un puits*. L'auteur y a joint une petite intrigue d'amour d'où naît une suite d'allusions, & de *quiproquo* assez ingénieux, qui ont réjoui le parterre. Il faut convenir cependant que ce seroit peu de chose sans la musique. Elle est de M. *d'Aleyrac*, jeune militaire, donnant comme amateur les plus grandes espérances, s'il cultive ce talent. Les paroles sont de M. de la Chaboissiere.

9 Mars. Les comédiens Italiens ont donné hier la nouveauté attendue depuis quelque temps: c'est *l'Amour & la Folie*, opéra comique en trois actes & en vaudevilles, dont les paroles sont de M. Desfontaines; il est en effet dans son genre, & rempli de gaietés qui passeroient pour des ordures de boulevar's. De jolis couplets, des tableaux agréables & le choix heureux des airs ont fait la fortune de cette poliçonnerie, qui a eu un succès complet. Le fonds, car nos auteurs ont peine à produire aujourd'hui rien de leur imagination, est tiré d'un apologue charmant, ayant le même titre de la Fontaine, qui, lui-même, l'avoit pris dans un dialogue ingénieux de Louise Labé, virtuose du seizieme siecle.

9 Mars. Il paroît décidé que les comédiens François iront jouer à pâques dans la nouvelle salle. Quoique les bâtiments qui l'entourent ne soient point finis, ni même commencés, on a toujours tracé sur ce vaste emplacement les rues qui doivent servir de communication & de débouchés; on a figuré les édifices en planches; & la circulation des voitures peut ainsi devenir libre; reste à savoir ce qui arrivera lorsqu'on voudra bâtir. Quoi qu'il en soit, on s'empresse d'aller voir en attendant cet édifice, sur lequel on raisonne différemment.

Tout le monde est assez d'accord que, quant à l'extérieur, il ne s'annonce pas comme devroit se caractériser un pareil monument, & que si l'on ne lisoit en lettres d'or au fronton du péristile, *Théâtre François*, on ne se douteroit pas que ce fût son institution. Quant à l'intérieur, on n'est pas d'accord: les badauts, qui se laissent facilement prendre par les yeux, par des murs nouvellement badigeonnés, par des dorures brillantes, des peintures fraîches, un local imposant, trouvent la salle superbe. Les gens de l'art, les connoisseurs, ou même ceux qui jugent par le bon sens, qui savent que la premiere qualité d'une salle de spectacle est qu'on y voie & y entende, doutent que celle-ci ait ces avantages au suprême degré. Il paroît que les architectes ont eux-mêmes cette inquiétude, puisque l'essai qu'on devoit faire n'a pas eu lieu: ils ont craint que les mécontents n'excitassent une fermentation dangereuse, qui le deviendra beaucoup moins quand une fois la salle sera livrée entièrement ; & qu'ayant commencé d'y jouer, on ne pourra plus reculer, sauf à attendre la première vacance pour réparer les sujets de plainte.

Une des innovations de cette salle, c'est qu'on sera assis au parterre, prétexte d'augmenter les places ; & il est agité de les élever jusqu'à 48 sous, ce qui donne lieu à d'autres considérations de la part de ceux qui en examinant l'innovation en elle-même, la regardoient déjà comme funeste pour l'art.

Les comédiens eux-mêmes ne sont pas sans alarmes. Le titre leur annonce que ce n'est plus leur hôtel, qu'il appartient à la nation, & cette dépossession, pour ainsi dire, est d'un funeste augure pour leur état, qu'ils craignent de voir changer : jusqu'à ce que leurs intérêts soient réglés, ils n'osent prendre un parti sur leur ancien hôtel.

9 *Mars*. Les curé & marguilliers de la paroisse de Saint-Sulpice, sur laquelle est l'hôtel de Maurepas, se proposent de faire célébrer demain dans cette église un service solemnel pour le repos de l'ame de ce ministre.

M. l'évêque d'Autun officiera pontificalement, & l'oraison funebre sera prononcée par M. l'abbé Melon de Pradon, chanoine de l'église de Paris.

10 *Mars*. Le *Musée* par excellence, puisque c'est lui plus spécialement consacré aux muses, se soutient sous la présidence de M. *le Court de Gebelin*, & par l'activité infatigable de l'abbé *Cordier de Saint-Firmin*, toujours occupé à recruter des membres & des spectateurs. Les lectures publiques se continuent les premiers jeudi de chaque mois,

& l'affluence est telle qu'on ne peut y aborder qu'en arrivant de très-bonne heure. Un morceau lu par le président, & de sa composition, est remarquable entre tous les autres.

Un professeur de langues orientales à Cambridge en Amérique, a envoyé en 1781 à M. de Gebelin, trois inscriptions puniques, qu'on a trouvées sur des rochers à l'embouchure d'une riviere, qui coule à cinquante milles au sud de Boston: elles ont été gravées par les Carthaginois qui aborderent sur cette plage méconnue ; elles ont pour objet leur arrivée & les traités qu'ils firent avec les habitants du pays.

C'est sur cette importante découverte que M. de Gebelin a fait un mémoire très-intéressant. L'auteur est pour l'affirmative. Il ne doute nullement de l'authenticité du monument, & confirme les connoissances nautiques du peuple, rival de Rome. Il faut voir, quand cette dissertation sera plus publique, ce que les savants y répondront de contradictoire.

10 *Mars*. Ce n'est pas sans raison que le sieur Molé s'est montré jaloux des talents du sieur Granger. Les connoisseurs le trouvent plus noble, plus naturel que lui, & non moins leste & sémillant. En outre, il a un organe bien supérieur, sonore & intéressant à la fois ; on le court avec fureur, & il reçoit des applaudissements universels. Les comédiens François ont autrefois possédé ce sujet non encore formé, & n'avoient pas su l'apprécier. Il a développé dans la *Coquette fixée* & *l'Apparence trompeuse*, deux pieces dans lesquelles il a joué de suite, deux rôles opposés, toutes les nuances de la comédie, une connoissance

profonde du théâtre, enfin l'intelligence la plus consommée.

10 *Mars*. Le docteur Lorry, cet esculape moderne le plus à la mode parmi les femmes & les beaux esprits, tombé depuis quelque temps en apoplexie, offre à l'humanité le spectacle le plus déplorable. Sa tête est revenue ; il est en état de donner des consultations ; mais ses jambes lui refusent le service : comme pour sa propre santé il est obligé de se promener en voiture, ne pouvant le faire autrement, il emploie utilement encore cet exercice pour lui & pour les autres ; il fait des tournées de malades chez ceux qui le désirant sont en état de descendre, & de venir dans son carrosse conférer avec lui & se montrer à son inspection ; façon nouvelle de faire la médecine, assez semblable à celle de Madrid, ce maître à danser, qui, tout podagre & ne pouvant se remuer, enseignoit les graces de cet art, & en donnoit des leçons sublimes.

10 *Mars*. Extrait d'une lettre de Clermont, du 5 mars... C'est à l'occasion de la publicité des remontrances de notre cour des aides, par l'impression que M. le garde-des-sceaux lui ayant écrit une lettre très-seche pour lui témoigner le mécontement du roi, ces magistrats lui ont répondu une lettre fort longue, fort détaillée & fort peu respectueuse, qui leur a attiré une réplique mortifiante, & de-là l'autre infiniment laconique, & motif de la disgrace de cette cour.

M. le comte de Montboissier, ci-devant gouverneur des mousquetaires noirs & commandant dans la province, a été chargé, en cette qualité, d'y venir, accompagné de deux huissiers de la chaîne, notifier les ordres du roi. Lui-même est allé chez chacun de messieurs leur donner sa lettre de cachet portant ordre de se rendre au palais pour les entendre : il l'a fait avec toute l'aménité possible ; il leur a montré sa répugnance à se charger de cette jonction, leur a détaillé les instances qu'il avoit faites à la cour afin de l'éviter, sa douleur de s'en acquitter, &c.

Le jour de la séance où il a fait enrégistrer la déclaration du roi en date du 19 février, contenant interdiction indéfinie, il a prononcé un discours très-touchant, où il a renouvellé ses regrets d'être le porteur d'ordres si rigoureux envers autant d'amis qu'il comptoit de magistrats ; il a fait leur éloge, & les a assurés qu'il ne perdroit aucune occasion de supplier le roi d'en adoucir l'amertume & la durée.

11 *Mars*. M. de Sainte-Foi avoit présenté requête en cassation de l'arrêt du parlement qui l'a décrété d'ajournement personnel. Cette requête étoit motivée sur l'alternative où il se trouvoit, soit de rester sans justification s'il ne produisoit les pieces servant à sa défense, soit de manquer à la confiance qu'il devoit au comte d'Artois en révélant l'intérieur de la maison. On n'a pas trouvé les raisons bonnes & sa requête a été regardée d'une voix unanime inadmissible.

11 *Mars*. La nouvelle salle de comédie Françoise revient à deux millions. On sait que c'est aux dépens de *Monsieur* qu'elle a été construite. Il faut se ressouvenir de tous les revirements opérés de l'hôtel de Condé, d'abord acheté par la ville, ensuite repris par le roi, qui l'a cédé à son frere, sous cette condition. On avoit fait entendre au prince qu'il se récupéreroit facilement, & avec usure, de ses avances par les terrains qu'il

vendroit autour; mais jusqu'à présent personne n'en achete.

Dans le nouvel édifice on a pratiqué un escalier qui conduit à une porte souterraine, dont l'objet est de servir d'issue à un passage du Luxembourg à la comédie, pour que *Monsieur*, quand il habitera ce palais, puisse s'y rendre sans appareil & *incognito*, s'il veut; mais on ne conçoit pas que dans un espace aussi long & aussi mal-sain, on puisse imaginer de faire passer son altesse royale.

12 *Mars*. Samedi dernier, les chambres assemblées, la cour des aides a enrégistré la déclaration qui lui attribue la connoissance des affaires pendantes à celle de Clermont durant son interdiction, & a en même temps arrêté des remontrances.

12 *Mars*. On a inféré dans le journal de Paris, numéro 54, une anecdote suivant laquelle un jeune homme de trente ans, réputé mort à l'Aigle, ville de la haute Normandie, avoit été retiré de sa biere, au moment où on le portoit en terre, & avoit encore vécu deux jours. Il est à présumer que si l'on ne se fût pas hâté de l'ensevelir, & de remplir un usage barbare de ce lieu de calfeutrer avec de l'étoupe & du chanvre la bouche de ce malheureux, & les conduits par lesquels peut se faire toute espece d'écoulement & de déjection, il en fût peut-être revenu; & eût rempli une longue carriere.

M. François de Neufchâteau, à cette occasion, dans une lettre qu'on lit dans le N°. 70 du même journal, observe que dans la Lorraine où il réside, il y a un réglement très-sage, introduit dans un canton de cette province par un

M.

M. Huet, doyen de Rousseaux, qui, en sa qualité de curé-doyen, fit arrêter dans un synode que les curés n'enterreroient aucun de leurs paroissiens, qu'il n'eût demeuré deux nuits entières sur un lit, le visage découvert, les mains & le reste du corps libres; qu'on ne mettroit le mort dans son cercueil que le matin du troisieme jour, en présence de quelques examinateurs & certificateurs de la vérité de sa mort; que ce cercueil ne seroit jamais fermé par-dessus, & qu'il seroit jeté sur le visage du mort & sur son corps, beaucoup de chaux vive.

M. de Neufchâteau nous apprend, par occasion, que cet excellent homme a laissé quantité de manuscrits, de mémoires & de projets utiles; qu'il a entre les mains ces papiers qu'il se propose de visiter & d'extraire.

Il apprend encore que c'est à M. Huet que la province est redevable des ordres donnés en 1740 pour la plantation des arbres sur les grandes routes.

13 *Mars.* Suivant ce qu'on écrit de Londres, M. *Noverre* y a le plus brillant succès. Son grand ballet de *Renaud & Armide*, représenté depuis sur le théâtre de l'opéra, en présence du prince de Galles & de l'assemblée la plus brillante & la plus nombreuse, y a sur-tout ravi les Anglois. On y a admiré le génie créateur de cet habile homme, qui fait revivre parmi nous à un si haut degré la pantomime, art si célebre dans les beaux jours de la Grece & de Rome.

Les spectateurs furent tellement enchantés, qu'imitant un usage des théâtres de Paris jusqu'alors inconnu à Londres, on fit retentir le nom de Noverre dans toute la salle, & on l'appella pour recevoir en personne les éloges de la nation; sa modestie lui fit constamment refuser de se montrer.

Les sieurs *Gardel* & *Nivelon* ont parfaitement secondé le compositeur, mais Mlle. *Théodore* principalement. Elle triomphe ici, & l'on aime autant son caractere que son talent sans exemple.

13 *Mars*. M. *Viotti*, violon étranger, qui n'a point encore paru ici, qui s'est fait connoître par hasard pour la premiere fois dans un petit concert particulier avec une modestie rare, & fit tomber l'archet des mains de tous nos grands maîtres, doit débuter au concert spirituel durant la quinzaine: il est des amateurs qui le mettent au dessus de tout ce que nous avons entendu jusqu'à présent.

13 *Mars*. Un ministre Anglois, nommé *Beresford*, ayant profité de l'accès qu'il avoit chez Milady *Hamilton*, pour rendre la fille de cette dame amoureuse de lui, & la déterminer à l'épouser, est allé en Ecosse avec elle, afin d'y remplir la cérémonie de la loi. De retour, la mere a trouvé cet hymen très-mauvais; & ayant fait rougir sa fille d'une alliance aussi disproportionnée, l'a engagée à son tour à se soustraire par la fuite à son ravisseur; toutes deux en conséquence sont passées dans une ville de la Flandre Françoise, où le ministre les a bientôt suivies. Il s'y est engagé une contestation pardevant la justice du lieu. La mere a fait décréter le sieur Beresford de prise de corps, comme ravisseur; & celui-ci, au contraire, a rendu plainte contre Milady Hamilton, comme cherchant à soustraire une femme à l'autorité de son époux. Le procès est venu par appel au parlement de Paris, & y a formé une affaire d'éclat, qui a attiré un monde prodigieux au barreau.

Me. Target a défendu le ministere avec cette chaleur, cet intérêt qu'il met dans ses causes; il a enchanté tout l'auditoire ; il a même tellement prévenu tout ce que l'avocat adverse, Me. Gerbier, avoit à plaider, que celui-ci n'a pu s'empêcher de convenir après l'audience que son confrere lui avoit joué le tour le plus sanglant, ne lui laissoit plus rien à dire. Quoi qu'il en soit, en effet, lorsqu'il a fallu descendre dans l'arene, soit que le hasard eût occasionné ce contre-temps, soit que ce ne fût qu'un prétexte, Me. Gerbier n'a point paru, & a fait demander la remise de sa cause, comme étant malade : enfin hier, où il étoit question de la reprendre, n'étant point encore en état, un particulier nommé *Geoffroy de Limon*, très-connu dans le monde comme un homme d'esprit, & un beau parleur, qui a été attaché à *Monsieur*, & dont on peut se rappeller la fâcheuse aventure, n'ayant d'avocat que le titre, s'est présenté, & la cour lui a permis de parler ; il a plaidé pour Mad. Hamilton, assez bien pour un homme qui n'est point habitué à cet exercice ; mais trop mal pour la circonstance où il auroit fallu des prodiges d'éloquence : au surplus, il y a apparence qu'il n'a fait que débiter le plaidoyer de M. Gerbier ; & comme l'élocution est la grande partie de cet orateur, on sait combien il a dû perdre.

C'est vendredi prochain que l'avocat-général doit porter la parole.

14 *Mars*. Les comédiens François ont enfin commencé hier à essayer leur nouvelle salle, illuminée d'une maniere particuliere. Il paroît que cette répétition n'a pas eu grand succès. On confirme que la voix dans la comédie parlée, s'y fera difficilement entendre, ou, pour mieux dire, qu'elle sera perdue pour le grand nombre des spectateurs. On se plaint des loges, où l'on ne peut entrer pour

peu qu'on ait du ventre : dans un certain nombre, il y a une portion des spectateurs qui n'y pourra rien voir ; enfin la méthode imaginée d'éclairer mieux, ne répond pas à l'idée qu'on s'en étoit formée, & présente des inconvénients qu'il faudra corriger.

14 *Mars*. Le sieur Bordenave, professeur royal de chirurgie, destiné spécialement à la physiologie, étant tombé ces jours-ci en apoplexie, en est mort. Il étoit échevin en charge, chevalier de l'ordre de Saint-Michel, & membre de l'académie royale des sciences de Paris.

14 *Mars*. Il passe pour constant que le pape, après avoir tenu consistoire le 25, est parti pour Vienne, suivant la résolution qu'il en avoit annoncée à l'empereur. Son objet est de discuter avec sa majesté impériale les différents points de ses édits concernant les maisons religieuses & autres objets qui intéressent l'église. En vain tout le sacré collège a cherché à détourner le souverain pontife d'une pareille démarche, d'autant plus hasardée que l'empereur lui a déjà fait savoir qu'elle seroit inutile. M. le cardinal de Bernis a sur-tout fait l'impossible à cet égard.

On ajoute que le pape ne mene aucun cardinal avec lui, qu'il n'a qu'une très-petite suite, & qu'il se propose de loger sur la route de couvent en couvent.

14 *Mars*. Les almanachs étant devenus une source d'instruction dans ce pays frivole, où l'on ne veut rien savoir que par superficie & sans étude, ils se multiplient tous les jours. On vient tout récemment d'en publier un pour les colonies. c'est le pendant de celui de la marine. Jusqu'à présent le ministre s'étoit opposé à sa publication, & le mar-

quis de *Castries* est le premier qui n'y ait pas trouvé d'inconvéniens.

Entre tous ces almanachs, le plus utile & le plus nécessaire est, sans contredit, *l'almanach royal*, qui s'améliore chaque année, & va faire de plus grands progrès entre les mains du moderne éditeur.

Cet almanach fut imaginé en 1684 par Laurent d'Houry : Louis XIV l'ayant désiré, il eut l'honneur de le lui présenter en 1699. C'est de-là qu'il a pris son épithete de *Royal*. Il étoit d'abord très-peu de chose ; mais par les améliorations de l'inventeur & de son fils, Charles Maurice, cet ouvrage devint bientôt recommandable.

A la mort de Laurent en 1725, la veuve employa tous ses soins pour suivre les erremens du défunt jusqu'en 1742, que son petit-fils fut chargé de la direction, & pensa se faire une affaire grave, ainsi qu'on l'a vu précédemment. Par le décès de celui-ci, arrivé en 1779, Laurent-Charles d'Houry, petit-fils de l'auteur, est devenu éditeur de cet almanach, & il annonce avoir à cœur de conserver en ce genre un nom distingué que lui a laissé son aïeul.

15 *Mars*. L'abbé *Canaye*, membre de l'académie des inscriptions & belles-lettres, vient de mourir ; il avoit une amitié tendre pour M. d'Alembert, qui sans doute honorera la cendre de son bienfaiteur de quelque éloge. Il avoit une superbe bibliotheque, dont on ignore encore la destination.

15 *Mars*. Extrait d'une lettre de Bordeaux, du 8 mars.... Voici en substance ce qui s'est passé dans notre parlement: le 22 décembre le garde-des-sceaux lui avoit écrit une lettre où il lui annonçoit le retour du premier président ; il avoit en

F 3

même temps adressé au procureur-général un paquet cacheté, ne devant s'ouvrir qu'aux chambres assemblées. Le premier président est arrivé en effet en janvier, après avoir reçu des ordres réitérés du roi très-séveres, & avoir promis de s'y conformer. Malgré cela, la fermentation a tellement régné dans la compagnie, qu'elle a resté jusqu'au 10 février sans s'assembler, & dans la plus parfaite inaction ; ce n'est que sur des menaces de la colere du roi & de juger la forfaiture, reçues vraisemblablement du département de M. de Vergennes, que l'assemblée a eu lieu, & l'ouverture du paquet où ils ont trouvé une lettre du roi, dans laquelle on le fait parler avec une mollesse indigne de sa majesté, qui a révolté les partisans de l'autorité royale. Cependant le souverain s'expliquoit, &, sans prétendre gêner la conscience ou la volonté des magistrats, avertissoit ceux qui ne voudroient ou croiroient ne pouvoir pas fraterniser avec M. Dupaty, qu'ils étoient maîtres de donner leurs démissions, & de recevoir leur remboursement.

Cette alternative les a tellement intimidés, qu'ils ont entégistré les lettres-patentes restées sur le bureau depuis si long-temps, avec un arrêté très-pathétique & très-soumis ; & enfin ils commencent à administrer la justice.

16 *Mars.* Les arts viennent de perdre une des premieres flûtes de l'Europe en la personne du sieur *Taillard* l'aîné, décédé à Paris le 3 de ce mois. Son talent pour cet instrument s'est manifesté dès sa plus tendre jeunesse : à l'âge de douze ans, il eut l'honneur d'être entendu de plusieurs têtes couronnées. Il donna aussi de lui des sonates, des *duo*, des *trio* ; & il a composé une méthode

pour guider les compositeurs dans leurs essais. La mort l'a enlevé au moment où il commençoit son quatorzieme recueil d'ariettes.

Cet artiste, qui a long-temps joué au concert spirituel, joignoit à une des plus belles embouchures, une exécution vive, brillante & pleine de sentiment, & ses talents étoient relevés par une modestie rare.

16 *Mars*. Le général *Washington* a prié M. de *la Fayette*, partant pour la France, de lui rapporter les portraits de toute sa famille. Ce seigneur a en effet fait composer un tableau historié, qui remplit parfaitement cet objet. Mad. de la Fayette y est représentée dans son appartement entourée de ses trois enfants ; elle tient à sa main un uniforme américain : le garçon, bouillant de marcher sur les traces de son illustre pere, est représenté déjà un bras passé dans une manche, & s'efforçant de mettre l'autre ; ce qui jette du mouvement dans la scene. Le marquis de la Fayette est présent, & l'on voit à son étonnement succéder la joie qui brille dans ses yeux. Cette composition, sage, ingénieuse & très-convenable aux circonstances, fait beaucoup d'honneur au jeune artiste qui en est l'auteur, & dont c'est en quelque sorte le coup d'essai.

17 *Mars*. Les clôtures des spectacles se sont faites hier : le compliment des comédiens François a été moins lieu commun que de coutume, par la digression sur la nouvelle salle qu'ils doivent occuper à la rentrée : ils ont assuré le public, par l'organe du sieur Dorival, leur orateur, qu'ils redoubleroient d'efforts & de soins, tant pour mériter les suffrages du public par leurs talents, que pour augmenter la pompe des représentations

dans le magnifique local que leur a destiné la munificence de nos princes.

M. Imbert est chargé, au surplus, de faire une petite piece relative à cet événement, qui doit se jouer à l'ouverture.

Les Italiens, plus adroits à retourner les fadeurs qu'on débite au parterre ce jour-là, ont eu recours au sieur Parisau Cet auteur a imaginé de coudre une petite scene assez agréable à la suite de la piece intitulée *l'Amour & la Folie*, exécutée la derniere. *Iris* vient de la part de Jupiter ordonner à l'Amour de retourner dans l'Olympe : ce Dieu obéit, quoiqu'à regret ; mais la Folie se trouvant bien sur la terre, chante ce couplet, qui a été redemandé deux fois.

> Qu'amour retourne au ciel, qu'il fuie :
> Je reste ici pour ma santé.
> Point de gaîté sans la folie ;
> Point de bonheur sans la gaîté.
> On prétend qu'à la gent humaine
> Je sers de guide, & pour toujours ;
> Messieurs, si c'est moi qui vous mene,
> Vous viendrez ici tous les jours.

18 *Mars.* Extrait d'une lettre de Châlons, du 15 mars 1782.... Il y a ici depuis quelque temps une école de dessin, formée à l'instar de celle de Paris. De jeunes gens espiegles en voulant à quelques suppôts du palais, ont affecté d'y mettre leurs portraits en caricatures ; mais de façon à ce que les spectateurs ne pussent se méprendre à la ressemblance : les offensés ont porté plainte contre cette insulte prétendue. Le bailliage a ordonné une information, & que les dessins, objet du délit,

seroient apportés au greffe : il faut observer que l'exposition se fait à l'hôtel-de-ville ; les officiers municipaux ont regardé cette sentence comme injurieuse à leur dignité, comme violant l'asyle de leur hôtel, en sorte qu'ils ont soustrait ces morceaux, & n'ont pas voulu en permettre le dépôt ; l'affaire alloit devenir grave, lorsqu'ils ont reçu un ordre du roi d'aller au bailliage faire des excuses aux magistrats, & de ne faire aucune difficulté de laisser enlever les pieces juridiquement. Messieurs les maire & échevins ont été bien humiliés de cette démarche, & il en reste une animosité vive entre les deux corps, qui partage tous les citoyens pour ou contre, suivant leurs affections.

18 *Mars*. On va commencer incessamment la vente des tableaux & autres objets de curiosité dans les sciences & arts, composant le cabinet du feu marquis de Menars. Comme la plus grande partie des morceaux précieux de cette collection provenoit de la succession de Mad. la marquise de Pompadour, très-connue par son discernement & son goût pour les arts, la foule des amateurs s'empresse d'aller voir ces merveilles. Entre les tableaux il n'y en a pas du grand genre, mais beaucoup de choses aimables, & principalement tirées de l'école françoise.

18 *Mars*. Le *catalogue des différents objets de curiosité dans les sciences & arts*, qui composoient le cabinet de feu M. le marquis de Menars, dressé par les sieurs *Basan* & *Joullain*, est détaillé avec soin & exactitude : ce sera une suite précieuse pour les amateurs d'une collection de cette espece, très-utile & très-instructive ; on y a joint quelques estampes qui l'ornent merveilleusement.

La premiere offre dans le haut, le buste du marquis de Menars, supporté par deux génies en pleurs, tenant des couronnes comme destinées à ce directeur, & ami des arts & manufactures.

On voit au bas la Peinture & la Sculpture, avec leurs attributs, debout & dans une tristesse profonde; la Sculpture, plus particuliérement attachée au défunt, est renversée, & caractérise l'excès de sa douleur par le désordre de ses vêtements & de sa personne ; on lit au bas ces deux vers :

Les arts ont en pleurant honoré sa mémoire,
Et son amour pour eux vivra dans leur histoire.

La composition simple & naturelle de ce dessin, est de M. Cochin, fort ami du marquis de Menars, qui a composé aussi son éloge historique, inséré à la tête du catalogue.

Il y a 220 morceaux en tableaux, peintures en émail, miniatures, sculptures en marbre, bronze, &c.

Dans ces derniers on distingue un charmant sujet exécuté avec beaucoup de délicatesse en ivoire, & composé de neuf figures de femmes, satyres & enfants, assis & folâtrant aux pieds de deux arbres, autour desquels serpentent des ceps de vigne. On y a joint la gravure que Mad. de Pompadour en avoit exécutée en 1758, bien capable de faire honneur au talent de cette virtuose.

Il est encore plus confirmé par une suite de soixante-trois planches de son exécution en 1752, d'après différentes pierres gravées par M. Guay, sur les dessins de MM. Boucher, Vien & autres. On y a joint l'estampe du frontispice, pleine de gentillesse & de goût.

19 *Mars*. Il paroît que l'administration de l'opéra va changer encore une fois. Les acteurs cabalent fortement pour se régir eux-mêmes, & l'on est bien tenté d'en essayer, pour voir si ce gouvernement démocratique sera plus heureux & meilleur que les autres. Il n'y a rien encore de bien décidé.

19 *Mars*. On peut se rappeller un mémoire des curés de Dauphiné, qui parut au commencement de l'année 1782, qui déplut tellement au clergé, c'est-à-dire aux évêques, qu'ils firent expulser de Paris les députés de ces curés : il s'agissoit d'une augmentation de portion congrue qu'ils demandoient.

Cette affaire restée en suspens, ils ont vraisemblablement cherché à obtenir justice d'une autre maniere, & peut-être les curés des autres provinces dans le même cas, ont-ils voulu faire cause commune, ce qui a alarmé de nouveau le clergé; en sorte que ses agents ont sollicité une déclaration du 9 mars, enrégistrée en parlement le 12, qui renouvelle les défenses aux curés du royaume de s'assembler sans permission.

20 *Mars*. Extrait d'une lettre de Malesherbes, du 17 mars.... "On exagere toujours : la montagne de grès, à deux portées de fusil d'ici, de laquelle on tire beaucoup de sable, offre en effet depuis le commencement de ce mois un phénomene isolé dans l'ordre des phénomenes souterrains, très-singulier, mais qui n'est accompagné d'aucun symptôme effrayant.

On nous avoit dit qu'on y entendoit de minute en minute un bruit épouvantable, & semblable à celui d'un coup de canon; qu'étant sur la hauteur on ressentoit une commotion considérable,

& que le bruit augmentoit d'intensité de jour en jour.

Voici ce que nous en rapporte M. l'abbé de Soulavie, physicien, qui a écrit sur les volcans éteints, qui est allé sur le lieu. Il dit que le bruit qu'il a entendu sous ses pieds est bien semblable à celui d'un coup de canon, mais éloigné; que la montagne a éprouvé dans le même instant un peu de commotion, & qu'il a été légérement soulevé. Il ajoute que le lieu qui renferme la cause de ce phénomene n'est pas profond; car un son éloigné reste quelque temps à parvenir à l'oreille, & il a éprouvé dans le même moment & le bruit & la pulsation.

Le peuple d'ici & de Fontainebleau n'en est point effrayé ; il appelle tout simplement cette montagne, *la montagne qui cogne*.

20 *Mars*. Il y a déjà eu deux concerts spirituels depuis la clôture des grands spectacles, & l'affluence a été considérable ; il paroît que le sieur le Gros, qui en a toujours la direction, a redoublé d'efforts pour les rendre brillants en ouvrages nouveaux & en virtuoses.

M. Goffec s'étant présenté au premier pour conduire son *Oratorio de l'arche d'alliance*, la salle retentit d'acclamations, & le public saisit avec empressement l'occasion de prodiguer à l'auteur de *Théfée* les applaudissements les plus vifs.

Au concert du mardi ayant paru, l'enthousiasme se ralluma, & ce furent de nouveaux claquements de mains bien flatteurs pour ses oreilles.

On reçut très-favorablement deux ouvrages nouveaux, une ode sacrée de Rousseau par M. *Mehul*, & le *Beatus Vir* de M. l'abbé *le Sueur*. La jeunesse du premier sur-tout donne les plus grandes espérances.

M. *Viotti* a soutenu dimanche dans son concerto de violon, la haute réputation qu'il s'étoit déjà si promptement acquise dans ce pays-ci. Une exécution vraie, un fini précieux & une qualité de son admirable dans l'*adagio*, font placer cet artiste au rang des plus grands maîtres. On prétend que depuis le fameux *Lulli* il n'a pas paru de violon de sa force.

Madame Mara est une étrangere qui à l'expression de Mad. Todi, joint tout l'art de mademoiselle Danbzi, aujourd'hui Mad. le Brun ; & par la réunion des qualités les plus rares & les plus précieuses, passe pour la premiere cantatrice de l'Europe. Rien n'est comparable au fanatisme qu'elle a excité, & seule elle auroit fait le succès des concerts du sieur le Gros, qui lui donne dix louis chaque fois qu'elle chantera. Elle a commencé mardi pour la premiere fois.

21 *Mars*. M. *Chenard*, très-belle basse-taille, jeune artiste qui remplit un des principaux emplois au théâtre de Bruxelles, a plu beaucoup aussi au concert spirituel par sa voix très-étendue & d'une égalité bien rare dans une de ce genre. Son timbre est sonore, sa prononciation distincte, & il est en outre excellent musicien ; on regretta seulement qu'il n'eût pas choisi un meilleur morceau pour son début. Il paroît que sur cet essai on voudroit le fixer à Paris.

21 *Mars*. On vante beaucoup un quatrieme *musæum*, institué à Paris, qui doit être un *musæum politique*; quand on en aura mieux connu l'objet, l'origine, les progrès & les inventeurs, on en pourra parler plus amplement.

22 *Mars*. M. Telles d'Acosta, grand-maître des domaines & bois de Champagne, voulant sans doute réfuter efficacement par son exemple les détracteurs de son corps, qui le regardent comme inutile, & ont souvent répandu le bruit de sa suppression, vient de publier un ouvrage, le fruit de vingt-sept ans de pratique & d'expérience. C'est une *instruction* où il a rassemblé tout ce qui peut diriger les officiers des eaux & forêts de son département, pour la conservation, l'augmentation, la perfection des bois en général, & de ceux propres sur-tout à la marine.

Ce qu'on y remarque de plus curieux, c'est ce qu'il y dit pour dissiper les alarmes données sur la consommation qui se fait du bois de chauffage en France. Elle a considérablement augmenté dans Paris. En 1730, on n'y consommoit encore que 366.605 voies de bois : on en consomme à présent 640,920, & l'augmentation dans les provinces est en proportion; cependant, M. Telles prétend qu'il n'y a rien à craindre. Il résulte de ses calculs que dans les coupes annuelles, il se trouve un million 200,000 voies de bois plus qu'il n'en faut pour la consommation du royaume.

22 *Mars*. M. de *Beaumont* avoit si long-temps occupé le siege archiépiscopal de Paris, que peu de gens se rappelloient la cérémonie de l'installation ; ce qui a attiré beaucoup de curieux à celle du nouveau prélat ; elle s'est faite mercredi 20.

Les bourdons, dès la veille & le matin, l'ont annoncée au peuple. Ces bourdons s'appellent *Emmanuel* & *Marie*. Le chœur étoit orné des plus beaux tapis, l'autel & les lampadaires garnis de cierges, comme aux fêtes annuelles.

Après la messe canoniale, les chanoines se

font rendus au chapitre, vêtus de leurs robes rouges & violettes : on y a lu les bulles de M. de Juigné, & quatre de ces messieurs ont été députés vers lui. Leur mission est de lui annoncer que le chapitre est prêt à le recevoir, de le diriger dans sa marche, de l'accompagner depuis l'archevêché jusqu'au chapitre ; car tout est prescrit littéralement jusqu'à la porte par où il doit passer, jusqu'à son habillement qui doit être le rochet & la mosette violette (petit camail).

Le prélat entré au chapitre, le doyen lui fait un compliment : il prête sur les saints évangiles le serment accoutumé ; le chapitre se leve. M. l'archevêque, conduit par le doyen, & suivi de messieurs les chanoines, se rend à l'église métropolitaine par la porte septentrionale. A l'entrée du chœur il se sépare, va faire sa priere à la chapelle de Saint-Denis, à gauche, & une nouvelle toilette : il prend l'habit canonial d'hiver, qui est l'habit d'étiquette pour toutes les prises de possession dans l'église métropolitaine. Cependant le doyen & les chanoines entrent au chœur & se mettent en place.

L'archevêque étant habillé se présente à la porte du chœur, où le doyen descendu de son stalle vient de nouveau le chercher; il l'introduit dans le chœur, tenant la droite sur lui ; & après avoir salué ensemble le chœur & le peuple à une distance marquée, il le conduit au grand autel ; ils s'y mettent à genoux, font une seconde priere, montent à l'autel ; & après l'avoir baisé vont au trône archiépiscopal.

Le doyen y monte le premier, s'y assied, comme pour lui annoncer la supériorité du chapitre sur lui, & ensuite y fait monter & asseoir l'archevêque. Alors il retourne à sa place de dignité, & l'on entonne le *Te Deum* au son de toutes les cloches.

Le théologal, qui est au jubé de l'évangile avec le secretaire du chapitre, bientôt annonce au peuple que le prélat est en possession; il en montre les bulles.

Le prélat entre en exercice par la bénédiction pontificale : il descend de son trône, passe à la sacristie faire une troisieme toilette, & dans ce costume va à l'officialité avec le chapitre & conduit par le doyen, qui l'instale aussi dans sa jurisdiction. L'archevêque tenant le siege, le doyen à sa droite, & les chanoines à ses deux côtés, le secretaire du chapitre faisant les fonctions de greffier, on plaide une cause, & l'archevêque, après avoir pris l'avis du doyen & de messieurs, prononce le jugement.

De-là il est conduit en son palais de la même maniere qu'il est venu à l'officialité. Entré dans son appartement, le doyen lui adresse un dernier compliment, auquel le prélat répond : il reconduit le chapitre jusqu'au bas du grand escalier, où il embrasse tous les chanoines à la joue. A ce cérémonial long & ennuyeux succede un grand dîner qui termine la fête.

23 *Mars*. Extrait d'une lettre de Rouen, du 19 mars... La troupe des comédiens de cette ville étant à se recorder pour se préparer à jouer avec vos illustres de Paris, le sieur de Neuville, dans sa loge, attendoit impatiemment son perruquier : le barbier arrive, est rudement gourmandé, se met pourtant en fonctions & coupe une verrue que ce comédien avoit sous le menton ; le sang coule en abondance, celui-ci devient furieux &

& prend un couteau sur sa cheminée ; le barbier veut s'enfuir, mais se heurtant contre une chaise, tombe ; ce qui donne au sieur de Neuville le temps de l'atteindre & de le poignarder de trois coups de l'ignoble instrument. Le blessé n'a eu que le temps de faire sa déclaration & est très-mal.

Notre lieutenant-criminel, M. *Couronne*, homme de mérite, mais accusé de partialité en cette circonstance, n'ayant point suivi la procédure avec l'autorité que le cas requéroit, a été mandé au parlement, & interdit pour un an ainsi que le procureur du roi. Cette cour a évoqué le procès, & l'instruit avec tout le zele qu'exige cet assassinat criant. Il a décrété le comédien, qui est en fuite.

La dame *Montessier*, directrice de la troupe, amante du sieur de Neuville, qui devoit l'épouser, & l'avoit déjà associé à la direction, répand un mémoire en sa faveur, où l'on représente le barbier comme tenté de voler l'argent & les bijoux du comédien qu'il voyoit, & celui-ci comme ayant arrêté par sa prestesse & sa vengeance le crime que l'autre méditoit.

23 *Mars*. Le *Désœuvré* ou *l'Espion des Boulevards*. C'est une brochure qui ne laisse pas, quoique sur un sujet trivial, de faire un certain bruit parmi tous les histrions qu'elle concerne, leurs entours & adhérents. Il paroît que l'auteur est fort initié dans ces divers tripots & en connoît à merveille tous les personnages qu'il démasque, & dont il révele les turpitudes ; ceux-ci jettent les hauts cris, & demandent vengeance.

24 *Mars*. Le journal de Paris, qui de tous les objets qu'il avoit embrassés dans son *prospectus*, n'en traite que fort peu, & encore pour la plupart

ceux qui lui font communs avec les autres journaux, a cependant par-dessus ceux-ci un avantage inappréciable pour des François & des Parisiens ; c'est de paroître tous les jours. Avec celui-là, s'il le conserve, il doit nécessairement survivre à la longue à tous les autres, & s'enrichir de leurs dépouilles. C'est ainsi qu'il vient de réunir à lui le privilege des annonces des deuils de cour & du nécrologe des hommes célebres. Mais, par une cupidité mal entendue peut-être, ou du moins déplacée & dérogatoire à ses promesses, il l'augmente du même prix, en sorte qu'au lieu d'un louis, il coûtera désormais 30 livres.

14 Mars. Extrait d'une lettre d'Amiens, du 19 mars.... Dans le nombre de 40000 ames environ qui forment la population de cette ville, en 1777 on comptoit 8000 pauvres, dont 500 mendiants de profession, qui infestoient à toute heure les églises, les marchés, les rues, les auberges & les maisons. L'hôpital n'étoit ni assez grand pour les contenir, ni assez riche pour les soulager. Les ressources des paroisses étoient insuffisantes, & il paroissoit bien difficile & même dangereux de supprimer la mendicité. Cependant l'évêque & l'intendant de concert se sont réunis pour ce grand ouvrage.

1°. On établit à l'évêché un bureau général dont les assemblées durent avoir lieu au moins une fois chaque mois.

2°. On institua un bureau particulier dans chacune des treize paroisses de la ville.

3°. Tous les citoyens qui désirerent prendre place dans le bureau général, y furent admis sans distinction de rang.

4°. Les administrateurs des bureaux particuliers,

composés aussi de tous les paroissiens qui voulurent y entrer, furent assez multipliés pour que chacun d'eux visitât en deux heures les pauvres de son quartier.

5°. On commença par faire respectivement une quête dans les maisons des citoyens; on y joignoit le produit des troncs, des legs, des quêtes faites dans les églises paroissiales & des fondations échues. L'évêque, l'intendant & les officiers municipaux y ajoutèrent des sommes considérables.

6°. Pour répartir l'aumône générale entre les paroisses, à proportion de leurs besoins respectifs, le bureau général fit, par provision, un tarif que des commissaires nommés à cet effet ont rectifié & perfectionné, & changent annuellement.

Après ces préliminaires, le 11 janvier 1779, la mendicité fut supprimée par ordonnance de police. Depuis ce temps on continue de faire tous les mois dans les maisons la quête, après laquelle se tient l'assemblée du bureau général. On y arrête le compte du mois précédent, & ce qu'il convient de distribuer dans le mois courant. Les bureaux particuliers font en conséquence la distribution aux pauvres dans leurs maisons de huit en huit jours, & le bureau général rend compte tous les ans au public de son opération & de l'état de sa caisse par la voie de l'impression.

On n'a pas cru devoir établir des atteliers publics pour fournir de l'ouvrage aux pauvres; les manufactures leur en fournissent assez; mais on s'est borné à établir une école de filature pour les petites filles, branche d'industrie qui manquoit à cette ville. On cherche maintenant le moyen d'occuper d'une maniere auſſi utile les petits garçons juſqu'à ce qu'ils ſoient en état de ſervir dans les manufactures.

Enfin, le bureau général a fondé, au mois de juin 1781, un bureau de prêt purement gratuit ſur gages.

On a diſtribué en eſpeces aux pauvres en 1779, 104800 livres : les beſoins ont diminué en 1780; il n'en a coûté pour leur ſubſiſtance que 91736 livres; & en 1781, que 91546 livres. Il ne ne faut pas comprendre là-dedans beaucoup de frais particuliers, ſoit pour le chauffage, ſoit pour l'habillement, &c. fournis extraordinairement, ou par les officiers municipaux, ou par des perſonnes charitables.

Pour ôter tout prétexte aux murmures des pauvres mécontents, ſe plaignant de l'inégalité de la répartition des aumônes, le bureau-général a fait mettre dans la cathédrale un tronc uniquement deſtiné à recevoir les requêtes préſentées par eux ou par leurs protecteurs. Des commiſſaires, nommés à cet effet, les vérifient & rendent juſtice tout de ſuite.

C'eſt ainſi que ſe ſoutient depuis trois ans un établiſſement que les frondeurs aſſuroient ne pas devoir durer ſix mois. On ne peut ſe diſſimuler cependant que la ferveur ſe rallentit, puiſque les quêtes ne ſont plus auſſi abondantes, ce qui feroit écrouler l'établiſſement, ſi l'égoïſme venoit à s'en mêler.

25 *Mars.* 1782. *Un priſonnier d'état, auquel S. M. accorde ſa liberté, peut-il, le même jour, être arrêté pour dettes dans la Baſtille ?* Telle eſt la queſtion intéreſſante élevée dans un mémoire à conſulter pour le ſieur George - Fréderic Cley-

mann, négociant de Francfort sur le Mein, établi à Paris depuis 1768, ci-devant tenu trois ans à la Bastille, actuellement prisonnier à la conciergerie. Il mérite un détail particulier.

25 *Mars.* M. Bourgeois de Boynes, ministre d'état, se trouve fort mal à l'aise par le procès qu'il a perdu, dont on a parlé dans le temps. C'est un homme de bonnes mœurs, du moins en apparence ; mais il ne laisse pas que d'avoir eu un goût de luxe fort dispendieux dans l'hôtel qu'il a acheté auprès de Saint-Lazare. Quoi qu'il en soit, depuis long-temps on annonçoit sa banqueroute prochaine ; & en effet il a donné depuis peu son bilan, & a demandé du répit à ses créanciers. Ceux-ci ne sont pas d'accord à cet égard ; ils accusent l'un d'eux de n'avoir qu'une dette simulée, ou du moins de s'entendre avec son débiteur, il en est né une contestation portée au parlement, & les magistrats ne sont pas fâchés d'avoir occasion de rendre à ce mortel ennemi tout le mal qu'il leur a fait.

25 *Mars.* Depuis long-temps on cherche à se rendre maître de l'ordre des avocats, dont le régime trop volontaire déplaît au gouvernement & même aux magistrats. On parle plus que jamais de les mettre en charge, moyen qu'on regarde comme plus efficace pour les assujettir. C'est sans doute pour y préparer les esprits & les avocats eux-mêmes, qu'on autorise de temps en temps des pamphlets assez mordants, où l'on révele les mysteres, les vices, & le désordre de ce corps. De ce nombre est une nouvelle brochure, intitulée: *Un indépendant à l'ordre des avocats, sur la décadence du barreau :* elle excite une grande fermentation parmi eux ; & sans doute quelque mem-

bre prendra la plume pour y répondre & venger l'honneur de l'ordre outragé.

26 Mars. Le sieur Blanchard, l'auteur du cabriolet volant, qui doit être en même-temps un bateau insubmersible, travaille infatigablement à perfectionner son ouvrage, que bien des gens ont regardé comme une chimere, & que d'autres très-sensés estiment comme pouvant réussir. Il est logé à Paris chez un abbé de *Vienné*, qui l'a encouragé & empêché de passer en pays étranger, où il avoit envie de porter ses talents. Il commence à montrer aux curieux sa machine déjà assez avancée pour qu'on y puisse connoître quelque chose, & en découvrir le méchanisme. Il avoit eu l'envie de faire une voiture allant sans chevaux, & de la montrer à Longchamps; mais le temps ne lui a pas permis d'exécuter son projet. M. le comte d'Artois, M. le duc de Chartres & autres grands seigneurs ont été le voir.

26 Mars. Dans une capucinade intitulée: *Réflexions d'un militaire sur la profession d'avocat*, Paris 1781, l'auteur qu'on prétend être Me. L. D. B. un des premiers énergumenes de l'ordre, confesse l'opprobre de ce théâtre, qu'on a si long-temps & si faussement vanté: il confesse que l'éloquence y est prostituée à l'imposture, vendue à l'opulence, dégradée par l'ignorance; il confesse que l'amour de la gloire n'y échauffe plus les cœurs; que l'intérêt seul y regne, & qu'enfin le barreau François tend rapidement vers sa ruine.

Le nouvel écrivain, sur le titre d'un *indépendant*, prend acte de cet aveu; mais le premier attribue cette décadence, d'une part, au trop grand nombre d'avocats inscrits sur le tableau;

& de l'autre à l'avidité de quelques procureurs, qui profitent du besoin de la plupart des avocats, pour composer sur le prix de leurs travaux. Suivant le second, de ces deux causes, la premiere au contraire seroit la source de la gloire du barreau, si le despotisme de l'ordre n'y étouffoit pas le talent, & l'autre n'est que la moins importante des causes du désordre qui regne dans le lycée de Thémis.

Les vraies causes, à ce qu'il annonce, sont : mauvaise éducation des jeunes gens qui s'y destinent ; vuide immense des connoissances qu'ils y apportent ; obscurité qui regne dans nos loix ; défaut d'école de déclamation & d'éloquence ; sécheresse des causes ; défaut de liberté ; avidité des avocats ; défaut des récompenses que le mérite a droit d'attendre ; enfin, & c'est sur-tout la considération la plus importante, vices nombreux & énormes de la constitution de l'ordre.

Tels sont les points principaux de la diatribe de l'anonyme, qui déclare n'être rien, ne tenir à rien, ne demander rien, & par conséquent est dans la position nécessaire pour bien appercevoir la vérité & la dire franchement.

27 *Mars*. M. Elie de Beaumont, qui, suivant l'usage, rédige par écrit les superbes plaidoyers de son ami Target, fait paroître aujourd'hui un *mémoire pour le sieur Benjamin Beresford, prêtre de l'église anglicane, chapelain du duc de Bedford, recteur des deux paroisses de la ville de Bedford.*

Contre *monsieur le procureur-général.* Et encore contre *la dame Sydney, Hamilton, épouse dudit sieur Beresford, plaignante, dénonciatrice & témoin.*

Et contre *la dame Cawen Hamilton, femme*

du sieur Hamilton, écuyer, instigatrice, plaignante, dénonciatrice & témoin.

Il roule sur la question suivante du droit des gens, qui établit en même temps le fait.

« Une femme, dont la fille a été mariée dans
» sa patrie, condamnée elle-même par les juges
» de sa patrie à représenter sa fille à son mari,
» fugitive en France avec sa fille pour se soustraire
» aux loix, peut-elle valablement & légalement
» faire décréter son gendre de prise de corps en
» France, pour raison de ce mariage célébré sous
» l'empire de loix étrangeres aux nôtres ? Peut-
» elle, en se dérobant, par un ordre du roi au
» premier tribunal François, pardevant lequel
» le mari poursuivoit la restitution de sa femme
» entre ses mains, venir devant une autre cour,
» quand la premiere est encore légalement saisie
» de la contestation, & là qualifier de crime de-
» vant les juges François le mariage qu'elle n'a
» osé attaquer devant ses juges nationaux; qualifier
» de continuation de crime en France, la demande
» en restitution de sa femme, après que celle-ci
» a procédé volontairement sur cette même de-
» mande devant nos tribunaux, devant lesquels
» elle se contentoit d'opposer faussement que son
» mariage étoit attaqué par elle dans sa patrie ? »

C'est une cause d'une espece si rare, sinon au fonds, du moins quant à la forme & aux circonstances, que c'est peut-être la premiere de cette nature agitée au parlement.

27 *Mars*. Extrait d'une lettre de l'Isle-d'Oleron, du 28 février.... Notre gouverneur, M. de Verteuil, maréchal-de-camp, a été en effet très-fêté par M. de Meuron, colonel du régiment Suisse de son nom, au service de la compagnie

des

des Indes Hollandoises, & il y a eu entr'autres un proverbe analogue aux circonstances, de la composition de M. Dauphin, lieutenant-trésorier du régiment. Il l'avoit intitulé: *Vaut mieux tard que jamais*, annonce relative aux contre-temps qu'avoit éprouvé ce divertissement, pour vaquer aux fonctions plus essentielles du service. La piece sentoit un peu le terroir, mais tout cela est bon en société. Il y avoit cependant dans ce petit drame des couplets heureux sur plusieurs belles actions de M. de Verteuil, qu'on y a dignement célébrées. La fête a commencé par un dîner de 200 couverts, & a été terminée par un bal qui a duré toute la nuit : tout cela est bien galant pour des Suisses : & nos Olonois n'avoient de leur vie vu rien de si beau.

28 *Mars*. Extrait d'une lettre de Besançon, du 15 mars... Vous ne croiriez pas qu'un curé à portion congrue de cette province, vient de fonder un établissement digne de la munificence d'un prélat à cent mille écus de rentes; mais qu'il n'auroit jamais imaginé. M. Félix, curé de Champagnol, depuis 14 ans & plus qu'il est dans cette paroisse, s'est occupé sans relâche à en bannir la mendicité, en encourageant la culture des terres, & a réussi, & ce n'étoit pas une petite besogne, puisque Champagnol comptoit plus de 2000 ames. Encouragé par cet essai, il vient d'obtenir des lettres-patentes données au mois d'octobre 1781, & enrégistrées en notre parlement (car il faut être autorisé même pour pratiquer le bien), par lesquelles il lui est permis de construire une maison pour loger trois ou quatre maîtresses d'école ou sœurs de charité, qui apprendront gratuitement aux pauvres filles leur religion & le genre de

travail propre à leur sexe ; & aux autres plus aisées, moyennant une légere rétribution : pour exciter leur émulation, il sera chaque année accordé une récompense à celle qui se sera le plus distinguée par son travail & sa conduite. Il y sera en outre établi un grenier d'abondance, soit pour fournir aux pauvres, incapables de s'occuper, leur subsistance ; soit pour avancer aux autres les semences, les instruments, les vêtements, l'argent dont ils auroient besoin, & qu'ils remplaceront. Les malades y trouveront aussi des remedes & des secours. Les ouvrages provenant du travail des enfants, seront convertis en étoffes ou en toiles à vendre au profit de l'établissement. Les pauvres sans asyle, & même les voyageurs en détresse, y auront l'hospitalité. La maison sera dirigée sous l'inspection de l'archevêque de Besançon, du procureur-général, du curé, des échevins & de quatre des principaux habitants. Le curé estime qu'un revenu annuel de 3000 liv. seroit suffisant pour tout, & il commence par y consacrer 20,000 livres, qui font toute sa fortune ; il espere recueillir le surplus des dons & charités que S. M. lui permet de recevoir & de placer.

28 *Mars*. Il faut rectifier un peu les faits concernant l'étrange procès qu'on a annoncé. Le sieur Beresford avoit fait célébrer une seconde fois son mariage à Londres. Il y avoit eu une procédure commencée dans cette capitale, suivant laquelle la dame Hamilton avoit été condamnée à représenter sa fille à son époux ; & ce ne fut que lorsqu'elle vit une impossibilité absolue de réussir en Angleterre, qu'elle se détermina à passer en France.

Ce fut à Lille, le 27 juin dernier, que le sieur

Beresford découvrit sa femme & sa belle-mere: il y fut très-bien accueilli des juges, & si bien que la dame Hamilton interjeta appel au parlement de Douay, où la jeune femme accoucha d'une fille, remise par arrêt aux mains de son pere. Mad. Hamilton n'étant pas encore satisfaite de cette cour, obtient un ordre du roi qui enleve l'affaire au parlement de Douay, & elle intrigue si bien que, sans autre forme de procès, le procureur du roi du châtelet décrete le ministre Anglois, le 7 février dernier. Enfin, le 19 il est élargi, & l'on permet à la dame Hamilton & à sa fille de se libérer des gardes qu'on leur avoit donnés, en présentant caution. C'est le sieur Geoffroy de Limon qui avoit offert de l'être, mais qui n'a pas rempli les conditions exigées; on a vu cependant qu'il prenoit un intérêt vif à ces étrangers, par le sacrifice qu'il leur a fait de son amour-propre en se substituant à l'avocat Gerbier pour leur défenseur, & en se faisant ainsi huer du public.

29 Mars. La dame Hamilton ne pouvant gagner son procès en Angleterre, a remué ici ciel & terre pour y faire juger le fonds; mais heureusement le roi lui-même avoit déclaré, il y a quelques jours, à son lever, que le parlement de Paris ne pouvoit connoître que des incidents & des questions qui en résultoient. Elles sont du plus grand intérêt; savoir:

Quels sont les droits & les devoirs respectifs des peuples, relativement au jugement des délits commis hors de leur territoire? comment & jusqu'à quel degré il leur appartient de qualifier les actions humaines, de donner à celles qui blessent leurs loix le nom de crime, & de les poursuivre? comment, lorsqu'un homme réclame sa propriété la plus précieuse & la plus sacrée, lorsqu'il réclame la réciprocité de justice & de bons offices, qui est le plus puissant lien des nations, c'est un devoir envers lui de venir à son secours & de le venger ?

Du jugement du fonds en faveur de la dame Hamilton, il résulteroit, au contraire, qu'une mere fugitive de ses propres tribunaux, feroit ordonner par les nôtres le déshonneur de sa fille; ne se serviroit de l'obéissance aveugle de sa malheureuse fille, que pour la vouer à l'ignominie du concubinage, porter sa fureur & l'opprobre sur son propre sang, & condamner un enfant innocent, l'enfant de sa fille, le sien, à la honte de la bâtardise.

Aussi l'arrêt a-t-il été entiérement conforme aux demandes du sieur Beresford. Les principales dispositions sont en gros que les parties seront conduites sous bonne & sûre garde en Angleterre, pour être remises aux mains d'un juge de paix ; & que la dame Hamilton paiera provisoirement 50,000 livres de dommages & intérêts envers sa fille, nouvelle-née du sieur Beresford.

† 29 *Mars.* La salle du concert spirituel n'a point désempli depuis son ouverture par les vacances des autres spectacles ; mais aujourd'hui, vendredi-saint, la foule a redoublé avec plus de fureur. Les amateurs les plus assidus à ce pieux exercice, les plus anciens & les plus instruits de toutes ses anecdotes, assurent qu'il n'a jamais fait autant de sensation, ni attiré autant de monde.

Mad. Mara continue d'en faire les délices, & l'admiration croît à mesure qu'on l'entend ; elle n'excelle pas moins dans les airs de bravoure & dans le *cantabile* ; ce qui est bien extraordinaire.

On est surpris de la précision qu'elle met dans son chant, de la netteté, de la flexibilité de sa voix, de l'aisance avec laquelle elle se joue & triomphe au milieu des plus grandes difficultés; mais on est ému, attendri, lorsqu'elle désire aller à l'ame, & l'on éprouve, sans s'en défendre, & même malgré qu'on en ait, toutes les sortes de sentiments qu'elle veut inspirer.

M. Solere a débuté cette semaine dans la clarinette par un concerto de la composition de M. de Saint-George, ce qui a rendu ce morceau doublement précieux aux amateurs.

Le *Stabat* de M. Hayden, qu'on avoit reproché à M. le Gros, le directeur du concert, d'avoir osé mettre, il y a un an, en comparaison avec celui de *Pergoleze*, dans une brochure très-caustique, a soutenu cependant encore une fois cette dangereuse épreuve; mais la richesse de ses accompagnements, la variété de ses chœurs & le beau chant dont il est rempli, n'ont pas empêché que l'expression touchante & sublime, qui regne dans celui de l'Italien, n'ait produit son effet ordinaire, & que les connoisseurs ne trouvent plus de génie dans la simplicité des moyens du dernier.

30 *Mars*. Il y a à l'académie royale de musique une Dlle. Aurore, âgée de 17 ans, qui chante dans les chœurs & se pique de poésie. Son début a été d'adresser des vers à Mlle. Raucoux, à l'occasion de son drame. Cette actrice qui a peut-être cru que cette jeune personne cherchoit par-là occasion de se produire auprès d'elle & de lui plaire, a engagé le prince de Henin à la faire venir. On lui a donné des secours pour se mettre en état de paroître d'une façon brillante devant l'héroïne

dramatique; mais ni son minois, ni son jargon n'ont pu la séduire. On n'a vu aucun parti à en tirer, & l'on prétend aujourd'hui que c'est le sieur Gaillard, poëte attaché au théâtre lyrique, qui fait ses vers.

30 *Mars*. Entre plusieurs beaux morceaux du mémoire de M. Elie de Beaumont, il faut distinguer celui concernant la différence du génie des législations Angloise & Françoise, provenant de celle du caractere des deux nations. En France la nation est aimante naturellement; loin d'être en garde contre l'autorité, elle se jette dans ses bras comme un enfant dans les bras de son pere. Ici l'orateur, par un retour adroit pour faire sa cour au parlement, & ne pas se trouver en contradiction avec sa propre conduite, en excepte les grands événements dans lesquels l'homme de bien doit à sa patrie, à ses enfants, à son souverain lui-même, d'user de cette force d'inertie, qui est l'avertissement le plus filial & le plus respectueux. Du reste, cette nation ne calcule seulement pas si elle a une liberté politique, & jusqu'où elle doit s'étendre; elle dépose tous ses droits dans le cœur de son roi: la nation Angloise, au contraire, ayant reconquis par des flots de sang, une constitution originelle, puisque, suivant *Tacite*, c'étoit celle des anciens Germains, les peres de tous les peuples de l'Europe, ce bien lui a coûté trop cher pour risquer de le perdre en le laissant entamer. Toujours en garde contre le moindre accroissement de la prérogative royale, elle lui préfere des inconvénients, & même des maux qui nous paroîtroient intolérables.

De ce préambule naît un développement savant, dans lequel il seroit trop long de suivre le dissertateur, mais qui annonce une grande érudition, une étude profonde des mœurs, des coutumes, des usages, des loix de nos rivaux, & rend ce mémoire un petit traité très-propre à en donner les premieres notions à ceux qui n'en auroient aucune : il est à conserver par cette raison.

31 *Mars*. L'*indépendant* convient cependant que, pour mieux connoître la discipline, les principes de l'ordre des avocats en France, il s'est revêtu du harnois gothique du barreau, & il prétend qu'on doit savoir gré à ceux qui ont ainsi le courage de dévoiler au public les vérités secretes. Avant de venir à cette relation, il nous apprend beaucoup de choses connues de tout le monde.

Il trouve, par exemple, que les écoles de droit sont tout à la fois l'abus le plus déplorable, la farce la plus ridicule ; que les examens, les theses y sont de vraies parades ; & il n'est personne y ayant passé qui n'en sache autant. Il gémit sur le désordre & la contrariété qui regnent, soit dans les coutumes, soit dans les ordonnances, soit dans les arrêts : hé ! qui ne l'a fait avec lui ? Il admire le roi de Prusse d'avoir proscrit de ses états & le droit Romain & les avocats. Est-il quelqu'un qui n'y applaudisse ? Mais ce que bien des gens ignorent, c'est que, suivant lui, nos avocats n'ont jamais étudié les principes de leur langue, se bornent à la parler, à l'écrire, guidés uniquement par cet instinct machinal que donnent l'éducation & l'habitude : c'est qu'ils ne sont pas au fait de la morale, de la physique, enfin qu'ils ne sont pas philosophes. Il prétend que l'ordre est sérieusement ligué contre les sciences & les avocats qui les cultivent : de-là leur style gothique, hérissé de termes barbares ; de-là le mauvais goût qui regne par-tout dans leurs *Factums*: de-là cette fureur de divisions, subdivisions, citations interminables.

Une raison qui empêche sur-tout nos avocats d'être éloquents, c'est le défaut de sujets, en ce que la loi interdit aux accusés de se servir de leur ministere, & que c'est presque dans les matieres criminelles seules qu'ils peuvent développer de grands moyens, intéresser le cœur glacé de nos contemporains.

Il est vrai que l'orateur peut aussi féconder des causes arides. L'auteur cite à cette occasion le sieur de Beaumarchais: ses mémoires sont des chef-d'œuvres, caractérisés sur-tout par la finesse des plaisanteries, par la délicatesse des pensées, la vivacité des images, le sel du ridicule; on y voit des morceaux d'une éloquence neuve. Bien des gens lui refusent la gloire de les avoir composés. On les attribue à M. *Falconnet*, & l'on seroit tenté de le croire d'après les *Observations sur le manifeste d'Angleterre*, du même Beaumarchais.

Pourquoi dans la fameuse affaire de la caisse de Poissy, le plus vanté des avocats de Paris, *Gerbier*, parut-il si inférieur à l'abbé Beaudeau, qui cependant n'étoit jamais monté dans la tribune aux harangues? C'est qu'à l'intérêt naturel de sa cause, ce dernier joignoit l'esprit philosophique & ses grandes vues sur l'administration, si propres à réveiller les esprits les plus engourdis, qu'elles font souvenir de la grandeur de leur être. Son adversaire, suivant la coutume du palais, se renferma dans le cercle étroit des idées *jurisprudentielles*.

On craint en France de donner trop de liberté aux avocats & aux écrivains. On a tort: cette permission est peut-être l'unique frein qui reste pour arrêter la corruption des mœurs, l'oppression de cent tyrans subalternes, & sur-tout pour punir une foule de mauvaises actions qui, par leur nature, doivent échapper à la vengeance des loix.

Ce qui contribue beaucoup à la dégradation du barreau, c'est l'ordre, c'est l'agrégation de ses membres, c'est l'empire absolu que le corps a sur eux. On peut parler de ce despotisme sans faire mention de M. Linguet, de l'incroyable ostracisme exercé contre lui. Son grand & principal grief étoit d'être homme de lettres. *François de Neuchâteau* a essuyé le même reproche; des jeunes gens ont été exclus du stage, les uns parce qu'ils faisoient des vers, les autres parce qu'ils avoient cultivé les mathématiques; certains, parce qu'ils n'avoient pas de bibliothèque.

Formalités minutieuses pour la réception de l'avocat; examen rigoureux sur des détails insignifiants; refus sur des prétextes ridicules; espionnage encouragé, ordonné, exercé publiquement par les vétérans de l'ordre; noviciat long, pénible & maussade; asservissement à des usages barbares; foi aveugle exigée de tous les adeptes: voilà ce qui ôte au génie son ressort, aux esprits leur activité, & fait de tous les membres de l'ordre un troupeau d'esclaves.

Le remede à tant de maux, c'est d'anéantir l'ordre. Les avocats existeront seuls & n'en seront que meilleurs. Leur réception sera précédée d'études & d'examens, qui ne seront pas un jeu comme aujourd'hui. Il faut enfin, pour épurer cette profession, & l'anoblir, substituer à l'appât d'un gain sordide, des récompenses honorifiques que le gouvernement peut multiplier à son gré.

On ne peut difconvenir que s'il y a un peu d'amertume dans cette brochure, fi l'ordre y eft trop dégradé, il y a des reproches très-fondés, des chofes bien vues, & très-praticables. Du refte, l'ouvrage eft écrit avec élégance, & il y a des morceaux de vigueur & de fentiment qui le font lire avec intérêt & avec un grand plaifir.

1 Avril 1782. C'eft le fieur Boyer, qui, depuis qu'il a perdu la correfpondance du courier de l'Europe, plus embarraffé que jamais de faire reffource, en a imaginé une en établiffant un *Mufeum politique* ou *Club*, à la matiere des Anglois. Il a propofé fon plan à MM. de Noli, Chevalier de Lambert, Magon de la Balue & autres richards ne voulant pas fe retirer dans un café, & gênés dans leur promenade du Palais-Royal par le défordre & l'embarras où eft aujourd'hui le jardin. Il leur a offert, s'ils vouloient lui confier chacun trois louis par an, de louer un appartement rue Saint-Nicaife, de les fournir de bois, de bougies, de gazettes, journaux & autres papiers publics: ils ont accepté avec plufieurs autres, & la fociété eft commencée.

2 Avril. Suivant des lettres de Rouen, le perruquier n'eft pas mort; mais le fieur de Neuville n'en a pas été moins condamné par le parlement à être roué vif; ce qui a été exécuté par contumace.

2 Avril. M. *le Prêtre*, avocat ayant beaucoup d'efprit, mais mauvais fujet, affez mal famé au barreau, & dénué d'occupation de ce genre, s'eft retourné vers les belles-lettres. Il s'eft effayé dernièrement avec peu de fuccès aux fpectacles des Boulevarts; il cherche aujourd'hui un théâtre plus digne de lui, & c'est à la comédie italienne qu'il doit faire jouer, pour l'ouverture, une pièce analogue aux circonstances. Ceux qui en ont eu connoissance, prétendent qu'elle est horriblement méchante, ce qui est assez dans le caractere de l'auteur.

3 *Avril*. Extrait d'une lettre de Bordeaux, du 30 mars 1782... Un M. de Lomenie, jeune conseiller au parlement des requêtes, est aujourd'hui la fable de la ville. Il a été derniérement trouvé la nuit en flagrant délit *sub jove frigido*, avec une fille hideuse & dégoûtante, un vrai plastron de corps-de-garde, bonne tout au plus pour les soldats & matelots: on l'a arrêté; en vain s'est-il nommé & a-t-il offert de l'argent, on l'a conduit devant M. *Duhamel*, le vice-maire, qui, affectant de ne pas croire qu'il fût ce qu'il s'annonçoit, l'a fait conduire chez un jurat, le marquis de *Mons*, ancien conseiller au parlement aussi, qui l'a vertement réprimandé & fait relâcher ensuite. Comme le parlement, depuis l'affaire de M. Dupaty & le désordre qui s'en est suivi, est peu aimé & estimé dans la ville, on a donné le plus grand éclat à l'aventure, & M. de *Lomenie* a mis le comble à sa sottise & à son infamie, en présentant à sa compagnie un mémoire justificatif. On croit qu'il sera obligé de quitter.

3 *Avril*. Les officiers revenus de l'armée de Rochambeau, annoncent que M. le chevalier de Chatelux, malgré les nombreuses & continuelles occupations que lui donne son poste de major-général de l'armée, trouve encore le temps de commercer avec les Muses, & qu'il a fait imprimer sur les lieux un gros volume d'observa-

tions historiques, politiques, physiques & morales sur l'Amérique & les Américains de ces contrées. On ne connoît pas encore beaucoup ici l'ouvrage de l'académicien, qui n'en a fait passer que quelques exemplaires à ses amis.

4 Avril. Le *Club* politique, commencé sous les auspices du sieur Boyer, se soutient & a même reçu l'approbation du ministere, à condition qu'il n'y seroit question ni du gouvernement, ni de la religion, & qu'on n'y admettroit point de femmes. On se doute bien qu'il y a nécessairement quelqu'émissaire avoué ou non avoué de la police qui veille sur ces assemblées.

Pour être admis, il faut être ballotté. Le récipiendaire doit donner son nom, & l'on va au scrutin.

On ne sait s'il s'y rédige déjà un bulletin de nouvelles pour les associés & leurs amis : alors ces comités rentreroient dans ceux si célebres de Mad. Doublet, où a pris naissance le journal que nous rédigeons.

4 Avril. La dame Hamilton & sa fille ne se souciant pas de retourner à Londres, où, suivant leur aveu même fait à l'audience, le mariage du sieur Beresford est bon & valable, ont intrigué le plus qu'elles ont pu pour éluder l'exécution de l'arrêt du parlement ; enfin, elles ont eu assez de crédit pour obtenir encore un ordre du roi, qui en annullant les dispositions de cet arrêt, ordonne que les gardes, sous la protection desquels elles étoient par ordre de cette cour, jusqu'à ce qu'elles fussent en Angleterre, & l'arrêt exécuté dans toutes ses parties, seroient retirés, pour en recevoir d'autres à la disposition du ministere ; en sorte qu'elles deviennent ainsi maîtresses de rester dans cette capitale tant qu'elles voudront.

Cette grande & singuliere affaire a rendu curieux le public de voir la jeune personne qui a seize ans à peine, est très-bien faite, sans être jolie, a l'air d'une agnès; mais a tellement été retournée par sa mere, qu'elle devient furieuse quand elle parle de son affaire, & y met une véhémence, une chaleur dont à son air tranquille, à sa figure inanimée, on ne l'auroit jamais crue susceptible.

4 *Avril.* On profite de la vacance pour aller voir la nouvelle salle de la comédie françoise, qui ne désemplit pas de spectateurs, & l'on continue à l'admirer dans son ensemble & dans sa richesse. Les connoisseurs seulement persistent à la regarder comme défectueuse pour les deux parties principales de l'optique & de l'acoustique; ce qui se vérifiera décidément lorsqu'on y jouera.

En attendant, comme le roi n'a cédé à *Monsieur* l'hôtel de Condé qu'à la charge d'y bâtir une salle suivant les plans & devis présentés, les directeurs & ordonnateurs des bâtiments ont été ces jours-ci la visiter & recevoir au nom de sa majesté. Ils en ont dressé procès-verbal, & ils ont trouvé les conditions remplies.

En conséquence, conformément au droit qu'ils ont dans tous les spectacles dont les salles appartiennent au roi, il leur a été donné une loge, qui confirme parfaitement ce qu'on a dit, puisque de douze places qu'on y peut occuper, il n'y en aura guere que deux de bonnes.

4 *Avril.* C'est pour la premiere fois qu'il paroît cette année, & fort tard encore, un almanach

d'une espece particuliere ; preuve bien sensible que nous ne craignons plus nos ennemis maritimes, nous regardant comme bien supérieurs à eux, même dans la marine. Il porte : *Etat des Colonies pour 1782, imprimé par ordre de M. le marquis de Castries, ministre & secretaire au département de la marine.*

5 *Avril*. Le sieur *Cleynmann* est étranger, pere de famille, âgé de soixante-trois ans, & créancier de la France pour 1,800,000 livres à raison de fournitures de fourrages par lui faites durant la derniere guerre. En 1768, il vint solliciter à Paris son paiement ; il a persisté pendant tout ce temps-là ; & il croyoit toucher au moment de son remboursement, lorsqu'il a été enlevé la nuit du 13 au 14 avril 1779, & transféré à la Bastille.

Il y est resté trois années, &, à l'exception de deux interrogatoires qu'il a subis, & par lesquels il n'a rien appris des causes de sa détention, il n'a entendu parler ni de ses affaires, ni de celles des autres.

Le 5 janvier 1782, on lui apprend qu'il est libre en vertu d'un ordre du roi, qui, quoique daté du 28 décembre 1781, ne lui est notifié & ne reçoit son effet que ce jour-là.

Dans le même moment le porteur de cet ordre lui redemande une somme de 14,800 liv. due à une demoiselle Clerville, & lui déclare dans la salle du conseil, en présence des officiers, que, faute de paiement, il le constitue prisonnier. Un fiacre étoit dans la cour ; il y fait monter le sieur Cleynmann, & il le transfere à la conciergerie.

Il a su depuis que le *quidam* étoit le sieur Archier, officier garde du commerce, qui, suivant le procès-verbal de capture, l'auroit arrêté seulement hors de la Bastille, en lui montrant sa baguette ; & en vertu d'un arrêt du parlement, qui condamne par corps ce négociant pour le paiement de la somme susdite, le 29 septembre 1779, c'est-à-dire, huit mois après sa détention à la Bastille.

Suivant une consultation de M. Prévôt de Saint-Lucien, qu'on lit à la fin du mémoire, en date du 10 février, qui estime que l'emprisonnement du sieur Cleynmann doit être déclaré nul, les vices de la procédure, la saisie de sa personne faite dans l'intérieur de la Bastille au préjudice de l'ordre du roi, qui lui acordoit sa liberté, & la circonstance de son emprisonnement au même jour, au même instant, au même lieu, sont trois moyens qui semblent devoir lui assurer son élargissement. Le jurisconsulte finit pas cette apostrophe oratoire.

« O vous, chargés de veiller au maintien de
» l'ordre public, vous dépositaires des loix, qui
» croyez devoir élever vos voix courageuses,
» mais soumises, lorsque des ordres surpris à la
» religion de nos rois, viennent semer parmi
» leurs sujets la terreur & l'effroi ; vous qui,
» ainsi que les plus puissantes têtes de l'état,
» avez dans tous les temps, donné à la nation
» l'exemple de la plus prompte obéissance aux
» volontés du maître ! magistrats, apprenez au-
» jourd'hui à la demoiselle Clerville, & à ceux
» qui, comme elles, se croient permis de se
» jouer impunément des ordres du souverain,
» en arrêtant le cours de sa bienfaisance, &

» cherchant par toutes sortes de moyens à en
» rendre les effets illusoires ! apprenez-leur que
» le mieux obéi des monarques, lors même
» qu'il déploie sa sévérité, doit en être le plus
» absolu, lorsqu'il exerce sa clémence! »

5 Avril. L'usage étant d'accorder aux naissances des dauphins des graces pour certains criminels, S. M. a fait expédier une commission du grand sceau, en date du 28 février, qui nomme des commissaires du conseil pour assister M. le grand-aumônier dans l'examen des placets présentés.

Ces commissaires sont les sieurs Brochet de Saint-Prest, Chaillon de Sonville, Tolozan de Chevignard, le Camus de Néville, Gravier de Vergennes, Amelot de Chaillon, Chaumont & de Sartines.

Leurs fonctions seront de faire représenter les charges & les informations sur lesquelles les réclamants ont été détenus, de procéder à leurs interrogatoires, & de mettre S. M. en état de juger des cas rémissibles.

Non-seulement les détenus actuels, mais ceux qui se seront constitués prisonniers dans l'intervalle de deux mois à dater des présentes, seront admis à présenter des requêtes.

Tous ces messieurs seront, à ce qu'il paroît, présidés en cette occasion par le grand-aumônier, auquel les greffiers, concierges, gardes & geoliers des prisons des villes de Paris & de Versailles, seront obligés d'obéir en tout ce qui concernera l'exécution de la présente commission.

5 Avril. Il paroît que la honteuse aventure qui a obligé M. Beaudoin de Guemadeuc, ancien maître des requêtes, de vendre sa charge

& de s'abſenter de Paris, ne l'a pas infiniment humilié, puiſqu'il oſe faire parler de lui de nouveau & ſe reproduire dans les papiers publics. Il ſe conſole au ſein des ſciences, de ce qu'il appelle *ſes revers*. Il avoit déjà renvoyé à l'académie différents mémoires qu'elle a adoptés dans le temps. Il vient de faire des réflexions ſur les étoiles doubles, & ſur la nouvelle planete découverte en Angleterre le 13 mars 1781, par M. Herſche, vers les pieds des Gemeaux. Suivant un long mémoire que M. Beaudoin a envoyé au mercure, & qui n'a pu y être inſéré à cauſe de ſa longueur, cette planete paroîtra juſqu'au premier juin : alors elle ſe plongera pour cinquante jours dans les rayons du ſoleil.

6 Avril. Le ſieur Dauvergne s'eſt démis décidément, entre les mains du miniſtre, de ſa place de directeur de l'académie royale de muſique. Il en donne pour raiſon apparente, ſa ſanté devenue chancelante par de longs travaux & par des maladies aſſez dangereuſes; mais la raiſon véritable eſt le mécontentement général de ſon adminiſtration, ſans ordre, ſans diſcipline, & déſaſtreuſe par la partie financiere.

On va eſſayer de confier le régime de cette machine aux premiers ſujets, ainſi qu'ils le déſirent depuis long-temps & le ſollicitent; mais on doute que cela aille encore bien.

6 Avril. Les ſuicides deviennent ſi fréquents qu'on n'en parle plus que dans des cas extraordinaires. Hier il en eſt arrivé un qui mérite d'être détaillé. Un M. de Chailly, directeur à la régie des domaines, & travaillant dans cette partie depuis 30 ou 40 ans, s'eſt trouvé ſupprimé par un arrangement des administrateurs, & réduit à la simple qualité de vérificateur. Il s'est cru déshonoré, quoiqu'on lui représentât que l'événement lui étoit commun avec tous ses confreres, & que ce n'étoit qu'une réduction d'appointement qu'on vouloit opérer, réduction qui n'auroit même pas lieu à son égard, puisqu'on lui donneroit en gratification ce qu'on lui retrancheroit d'un autre côté. Il n'a point entendu cela ; & enfin, hier à dix heures du matin, jour d'assemblée des administrateurs, n'ayant pu se brûler la cervelle en leur présence ainsi que c'étoit son projet, il l'a fait dans son bureau, devant ses commis. Il avoit pris le moyen le plus sûr de ne pas se manquer en se mettant le canon dans la bouche ; malgré cela, il est encore existant. Il s'est emporté le nez, un œil, s'est crevé l'autre œil ; il est aveugle, muet, entend cependant & est dans un état pire que la mort pour lui & sa famille.

6 Avril. Il paroît que l'établissement d'une maison royale de santé, en faveur des ecclésiastiques & des militaires malades, prend beaucoup de consistance : le 13 du mois dernier, il y a eu dans l'église des religieux de la Charité, instituteurs & desservants de ce nouvel hospice médical, une assemblée extraordinaire de charité, où M. l'abbé de Boismont, l'un des quarante de l'académie françoise, a prononcé un sermon d'apparat, qui avoit attiré un grand concours de monde. Il a été fort goûté ; on y a trouvé beaucoup moins de cette recherche d'esprit qu'on lui reproche souvent, & quantité de morceaux vraiment éloquents & d'une grande sensibilité. L'orateur soutient à la lecture la réputation de son discours au débit.

(163)

7 Avril. Nombre & prix des places de la nouvelle salle de la comédie françoise, où l'on sera par-tout assis.

Nombre des places. Prix. Total.

A l'orchestre pour les hommes seulement. –	180.	6 liv.	1080 liv.
Premieres loges. – 108. Balcons. – – – – 80. Pour les hommes & femmes.	188.	6 liv.	1128 liv.
Galerie tournante pour hommes & femmes. –	120.	4 liv.	480 liv.
Deuziemes loges pour hommes & femmes. –	64.	3 liv.	192 liv.
Parquet à la suite de l'orchestre pour hommes. –	500.	2 l. 8 s.	1200 liv.
Troisiemes loges pour hommes & femmes. –	48.	2 liv.	96 liv.
Amphiteâtres des 3e. loges pour hom. & femm. –	300.	1 l. 10 s.	450 liv.
	1400.		4626.

Non compris les petites loges donnant 513 places. 513. à 500. l. la place par an.

1913 places.

On voit par ce relevé combien la nouvelle salle doit être avantageuse aux comédiens, & par le nombre des places, puisque dans la derniere salle d'opéra brûlée, la plus vaste de toutes, il ne tenoit que 1800 personnes, & par l'augmentation énorme du prix du parterre, porté aujourd'hui à 48 sous. Ce qui ne doit pas peu contribuer à les rendre encore plus insolents. Il est vrai que cet accroissement d'opulence est un peu compensé par l'état précaire où ils se trouvent, la salle appartenant décidément au roi.

7 Avril. Le *Philosophe du Port au bled*, 1781. Il paroît que cette facétie originairement composée pour le journal de Paris, y a été refusée, ce qui donne un peu d'humeur à l'auteur ; il épanche sa bile dans un avertissement contre les rédacteurs de cette feuille. Le sujet est la naissance du dauphin. Le moderne Diogene prend occasion de-là, par une tournure assez originale, de faire sentir que la condition du jeune enfant n'est pas aussi heureuse qu'on le croiroit bien, Il entre en conséquence dans un détail des devoirs & des malheurs des rois, dont la vérité est trop sensible pour en disconvenir. Si le fonds n'est pas neuf, la forme est ingénieuse & piquante. On attribue cette bagatelle philosophique à M. *Diderot*.

8 Avril. C'est par un arrêt du conseil du 16 février dernier, que le roi manifeste ses dispositions à l'égard de la nouvelle salle de comédie françoise & des comédiens, afin d'assurer invariablement à la capitale un spectacle qui contribue autant à la gloire littéraire de la nation qu'à ses amusements.

1°. La salle, considérée quant au sol & aux édifices principaux & accessoires dont il est couvert, sera toujours au roi & à ses successeurs.

2°. Elle sera conservée & surveillée, sous l'autorité & par les soins des directeurs & ordonnateurs généraux des bâtiments, comme édifice royal, & avec tous & tels pouvoirs attribués d'ailleurs spécialement sur toutes salles royales de spectacles, aux directeurs-généraux des bâtiments, par le réglement de 1745, pour fixer son auto-

rité concurremment avec celles des premiers gentilshommes de la chambre & des gouverneurs des
maisons royales.

3°. L'édifice, dont la propriété aura été trans-
mise à S. M. par *Monsieur*, sera livré aux comédiens François ordinaires du roi, pour y suivre
leurs exercices & en jouir à certaines conditions.

4°. Les acteurs n'en auront absolument que
l'usufruit ; & quant au mobilier dont les comédiens auront garni & décoré le théâtre, les loges
d'acteurs, les foyers, les salles d'assemblées & les
magasins, S. M. se réserve encore le droit, dans
le cas où la société des comédiens se dissolveroit,
de l'acquérir, avec préférence exclusive, afin de
prévenir, par cette ressource, l'interruption de
ce spectacle.

5°. S. M. se réserve la jouissance de certains
bâtiments & boutiques accessoires; pour en faire
des récompenses en faveur des comédiens qui auront bien mérité d'elle & du public par leurs talents & leurs services.

Ces dispositions principales réglées & connues,
ainsi que plusieurs autres plus minutieuses concernant la sureté & police intérieure, le roi a
commis le sieur d'Angiviller pour installer les comédiens dans cette salle.

Outre la loge qui a été réservée par ordre du
roi pour être occupée sans rétribution par les officiers du département des bâtiments, il y en a
une spécialement affectée pour le directeur & or-
donnateur-général des bâtiments. Ce sont les deux
seules que S. M. ait exceptées.

8 *Avril*. On a parlé de commissaires nommés
par la société royale de médecine pour vérifier
les expériences du sieur *Janin*. Ceux de l'académie

des sciences ; savoir, MM. le duc *de la Rochefoucault*, *Macquer*, *le Roi*, *Fougeroux* & *Lavoisier* se sont réunis aux premiers, afin d'éviter la répétiton des mêmes expériences. Elles ont eu lieu les 18 & 23 mars, & non-seulement sans succès suivant le bruit général, mais avec perte d'un homme. On attend le résultat qui doit être imprimé par ordre du roi.

8 *Avril*. Le *Théâtre François*, c'est ainsi que s'intituleront désormais les affiches, d'après le frontispice du spectacle, s'ouvrira demain à la nouvelle salle, afin que ce jour tant attendu ne soit pas retardé ; on travaille même aujourd'hui, fête de la Vierge, & il paroît que le nouvel archevêque est aussi tolérant à cet égard que l'ancien. Comme on se doute du concours immense des spectateurs qu'attrirera cette nouveauté, on a instruit fort au long le public par des avertissements imprimés de la maniere dont les voitures arriveront, se rangeront, reprendront leurs maîtres & déboucheront. Trois rues percées à cet effet, s'appelleront de *Crebillon*, de *Regnard*, de *Racine* ; on en doit former une quatrieme de *Voltaire*.

M. Imbert a composé une petite piece à tiroir, intitulée *l'Inauguration du Théâtre François* ; elle est en un acte & en vers : elle doit être jouée demain : ceux qui en ont vu les répétitions n'en donnent pas une idée favorable ; on dit même qu'il y a des plaisanteries qu'on a conseillé aux comédiens de retrancher, comme pouvant fournir occasion d'allusions désagréables pour l'auteur & pour eux.

9 *Avril*. Dans ce moment où l'on s'occupe beaucoup des comédiens & des spectacles, on

publie une déclaration du roi du 28 février, enrégistrée au grand-conseil le 20 mars, dont le préambule porte ce qui suit : « Les contestations
» qui s'élèvent sur la distribution des gages &
» appointements qui ont été saisis sur les comé-
» diens, & autres gens attachés aux spectacles
» de la suite de notre cour, donnant lieu à des
» instances de préférence ou de contribution, dont
» les procédures absorbent bientôt les sommes à
» distribuer, sans aucune utilité pour les par-
» ties, nous avons pensé que nous remédierions
» à cet inconvénient, en ajoutant à notre dé-
» claration du 18 août 1779, déjà donnée dans
» la même intention, quelques dispositions qui,
» en substituant de nouvelles formes plus simples
» & moins coûteuses que les anciennes, nous
» ont paru plus propres à faire jouir les gens
» attachés auxdits spectacles, des avantages qui
» entroient dans notre premier objet, sans néan-
» moins préjudicier en aucune maniere aux droits
» de leurs créanciers. »

Le 9 Avril 1782. Relation de la séance publique de l'académie royale des inscriptions & belles-lettres, pour sa rentrée d'après pâques, tenue le 9 avril 1782.

Cette séance a été fort maigre & plus solitaire encore que de coutume, parce que c'étoit le jour de la rentrée des trois spectacles, & que la foule des gens de lettres s'étoit portée sur-tout vers la nouvelle salle de comédie françoise.

M. Dupuy, secrétaire perpétuel, annonça d'abord que le prix avoit été remporté par M. Pigeon de Saint-Paterne, second bibliothécaire à l'abbaye de Saint-Victor. Il s'agissoit *d'examiner l'état des lettres, sciences & arts en Orient, sous les califats de Haroun-Arraschid & de son fils Almamoun, comparé avec celui où ils étoient alors dans l'Occident.*

Après cette annonce, il publia le programme suivant. " L'académie s'étant trouvée réduite, par
„ la disette de mémoires répondant à ses vues, à
„ renoncer au prix double qu'elle devoit distribuer
„ à pâques 1781, & qui consistoit *à déterminer*
„ *ce que les monuments historiques nous apprennent*
„ *des changements arrivés sur la face du globe, par*
„ *le déplacement des eaux de la mer*, propose pour
„ sujet du prix extraordinaire, qu'elle proclamera
„ à pâques 1784, de comparer ensemble la ligue
„ des Achéens, 180 ans avant Jesus-Christ ; celle
„ des Suisses en 1307 de l'ere chrétienne ; la ligue
„ des Provinces-Unies en 1579, & développer les
„ causes, l'origine, la nature & l'objet de ces as-
„ sociations politiques.

On juge au seul énoncé combien ce sujet doit être intéressant, & que pour le traiter, il n'exige pas seulement une vaste érudition, une profonde connoissance du cœur humain, mais une grande sagacité, un jugement exquis & des vues très-étendues dans l'art des gouvernements. On ne sait pourquoi l'académie n'a pas tout de suite réuni à ces événements célebres, celui objet de la guerre actuelle, & qu'elle a principalement eu sans doute en vue, lorsqu'elle a songé à proposer son sujet & à le rédiger.

Les mémoires lus ensuite étoient peu curieux. M. de Vauvilliers, le dernier reçu, a, suivant l'usage, fait preuve de son savoir par la *traduction de la quatrieme Isthmienne de Pindare*, adressée à Melisse, précédée d'une analyse du poëme,
&

& d'un extrait d'un mémoire où l'auteur établit que dans les pieces lyriques des Grecs, il n'est pas nécessaire, pour opérer l'égalité des mesures, que les metres soient composés du même nombre de temps; & qu'au contraire, l'égalité dans le nombre de temps ne suffit pas pour produire celle des mesures, à moins qu'on n'observe un ordre régulier dans la distribution des longues & des breves.

Certes, voilà des détails d'une sécheresse, d'une insipidité, d'un ennui rare, & qu'on pourroit regarder comme une tournure imaginée par le candidat pour faire déserter de l'académie le petit nombre de curieux qui en suivent encore les séances.

La dissertation de M. de Keralio n'étoit pas propre à les ramener, & ne pouvoit qu'entretenir les bâillements causés par la précédente. Elle consistoit dans l'analyse de la premiere partie d'un *mémoire dont l'objet est de prouver que le peuple Suédois a été Cimbre*; que les Cimbres étoient une branche de Cimmériens, & ceux-ci une portion de la grande nation Tudesque, connue par les Romains & les Grecs sous le nom de Germains, qui se répandit dans tout le nord de l'Europe, & qui l'occupe encore. Il étoit impossible sans doute de jeter de l'agrément sur une semblable matiere & Fontenelle lui même n'y eût fait œuvre.

La lecture d'un cinquieme *mémoire sur Démosthene*, par M. de Rochefort, réveilla un moment les auditeurs. Il continue d'y montrer quels furent les principes constants & les maximes d'administration de ce grand orateur dans ses harangues politiques; comment il sut éclairer les Athéniens sur leurs vrais intérêts & avec quel ménagement il connut l'art de leur dire les vérités les plus dures. L'auteur présente ce tableau abrégé de l'ame &

de l'esprit de son héros comme une introduction utile à ceux qui voudront en étudier avec fruit les harangues. Ce mémoire intéressant, rempli de vues saines en politique, en morale, en littérature, joint aux autres ouvrages de l'académicien, tous dans un genre commun à l'académie françoise, pourroit lui en ouvrir les portes, s'il étoit plus intrigant, & si celle des belles-lettres n'avoit arrêté d'exclure de son sein tous ceux qui passeroient à l'autre compagnie. Il y a long-temps qu'on a dit que celle-ci étoit l'antichambre de l'académie françoise, & elle veut arrêter cette émigration humiliante.

Le morceau qui auroit pu intéresser vraiment toute l'assemblée, & par le fonds & par la forme, c'étoit *l'éloge de M. Turgot*, s'il eût tombé dans d'autres mains. Le secretaire en a fait la lecture avant celle des trois mémoires, & n'a nullement rempli son sujet, & l'attente du public. Il y a trois époques dans la vie de son héros qu'il a très-bien distinguées, mais non détaillées également.

Il s'est trop appesanti sur l'époque de sa jeunesse. Elu prieur de Sorbonne à l'âge de vingt-deux ans, M. Turgot prononça en cette qualité deux discours latins. Dans le premier il s'agissoit de montrer les *avantages que la religion chrétienne a procurés au genre humain*: dans le second il traçoit *le tableau des progrès de l'esprit humain, depuis les premiers âges jusqu'à nos jours*. On a observé que par une profondeur de vues annonçant déjà l'homme d'état, il y prévoyoit dès-lors la séparation des colonies Angloises de leur métropole. A vingt-quatre ans, M. Turgot avoit tracé de sa main une liste de cinquante-deux ouvrages à composer sur les sujets les plus disparates ; en sorte qu'on auroit pu lui appliquer justement l'épigramme de Rousseau : *Chrysologue est tout & n'est rien* De ces cinquante-deux ouvrages, quinze ont été achevés ou ébauchés par l'auteur. On y trouve des fragments d'un *traité sur l'existence de Dieu*; des traductions de l'hébreux, du grec, du latin, des odes d'Horace en vers françois. Il avoit commencé dans notre langue une traduction des géorgiques en vers métriques, comme les vers grecs ou latins; tentative déjà faite une vingtaine de fois au moins sans succès.

Après cette époque du théologien & de l'homme de lettres, vient celle du magistrat & de l'intendant : on en a déjà remarqué les principaux traits qui ne sont pas tous à sa gloire. Obligé de passer au conseil, il s'appliqua aux études concernant l'administration; il se livra aux principes du docteur Quesnay, & devint un ardent économiste. Il fit des tournées avec M. de Gournay, intendant du commerce, qui contribuerent aussi beaucoup à son instruction. Commissaire départi à Limoges, il y institua les atteliers de charité, dont il est l'inventeur; il y soulagea les malheureux pendant deux années de disette, non-seulement en tirant du gouvernement des secours abondants, mais de ses propres deniers, & par un emprunt de 20,000 L. qu'il fit en son nom. Au reste, fidele au systême de sa secte, il ne souffrit jamais que la liberté du transport des grains ni celui des magasins reçussent aucune atteinte ni la moindre taxation de prix. Il fit même imprimer dans son département & distribuer l'ouvrage de M. le Trosne sur cette matiere; il y joignit une lettre circulaire à tous les officiers de police. C'est ce rigide attachement à ses principes, si contraires aux préjugés vulgaires qui vraisemblablement lui fit des ennemis dans son intendance, où, malgré tous les biens qu'il faisoit, il n'étoit pas aimé. Il avoit une sorte de despotisme en ce genre-là, presque aussi détestable que l'autre. Ennemi des procès, il envoyoit chercher ceux qui en avoient, & les forçoit de s'accommoder ; ce qui déplaisoit quelquefois autant aux parties qu'aux gens de justice.

La derniere époque de la vie de M. Turgot, c'est son ministere. M. Dupuy saute à pieds joints dessus, sous prétexte qu'il ne lui conviendroit pas d'en hasarder *l'éloge* ou la *censure* ; & c'étoit la partie la plus à désirer. Il faut cependant convenir qu'elle devoit le moins entrer dans un ouvrage où il faut plus considérer l'académicien & le savant que l'homme d'état.

Cet éloge est écrit dans la maniere du panégyriste, sans enthousiasme & sans chaleur, & l'on jugeroit qu'il ne loue point pour être *loué*, s'il ne couroit fréquemment après l'esprit qu'il n'attrape pas toujours. De-là son style est aussi quelquefois alambiqué & précieux, quoique sans élégance ; il manque même d'une certaine correction qui doit se trouver par-tout, & principalement chez un académicien.

9 Avril. Un M. *Robinet*, très-savant homme, mais très-dépourvu de goût, très-ennuyeux conséquemment, a imaginé depuis quelques années de composer un *Dictionnaire universel des sciences morale, économique, politique & diplomatique*, ou *Bibliotheque de l'homme d'état & du citoyen*, avec cette épigraphe fastueuse : *Au temps & à la vérité.* Il y a déjà vingt-un volumes de cette monstrueuse compilation, quoique le rédacteur ait tout au plus parcouru le tiers des lettres de l'alphabet. Chaque volume a près de sept cents pages en caractere très-serré ; & cependant à une vente publique, dernièrement ce livre a été vendu sur le pied de vingt sous le volume. Quel défaut de lumieres dans les acquéreurs ! Quelle humiliation pour l'amour-propre du philosophe ! Les bibliographes n'ont pas manqué de consigner sur leur calepin cette anecdote remarquable.

10 *Avril*. L'avocat le Prêtre n'a pas osé risquer les titres des deux ouvrages dont il a enrichi hier la scene italienne pour son ouverture. Sur l'affiche on a lu seulement le *** comédie-vaudeville en un acte, précédé du *** prologue.

10 *Avril*. On ne sauroit rendre le tumulte causé hier à la comédie françoise par le concours de monde survenu pour voir la nouvelle salle, & par le défaut d'ordre pour la distribution des billets, sur-tout de ceux du parquet, dont les comédiens avoient jugé à propos de distribuer sur cinq cents environ, quatre cents à leurs amis, camarades, valets, &c. La garde avoit aussi très-mal pris ses mesures ; en sorte qu'elle a été forcée & n'a pu arrêter les efforts de la foule. Le guichet même étoit si gauchement placé, qu'il a fallu le changer pour aujourd'hui.

L'intérieur n'a guere été moins orageux, parce qu'on y a laissé entrer sans difficulté tous ceux qui ont voulu donner leur écu de 6 livres, sauf à rester dans les corridors qui regorgeoient de monde comme à l'opéra. Il n'a pu qu'en résulter plusieurs querelles ; l'événement le plus fâcheux, c'est une insulte faite à un procureur de la part de M. le comte Moreton de Chabrillant, fils du capitaine des gardes-du-corps de *monsieur*, & en survivance. Ce seigneur, peu estimé, a eu l'audace de faire en outre arrêter ce procureur & conduire de son autorité au corps-de-garde, d'où il n'a voulu sortir qu'après avoir constaté par un procès-verbal le procédé abominable & despotique de son adversaire. On assure qu'il a entamé une procédure qui commence déjà à affliger M. de Chabrillant le pere, qui exige que son fils fasse des excuses à l'offensé.

Les gens qui trouvent tout bien, disent que la salle est très-belle, qu'elle a plu généralement pour la noblesse de sa construction, pour l'élégance de ses ornements, & pour l'intelligence avec laquelle les places y sont distribuées.

Tout le monde ne pense pas de même, & surtout les femmes pour qui les loges sont fort incommodes, indépendamment de beaucoup d'autres défauts.

La piece nouvelle s'est ressentie du mécontentement général. Elle a reçu un si mauvais accueil, que, malgré la présence de la reine, venue avec madame Élisabeth, le tumulte croissant considérablement, il a fallu l'abréger, de crainte qu'il ne devînt plus fatigant & plus insupportable.

Le 10 Avril 1782. Relation de la séance publique de l'académie des sciences pour la rentrée de pâques, tenue aujourd'hui.

On a d'abord annoncé que le prix au sujet de la comete de 1532 & de 1661, qu'on attend pour 1790, avoit été adjugé par la compagnie à M. Mechain, astronome de la marine, des académies de Harlem & de Flessingue, & qui depuis ce temps-là avoit été élu de l'académie.

On a ensuite proposé pour 1786 un prix de 4000 livres, dont le sujet est *d'examiner si les attractions de Jupiter & de Saturne ont dû causer des différences dans l'orbite de cette comete entre 1532 & 1661.*

Le secretaire a encore déclaré qu'aucun des mémoires envoyés pour le concours du prix, au *sujet des vaisseaux lymphatiques* n'ayant satisfait les vues de l'académie plus que la premiere fois, il seroit remis & proposé une troisieme, à cause de l'importance des questions à résoudre.

Il a ajouté que les candidats n'ayant pas été plus heureux sur le sujet annoncé concernant les diverses especes de coton, le prix étoit aussi remis pour la seconde fois.

Il a cependant donné des éloges au nom de la compagnie à la piece N°. 1, ayant pour devise, *Deus bone*, dans laquelle elle a trouvé des détails intéressans. Elle invite l'auteur à continuer son travail, en insistant davantage sur la distinction précise des différentes especes de cotons cultivés, sur les procédés qu'on emploie pour la filature des divers cotons dans les différents pays, sur la comparaison de ces procédés, relativement aux différents climats, sur les moyens qu'on emploie pour le tissage de ces filatures. Elle l'exhorte sur-tout à tourner ses vues vers les moyens d'améliorer les cotons de nos colonies, soit en perfectionnant par la culture ou par le choix des plans, le coton qu'elles produisent, soit en adoptant de meilleures méthodes de les préparer pour les usages des arts.

Les mémoires lus ont roulé sur des matieres si scientifiques & si arides, qu'ils ne méritent qu'une simple annonce.

1°. M. *de la Lande*, directeur de l'académie, a rendu compte dans le sien de la *planete de Herschel*, qui continue de paroître, dont la révolution est de quatre-vint-deux ans, & la distance de six cent cinquante millions de lieues.

2°. M. *Daubenton* a donné l'explication de *trois sortes de pierres herborisées.*

3°. M. *Desmarets*, celle de la formation des pierres calcaires à coquilles.

4°. M. de *Lavoisier* a lu un mémoire sur les moyens d'augmenter l'intensité du feu par l'air déphlogistique.

5°. M. *Brisson*, sur la pesanteur spécifique des diamants & autres pierres précieuses.

6°. M. de *Vaudermonde* n'a eu que le temps d'annoncer un mémoire *sur la quantité de chaleur propre à differents corps.*

M. de *Fougeroux de Bondaroy* devoit rendre compte des expériences qui ont été faites pour examiner les effets du vinaigre contre le méphitisme ; & l'on ne sait pourquoi cette matière, la plus curieuse par l'à propos, & la plus intéressante par sa nature, n'a pas été agitée.

Les deux morceaux qui avoient attiré la foule, étoient les éloges que M. le marquis de Condorcet devoit prononcer du marquis de Courtanvaux & du comte de Maurepas.

On a déjà parlé du premier héros, dont on a donné une notice ; il suffira d'y joindre quelques traits omis. Il paroît, suivant son panégyriste, que M. de Courtanvaux, se livra aux études des sciences plus par désœuvrement que par attrait véritable ; ce qui le faisoit passer trop souvent d'un genre à l'autre, sans rien approfondir. Il avoit cependant l'ambition d'être honoraire de l'académie des sciences, & c'étoit la seule qui lui fût restée. Père de M. *Montmirail*, qui avoit le même désir & plus de titres pour le satisfaire, il lui fit ce sacrifice, & à sa mort se trouva foiblement dédommagé de sa perte en lui succédant dans la compagnie.

M. de Courtanvaux a fait des découvertes heureuses en chimie. Il aimoit la méchanique, & avoit le talent de la main. Il présenta un jour à l'académie un instrument inventé par M. Jaurat; il l'avoit exécuté lui-même, & y avoit gravé cette inscription: *Jaurat invenit Courtanvaux fecit.*

Tels sont le peu de faits qu'on trouve dans cet éloge, plus sec que ne le sont d'ordinaire ceux de M. de *Condorcet*, on ne sait pourquoi; car le sujet en valoit bien un autre. On voit qu'il se jette même à côté, & fait des digressions qui caractérisent la stérilité; sans doute empressé de passer à l'éloge du comte de Maurepas, & tout rempli de cet autre sujet, il aura négligé le premier.

En effet, quand l'éloge de M. de Courtanvaux eût été intéressant autant qu'il pouvoit l'être, il l'auroit paru moins ce jour-là par l'avidité du public, pour celui du comte de Maurepas, mort après lui, qui, suivant l'ordre académique, avoit en conséquence été réservé pour le dernier à lire. Le panégyriste a parfaitement répondu au désir des auditeurs, & l'on est convenu que parmi le nombre des orateurs qui s'étoient disputé la gloire de célébrer le ministre défunt, aucun ne l'avoit fait plus dignement que M. le marquis de Condorcet. Quelle belle matiere aussi!

M. de Maurepas, né dans une famille où la place de secretaire d'état étoit, pour ainsi dire, héréditaire depuis deux siecles, pourvu de cette place lui-même à l'âge de quatorze ans, exerçant le ministere à vingt-quatre, offre une carriere brillante & variée dont il est peu d'exemples. Le département de la marine, dont il étoit chargé, étoit, il est vrai, dans un état de foiblesse dont il ne put le tirer. Obligé de se conformer à la politique, mal vue sans doute du cardinal de Fleury, il sut rendre encore son ministere glorieux, *en faisant servir la marine aux progrès des sciences, & les sciences aux progrès de la marine.* Cette partie de son histoire étant la plus relative au lieu, au sujet, à l'institution de ces sortes d'éloges, a déterminé le panégyriste à s'en occuper plus au long. Il a fait voir comment le comte de Maurepas fit exécuter sous *Louis XV*, & avec une magnificence vraiment royale, l'entreprise de mesurer en même temps deux degrés du méridien, l'un sous l'équateur, l'autre près du pôle boréal de notre continent, opération nécessaire pour confirmer l'aplatissement de la terre, découvert par Newton, & devant servir de base à une détermination plus exacte de la figure du globe.

Avant ce ministre l'art de la construction des vaisseaux se bornoit en France à la simple routine; il vouloit qu'il devînt une science; il envoya en Angleterre un homme plein de talent pour y étudier cet art, qui alors y étoit plus avancé que parmi nous, & il établit à Paris une école publique pour les constructeurs: ainsi on lui est redevable de tous les progrès que nous avons faits depuis dans la construction des vaisseaux, & de la supériorité que nous avons acquise en ce genre sur les autres nations, & même sur nos maîtres.

La disgrace de M. de Maurepas n'est pas une époque de sa vie la moins intéressante: l'égalité d'ame avec laquelle il la soutint, prouve qu'il ne se sentoit coupable d'aucune faute grave. Lui-même, en parlant de cet événement, disoit:

Le premier jour j'ai été piqué; le second j'ai été consolé. Il plaisantoit à son arrivée dans sa retraite sur les épîtres dédicatoires qu'il alloit perdre, sur le chagrin des auteurs qui lui en avoient préparées. Obligé de vivre dans les sociétés d'une ville de province, il s'en amusa comme de celles de Paris & de Versailles ; il y trouvoit les mêmes intrigues & les mêmes ridicules : les formes, les noms seuls étoient changés. Mais ce qui mit le comble à sa gloire, c'est que, durant son exil même, il sut se conserver des amis.

Rappellé dans le ministere au bout de vingt-cinq ans, le comte de Maurepas vit revenir vers lui le grand nombre de courtisans qui l'avoient oublié pendant tout ce temps, & il ne leur montra ni indignation, ni dédain. M. de Condorcet, non moins prudent que M. Dupuy, s'arrête peu sur cette derniere partie de la vie de son héros, mais y supplée par une digression philosophique sur la difficulté d'apprécier, de connoître même les actions d'un homme d'état dont on est contemporain. Du reste, il loue celui-ci de son esprit de modération, d'indulgence rare, qui a constamment caractérisé son administration. Aucun des ministres déplacés sous son influence n'a été éxilé ; dans aucune autre époque de notre histoire, les ennemis des ministres, leurs critiques leurs détracteurs n'ont été plus en sûreté.

M. de Maurepas étoit devenu, en 1725, un des honoraires de l'académie des sciences. Il fut de bonne heure doyen, & prenoit plaisir à se parer de ce titre aux yeux de cette compagnie, lorsqu'elle avoit occasion de le voir. Sa place y a été remplie par M. le duc de la Rochefoucault.

Tel est le précis rapide de l'éloge du comte de

Maurepas, aussi bien pensé que bien écrit, & d'autant plus généreux de la part du marquis de Condorcet, qu'il avoit personnellement à se plaindre de ce ministre.

11 *Avril.* Le vrai titre du prologue de la nouvelle piece des Italiens, est le *Poisson d'avril* : & celui de la piece, *le Public vengé.* C'est froid ; mais il y a beaucoup d'esprit, sur-tout de celui de l'avocat le Prêtre ; c'est-à-dire, du caustique & du méchant. Les couplets sont ce qu'il y a de mieux. En général, quoique dans cette critique plaisante des ridicules & des travers de la capitale, l'auteur dise des choses peu honnêtes pour le public, dont il se moque passablement, le public a applaudi & a ri lui-même. On y a trouvé cependant beaucoup de longueurs, entr'autres une scene entre le caprice & l'opinion, qui est absolument inutile. On voudroit aussi que les airs fussent moins anciens & plus gais. Quant au prologue, il a servi de compliment de rentrée.

11 *Avril.* Les comédiens françois annoncent pour demain une autre nouveauté dont ils disent beaucoup de bien, & sur laquelle ils comptent plus que sur la premiere. C'est *Moliere à la nouvelle salle,* piece en un acte & en vers.

12 *Avril.* La piece jouée aujourd'hui au théâtre François, a en effet eu un succès décidé. On l'a trouvée pétillante d'esprit, quoique pleine de défauts, quoique trop longue, quoiqu'exigeant bien des suppressions & des changements.

On l'avoit attribuée d'abord à M. *Palissot*; mais on veut aujourd'hui qu'elle soit de M. de la Harpe.

12 *Avril.* Mad. *Mara*, qui a fait les beaux jours du concert spirituel, est une femme qui

n'est plus jeune ; sans être jolie, elle a quelque chose de gracieux dans la figure qui plaît, & en chantant montre cet air animé, contribuant beaucoup à émouvoir l'auditeur ; malheureusement elle a de vilaines dents, défaut naturel très fâcheux dans une cantatrice. Elle est attachée au roi de Prusse, qui lui donne de gros appointements. Son mari est aussi musicien, mais médiocre, & ne se tolere que par rapport à elle.

Le résultat des jugements des divers connoisseurs sur Mad. *Mara*, c'est qu'il est rare de trouver une voix aussi étendue, aussi sonore, aussi flexible que la sienne, jointe à un art aussi consommé, à une pareille perfection de chant. Cependant on ne peut dissimuler que beaucoup de gens étonnés d'elle dans ses airs de bravoure, restent froids à son *Cantabile*, & ne lui trouvent pas l'onction de quelques-unes de nos cantatrices, telles que Mlle. *Arnoux*.

12 *Avril*. On est si mécontent de la nouvelle salle, quant à la distribution des loges, qu'il faut absolument changer, qu'il a été question de renvoyer les comédiens aux Tuileries, vu la longueur du temps qui doit s'écouler encore jusqu'à la vacance.

Il paroît que les architectes, trop dociles à écouter les conseils des comédiens, dont la cupidité sordide voudroit multiplier les loges à l'infini, les ont raccourcies de la façon la plus gênante pour le public.

Les femmes se plaignent aussi que l'éclat du blanc qui regne généralement dans la salle, affadit leurs traits & les éclipse tout-à-fait; & comme ce sont elles qui attirent les hommes par tout, il est essentiel d'empêcher qu'elles ne désertent, ce qui rendroit bientôt le spectacle vuide.

13 Avril. C'est le 15 que s'ouvrent à Vincennes les courses pour la distribution des prix, dont chacun est de cent louis.

On ne peut qu'applaudir à cet encouragement dans ce pays, où il est essentiel de donner le plus grand soin aux haras, & à perfectionner nos races de chevaux, dont d'ailleurs il se fait une consommation prodigieuse. Il est calculé qu'année commune, il en meurt à Paris six mille.

On a fait venir vingt-trois chevaux barbes cette année, pour couvrir nos jumens & provigner une espece de ce genre amélioré.

14 Avril. On croit qu'un mémoire de M. Rochon de Chabannes, en forme de *Lettres sur l'opéra*, qu'il a présenté au ministre de Paris, concernant la réforme & l'amélioration de ce spectacle, a beaucoup contribué à ouvrir les yeux sur les abus, & aux arrangements pris à cet égard, & qui se prennent encore.

M. *Amelot* a renvoyé la connoissance de ce mémoire à M. de la Ferté, intendant des menus & commissaire du roi en cette partie; & celui ci, nouvellement marié, très-rangé aujourd'hui, disposé même à donner dans la dévotion, s'en est rapporté à un sieur *Morel*, son ancien caissier, qui, soufflé par un certain abbé le Beau de Schosne, s'est avisé de devenir tout-à-coup bel esprit, de faire des vers, & pourroit dire, comme le Métromane de Piron : *& j'avois cinquante ans quand cela m'arriva.*

Quoi qu'il en soit, *Morel*, peu en état de prendre par lui-même un parti bien éclairé sur cette matiere, a eu le bon esprit de sentir que

M. de Rochon, homme de lettres, impartial, & ayant réfléchi long-temps sur la matiere, avoit les qualités propres à le bien guider, en sorte qu'il a adopté beaucoup de choses de son mémoire.

En outre, comme par son honnêteté, sa circonspection pleine d'égards pour tout le monde, en tenant les acteurs, chanteurs, danseurs, musiciens, en un mot, tout le peuple de ce tripot dans la distance convenable, M. Rochon s'en est fait aimer & respecter ; comme d'ailleurs il veille à leurs intérêts, ils n'ont pas eu de peine à approuver son plan quant à l'essentiel.

Ce plan consiste à remettre l'administration de l'opéra aux sujets principaux, formant un comité subsistant, dont chaque membre aura le détail de quelque partie, & sera obligé d'en rendre compte à l'assemblée. En outre, il y aura deux semainiers toujours en activité pour les affaires courantes, pour la manutention journaliere de la machine & son régime, à l'instar, en un mot, de ceux de la comédie françoise.

M. *Rochon* imagine avec raison que personne ne peut mieux travailler avec zele à la prospérité du théâtre lyrique que ceux qui y seront intéressés, puisque leurs revenus augmenteront en proportion.

On assure que dans le surplus de son mémoire, il jette des vues plus étendues pour augmenter les revenus de l'opéra, soit directement, soit indirectement, en supprimant les petits spectacles des boulevarts, qui, malgré le tribut qu'ils lui paient, ne le dédommagent pas du tort qu'ils lui font, & en joignant à son administration tous les wauxhalls possibles, après avoir indemnisé tous les propriétaires.

Il est fâcheux que M. Rochon ait la modestie

de ne pas vouloir répandre son mémoire, qu'on assure être imprimé, & qui, par sa distribution, feroit fermenter les amateurs, & ouvriroit carriere à une discussion dont il pourroit sortir enfin un plan plus parfait, auquel on se tiendroit irrévocablement.

15 *Avril.* MM. les comédiens François ont jugé à propos, depuis qu'ils jouent à la nouvelle salle, de faire un arrangement entr'eux, suivant lequel, à toutes les représentations, & sur-tout aux premieres, ils se répartissent à chacun deux billets de parterre, aujourd'hui parquet, qu'ils donnent à qui bon leur semble. Messieurs les auteurs se récrient contre cette délibération du comique aréopage, & la regardent comme contraire à leurs intérêts. Ils prétendent que c'est ainsi aller contre le sage réglement qui force les auteurs d'acheter, même à leurs pieces, les billets de parterre, afin de prévenir toute cabale en leur faveur. Au contraire, ici les histrions deviennent maîtres de faire tomber une piece quand ils voudront.

Les auteurs, en conséquence, se disposent à en parler au maréchal de Duras; mais il n'y a pas d'apparence qu'ils aient plus de crédit sur ce point que sur d'autres plus essentiels & plus justes, où ils ont succombé.

15 *Avril. Moliere à la nouvelle salle*, est décidément de M. de la Harpe; il en a reçu les compliments dès qu'il en a vu le succès assuré. On savoit même, il y a plus de six mois, que le supérieur l'avoit chargé de faire quelque chose pour cette époque; mais fâché depuis que cela se fût répandu, on affecta de dire que le bruit étoit faux, afin qu'il pût conserver *l'incognito*, dont il prétend avoir besoin pour réussir. On étoit

d'autant plus éloigné de croire qu'il fût pere de cet ouvrage, que la critique en porte presque toujours à plomb sur lui. Il y a des plaisanteries contre l'académie françoise, & il en est membre; il vient décréditer les drames, & il en a composé, & ses amis en ont fait, & tout récemment ils ont été canonisés en pleine académie; il persifle les bureaux de bel esprit, les coteries savantes, & il vit perpétuellement dans ces sortes de sociétés; il s'éleve avec fureur contre ceux qui font cabaler pour eux, qui ameutent des prôneurs, & il ne s'est soutenu que par cet artifice. Mais un poëte n'est pas obligé d'être conséquent, & l'on peut composer une jolie piece, & être mauvais logicien.

15 Avril. M. le duc d'Aumont, gentilhomme de la chambre, est mort ces jours-ci; les gens de lettres se souviennent encore de la cruelle vengeance qu'il exérça, il y a plus de 15 ans, envers le sieur Marmontel, pour une plaisanterie qui fut faite à souper chez Mlle. Clairon contre ce seigneur. Il exigea la détention de l'auteur, & lui fit ôter le Mercure, dont le public étoit assez content entre ses mains.

15 Avril. Vendredi dernier l'abbé Pezana, éditeur d'une nouvelle édition de Métastase, qui est actuellement en train, a été trouvé dans son lit baigné dans son sang, & s'étant étrangement mutilé. On a arrêté l'hémorragie, & l'on espere qu'il n'en mourra point. On donne plusieurs causes de ce suicide; on dit qu'il a été fou; on dit que c'est par amour; on prétend enfin que la veuve Hérissant, chargée de l'impression de son ouvrage, se trouvant trop en avance avec lui, vouloit retenir ses honoraires jusqu'à ce qu'elle fût remplie, ce qui l'avoit réduit au désespoir; que même dans le

premier moment où on l'avoit interrogé sur le motif de son étrange résolution, il avoit répondu : C'est cette Hérissant qui veut tout ; il n'y a qu'à lui porter cela, ce que j'ai de plus cher. Quoi qu'il en soit, on ajoute que c'est un mauvais sujet, qui avoit abandonné une femme & des enfants qu'il avoit en Italie.

16 *Avril*. Extrait d'une lettre de Bordeaux, du 9 avril... Je vous adresserai le plutôt possible la lettre du roi au parlement de Bordeaux, en date du 22 décembre dernier : vous y verrez avec quelle délicatesse on y ménage l'amour-propre des magistrats. Il paroît que c'est sur un dernier arrêté de notre parlement du 23 novembre précédent, qu'on s'est déterminé à faire parler S. M. un langage plus doux & plus conciliant. Elle assure son parlement que ses lettres-patentes du 23 décembre 1780, au sujet du sieur *Dupaty*, ne renferme aucune inculpation, contiennent même un témoignage honorable de la haute opinion qu'elle a de cette cour. Elle ordonne l'exécution de ses lettres-patentes, enrégistrées le 7 mars 1781, en ce qui concerne le sieur Dupaty, & le 8 en ce qui concerne l'avocat-général Dufaur de la Jarte.

A l'égard de la poursuite que le parlement demandoit des prétendus libelles contre lui, le roi persiste à vouloir que ce soit le parlement de Toulouse qui en connoisse par égard pour la propre délicatesse des magistrats insultés & qu'il s'agit de venger.

Le renvoi à ses fonctions de premier président, fait tomber l'article par lequel le parlement sollicitoit son retour.

L'article plus chatouilleux où cette cour s'élevoit contre les différentes lettres-patentes contenant des menaces, dont les paroles, toujours subsistantes dans ses registres, seroient pour elle un monument éternel d'opprobre, a été tourné d'une façon aussi satisfaisante que le permettoient les circonstances, puisque S. M. consent à ce que la clause, *à peine de désobéissance*, soit regardée comme non-avenue.

Enfin, le roi en laissant connoître à son parlement qu'il n'a pas ignoré l'étrange manière dont on s'est joué de ses ordres pendant plus d'un an, en n'administrant pas la justice, en prétextant des maladies pour ne pas se trouver aux audiences, lorsqu'on se portoit bien pour aller aux assemblées de chambres & vaquer à ses plaisirs; en insistant principalement sur la cessation de la tournelle, ce qui fait craindre que le grand nombre des prisonniers renfermés si long-temps n'y occasionne une contagion funeste à toute la ville, au lieu de servir, comme le bon ordre l'exigeroit, contre ces prévaricateurs connus, leur permet de se retirer, & ordonne qu'ils le déclarent dans la séance & sans désemparer; veut en même temps que les restants prennent aussi sur le champ des mesures efficaces pour continuer un service si long-temps interrompu, & finit par des promesses encourageantes & flatteuses pour leur amour-propre....

Voilà, en attendant que je vous en envoie copie, l'analyse de cette lettre, précieuse à conserver, mais que les magistrats ont peine à laisser percer dans le public.

16 *Avril*. On a en effet distribué gratis, une brochure ayant pour titre: *Détail de ce qui s'est passé dans les experiences faites par M. Janin, les 18 & 23 mars, en présence des commissaires réunis de l'académie royale des sciences, & de la société royale de médecine*, imprimée par ordre du roi.

Il résulteroit de ces expériences précisément l'opposé de ce qui a été dit dans l'ouvrage précédent, aussi imprimé & répandu avec profusion par ordre du gouvernement ; savoir, que le vinaigre n'a pas la propriété de désinfecter les fosses d'aisance, lorsque le méphitisme y est poussé à un certain degré, puisqu'un des vuidangeurs employés dans cette circonstance en a été victime & a péri, & que beaucoup d'autres ont été incommodés.

On assure que M. Janin réclame contre ces deux séances, & prétend qu'il y a eu de la jalousie & de la méchanceté de la part des officiers du ventilateur, intéressés à détruire l'efficacité de son invention.

17 *Avril*. Le mercredi 10 de ce mois, jour où l'on représentoit pour la seconde fois, à la nouvelle salle du théâtre François, on donnoit *les Femmes savantes*. Mad. la comtesse de Genlis arriva avec ses pupilles & M. le duc de Chartres ; malgré la présence du prince, le gouverneur fut hué d'une manière très désagréable. Peu après vint Mad. de Montesson avec M. le duc d'Orléans, & on les applaudit singuliérement : les deux dames se trouvant par la position de leur loge en face l'une de l'autre, il s'ensuivit pendant toute la comédie des allusions de la part du public, sensibles jusqu'à l'indécence. Tout ce qu'il y a de ridicule dans le rôle de Dorimene, étoit reporté avec affectation du côté de Mad. de Genlis, & tout ce qu'il y a d'honnête & de naïf dans le rôle d'Henriette étoit appliqué à Mad. de Montesson, vers laquelle on se retournoit avec de grands battements de mains, tandis qu'on ne jetoit sur l'autre que des regards de dédain & d'indignation. Du reste, on ne cesse d'enfanter des couplets sur son compte. En voici encore un nouveau sur l'idée

ridicule de son livre, de faire apprendre aux enfants l'écriture sainte par des tableaux où l'on représenteroit les principaux traits historiques de ce livre, & où on les leur feroit passer en revue dans une lanterne magique.

Air du Serin.

Ce n'est plus la sainte écriture
Qui révele la sainte loi :
Au milieu d'une chambre obscure
Deux chandelles donnent la foi.
Notre évangile est une optique :
Laissez la bible au peuple Hébreu ;
Et dans la lanterne magique,
Venez connoître le vrai Dieu.

17 *Avril.* On assure que le roi ayant appris l'heureux talent de M. le marquis de *Montesquiou*, premier écuyer de *monsieur*, pour remplir sur le champ les bouts-rimés les plus difficiles, lui en a proposé aussi dont il ne s'est pas tiré moins heureusement, quoique les idées en soient plus lugubres.

Je rencontrai dimanche un mort dans son cercueil,
Voyageant tristement sur le chemin d'Arcueil,
Au fond d'un corbillard, comme en un bon fauteuil,
Deux prêtres sa carroient & le couvoient de l'œil,
Tout-à-coup l'essieu rompt : la biere fut l'écueil,
Qui joignit mes vilains à feu monsieur d'Auteuil ;
C'étoit le nom du mort : il fallut dans un fiacre,
Emballer le défunt, les prêtres & le diacre,
Du sort qui nous attend, voilà le simulacre,
Me dis-je ; le Mogol sur son trône de nacre,
Le vaincu massacré, le vainqueur qui massacre,
Tôt ou tard de Caron remplissent la polacre,

(190)

18 *Avril*. Les demoiselles *Colombe*, *du Gazon* & *l'Escot*, sont trois actrices de la comédie italienne, qui en font les délices. L'une a beaucoup de talent pour chanter les ariettes de bravoure italienne ; elle a d'ailleurs une superbe figure. L'autre est une fort jolie actrice, qui brille surtout dans les opéra comiques françois. La troisieme est une jeune personne, fille du sieur Clairval : elle n'a débuté que depuis deux ans, & donne des espérances, avec un maître pour le chant ayant autant de goût que son pere. En jouant sur le nom de chacune de ces actrices, on a fait des couplets fort agréables que voici.

AIR : *Philis demande son portrait.*

Circé, changeant l'homme en Dieu,
D'un seul coup de baguette,
Fournit la femelle au moineau,
 Le mâle à la fauvette.
Chez elle il faut s'appareiller :
 Si dans ses mains je tombe,
Qu'elle me transforme en ramier,
 Car j'aime la *Colombe*.

AIR : *Il faut attendre avec patience.*

C'est pour l'indolente richesse,
Que l'on inventa les sofas ;
Mais de ce lit de la mollesse
L'ardent amour ne se sert pas.
Peut-on, quand on a le cœur tendre,
Avoir des coussins d'édredon ?
J'aimerois mieux cent fois m'étendre,
Toutes les nuits sur du *Gazon*.

AIR : *De Cassandre.*

En prenant des bains dans un fleuve,
Mon mal de nerfs doit s'affoiblir :
Je brûle de tenter l'épreuve ;
Mais quel fleuve dois-je choisir ?
L'eau du Rhin n'eſt pas aſſez pure,
Le Danube a trop de froidure,
Le Sénégal ſeroit trop chaud :
Je vois que le mal que j'endure
Ne peut guérir que dans l'*Eſcot.*

18 *Avril.* Voici une copie de la lettre ſinguliere de la cour des aides de la ville de Clermont au garde-des-ſceaux, qu'on donne comme authentique.

Monſeigneur —— Nous avons eu l'honneur de vous écrire... Vous ne nous avez pas répondu. Si vous avez lu notre lettre, vous ne l'avez pas entendu ; ſi vous l'avez entendue, vous n'en avez pas rendu compte au roi. Dans ce cas vous nous trompez, & nous ne méritons pas de l'être ; il faut qu'un garde-des-ſceaux ſache bien entendre & répondre.

19 *Avril.* L'impératrice des Ruſſies a répondu à la lettre du comte de Buffon dont on a parlé, en remerciement des médailles dont elle l'avoit honoré. Dans cette réponſe d'une page d'écriture, toute entiere de la main de cette ſouveraine, en françois excellent & du meilleur goût, l'impératrice témoigne à ce grand homme le déſir qu'elle auroit de poſſéder ſon buſte. En conſéquence, demain dimanche, le fils unique de M. de Buffon part pour la Ruſſie ; il doit avant paſſer à Berlin.

Ce jeune homme, de la plus jolie figure & de la plus grande espérance, est officier aux Gardes; il n'a pas 18 ans.

19 Avril. Actuellement que la fermentation qu'ont occasionné les noëls abominables qui ont couru Paris cet hiver, est rassise, ils sont moins rares, & on se les communique par cet attrait pour la nouveauté, quelque exécrable qu'elle soit. Il y en a vingt couplets; ils semblent être faits à l'occasion de la naissance du dauphin. L'auteur, qui n'épargne pas ce qu'il y a de plus sacré, après avoir plaisanté la Divinité même, après avoir dans ses calomnies atroces enveloppé toute la famille royale, excepté madame la comtesse d'Artois & mesdames, tombe sur les femmes de la cour & les hommes. Entre ces derniers figurent le duc d'Orléans, le duc de Charttes, M. de Maurepas, M. Amelot, M. de Castries, M. de Miroménil, M. de Monteynard, M. de Puységur, le premier médecin Lassone, & le duc de Coigny, en faveur duquel on renouvelle les soupçons répandus dans des pamphlets détestables venus de chez l'étranger. La princesse de Lamballe, Mad. la duchesse Jules, Mad. la comtesse Diane, Mad. de Fleuri, madame d'Ossun, la vieille maréchale de Luxembourg, Mad. de Fougieres, enfin la princesse de Henin, qui ferme la marche, sont les femmes nommées de la maniere & avec des anecdotes les plus diffamantes. Le jugement qu'on en a porté, comme ouvrage de littérature, est très-juste: il n'en est aucun qui ne soit d'une méchanceté noire, & peu où il n'y ait quelque sel, quelque tournure qui puisse annoncer de l'esprit dans son auteur; du reste, ils sont assez corrects, & d'un homme qui a l'habitude du couplet.

19 Avril. Le procureur au parlement qui a été si maltraité par M. le comte de *Chabrillant*, se nomme *Pernot*. Ce seigneur ne lui a point donné des soufflets, comme on l'avoit dit d'abord, mais l'a diffamé par un complot atroce pour l'obliger de sortir de sa place & le faire arrêter; il l'a traité de voleur, ce qui a provoqué la vigilance de la garde, & a rendu ce procureur un moment l'objet du mépris & de l'indignation du public: mais la vérité s'est bientôt éclaircie; il est sorti du corps-de-garde, & avec quelques témoins qui se sont offerts d'eux-mêmes, est allé faire sa déposition chez un commissaire. Le procès se fait avec une chaleur trop légitime, & les *Chabrillant* voudroient faire venir l'autorité à leur secours.

20 Avril. Les bouts-rimés étoient autrefois en vogue, même durant les jours brillants du siecle de Louis XIV, c'étoit le jeu des beaux esprits. Cet exercice commence à revenir à la mode. On a déjà vu comment M. de Montesquiou s'est tiré avec beaucoup d'adresse de ceux qu'on lui avoit proposés. En voici de récents, d'autant plus heureux qu'on l'avoit en outre circonscrit dans un sujet qui étoit la nouvelle du départ du pape pour Vienne.

C'est en vain que de Rome aux rives du Danube.
Notre antique Mufti vient au petit galop.
Aujourd'hui Pierre Ponce, autrefois Pierre cube,
Il distilloit l'absynthe, aujourd'hui le sirop.
De son vieux barometre en observant le tube,
Il doit voir qu'on perd tout quand on exige trop.

M. l'avocat *Marchand*, jadis renommé pour les plaisanteries, mais aujourd'hui glacé par l'âge, a pourtant encore quelques étincelles ; sur le même sujet il a enfanté l'épigramme suivante :

>Le pape, autrefois un tyran,
>Avec l'empereur entre en lice ;
>Mais les foudres du Vatican,
>Ne sont plus que feux d'artifice.
>Notre pontife en ses sermons
>Etalera de vains reproches ;
>On sait qu'à Rome les canons
>Ont été *convertis* en cloches.

20 Avril. Ce n'est point seulement une addition à son *Tableau de Paris* qu'a fait M. Mercier, c'est une refonte considérable. Celui-ci est en quatre volumes, & c'est la seule édition qu'il avoue, comme faite sous ses yeux : il renie encore mieux certaine d'un sieur Samuel Fauché père, contrefacteur misérable, qui s'est sur-tout appuyé sur celle qui a paru au mois de juin 1781, & faite à cent lieues de l'auteur, est elle-même très-imparfaite.

On annonce que cet ouvrage doit avoir une suite, & que les tomes V, VI & VII sont sous presse. Voilà une rare fécondité.

Au reste, il y a en effet des améliorations dans cette édition nouvelle, quelques articles sont moins superficiels & plus soignés ; mais le livre péchera toujours par le défaut de plan, d'ordre, de méthode, de goût. Des articles vagues, d'autres croqués à l'infini, de dégoûtants & d'ennuyeux, en un mot, ce n'est encore qu'un ouvrage de libraire, c'est-à-dire, composé pour aller aux volumes, faire masse & gagner plus d'argent en raison de plus de papier noirci.

21 *Avril*. Le sieur Augé, acteur, reçu depuis 1763, est le seul que le théâtre françois ait perdu à la rentrée ; il brilloit sur-tout dans l'emploi des valets, qu'on appelle *la grande livrée*. Il avoit la taille svelte & bien prise, une démarche leste, un masque très-expressif, un organe sonore & bruyant, beaucoup de gaieté & d'aisance ; il plaisoit généralement : plus adroit que Préville, il n'a pas attendu que le public s'en dégoûtât ; il est très-regretté.

21 *Avril*. L'université de Paris a perdu depuis peu dans la personne de M. Guerin, un de ses plus estimables professeurs. Il avoit un goût particulier pour la poésie latine : il brilloit sur-tout dans les paranymphes, exercices académiques, jeux littéraires, où il savoit mêler des railleries fines à des louanges délicates. Son cabinet étoit une espece d'entrepôt, où l'on venoit s'approvisionner de discours, de compliments, de vers, d'ouvertures de theses : c'étoit un autre abbé Pelegrin ; mais sa piété filiale anoblissoit ce commerce en consacrant les bénéfices à faire subsister une mere & une sœur.

M. Guerin avoit fait imprimer peu de choses. Le plus estimé de ses ouvrages est l'oraison funebre de feu monseigneur le dauphin, pere du roi ; & l'époque la plus mémorable de sa vie est celle où, en qualité de recteur, il eut l'honneur de complimenter le parlement à son rappel en 1774.

22 *Avril*. On peut juger du goût du public pour les tableaux du sieur *Greuze*, par ce qui vient de se passer à la vente du marquis de Menar : un des siens a excédé infiniment de prix les plus

chers, comme on en peut juger par la comparaison.

N°. 6. *Un payſage mêlé de ruines*, de vingt-huit pouces de large ſur vingt-deux de haut, par Nicolas *Berghem* ; 5802 liv.

N°. 42. L'*Accordée de village*, de trois pieds & demi ſur deux pieds neuf pouces, par J. B. *Greuſe*; 16610 liv.

N°. 51. *Les Enfants tués par les Ours, pour avoir inſulté le prophete Eliſée*, de quarre pieds de large ſur trois de haut, par Laurent *de la Hire* ; 6710 liv.

N°. 132. *Jupiter métamorphoſé en Satire, découvre & réveille la nymphe Antiope*, de vingt-ſix pouces ſur vingt-deux, par Carle *Vanloo*; 3151 liv.

N°. 137. *Une tempête au bord de la mer, & un payſage enrichi d'architecture, montagnes, lointains, &c.* Deux tableaux de quatre pieds trois pouces ſur deux pieds huit pouces, faiſant pendants, par Joſeph *Vernet*; 6621 liv.

22 *Avril.* M. de la Blancherie, fort étourdi de tous ces muſées qui s'élevent & décréditent le ſien, cherche de temps en temps à ramener ſur lui les yeux du public. En conſéquence, il publie une lettre par la voie du journal de Paris, où il rappelle d'abord ce que c'eſt que ſon établiſſement de *la correſpondance générale & gratuite pour les ſciences & les arts.*

Une correſpondance & une relation prompte & intime, non-ſeulement entre les ſavants & les artiſtes de tous les pays, mais encore entre ces mêmes ſavants & toutes les perſonnes auxquelles leur communication peut être utile & agréable. *Tel en eſt le but.*

Un chef-lieu *gratuit* de correſpondance pour

tous les détails relatifs aux sciences & aux arts; *en voilà les moyens.*

Il en fait ensuite l'histoire.

La fondation du chef-lieu devoit servir à deux choses, à la correspondance par lettres, & à celle par personne. De-là sa *feuille hebdomadaire*, résultat de la première, où se trouve une notice prompte & suivie des savants & des artistes de tous les pays, des découvertes & des ouvrages en tout genre. Cette feuille a pour titre: *Nouvelles de la république des lettres.*

La seconde a procuré un point de réunion pour les savants, les artistes, & les amateurs nationaux & étrangers, ainsi que pour les productions des sciences & arts en tout genre, sous le titre d'*assemblée ordinaire des savants & des artistes.*

Cinq cents souscripteurs pour la feuille de la correspondance au bout d'un an de son institution, suffisoient presque aux frais du *chef-lieu*, lorsqu'un *déficit* de deux cents souscriptions, causé par la guerre, força en 1780 à la suspension de la feuille & de l'assemblée.

Le sieur de la Blancherie ne pouvant compter sur les bienfaits du gouvernement, dans sa pénurie eut recours à la munificence de quarante grands seigneurs, ayant *monsieur* à leur tête, qui ont bien voulu faire les frais de l'emplacement. Il donne la liste de tous ces amateurs, & rien de plus glorieux pour les sciences & les arts: ils sont tous princes, ducs, marquis ou comtes. Il fut donc rendu à ses fonctions en 1781. L'ardeur du gain s'accroissant, il a imaginé d'étendre la société d'abord à toutes les personnes de nom, d'un rang distingué, qui voudront apporter leur argent; puis de leur réunir encore sous le titre d'*Associés*, tous les bons citoyens de la république des lettres & des arts qui auront deux louis à sacrifier. Il assure que ce projet a parfaitement réussi, c'est-à-dire, que l'argent est venu en abondance, & en telle abondance, qu'il a été résolu de rendre reversibles aux artistes qui auroient besoin de secours, les fonds excédant les frais nécessaires *du chef-lieu*.

22 *Avril*. On assure que l'académie françoise doit incessamment proclamer un nouveau prix extraordinaire & annuel, fondé par un citoyen qui ne s'est fait connoître qu'au secretaire de la compagnie, & veut d'ailleurs garder l'*incognito*. Ce prix fort singulier sera décerné à l'auteur d'un *acte de vertu* pris nécessairement dans la bourgeoisie, & principalement dans les derniers rangs de la société. Il doit consister en une médaille provenant de l'intérêt en viager d'un capital de 12,000 liv. Voilà tout ce qu'on en sait jusqu'à présent.

22 *Avril*. M. l'abbé de *Crillon* délivre à ses amis une traduction du discours dont S. M. catholique a accompagné ses bienfaits envers le duc son frere.

« Je vous ai fait capitaine-général de mes
» armées, pour vous donner un grade militaire,
» comme à tous les autres qui m'ont bien
» servi ; mais je me suis réservé le plaisir de
» vous dire moi-même que je vous fais *Grand* :
» c'est une vieille dette de mes ancêtres envers
» les vôtres, pour les bons services qu'ils leur
» ont toujours rendus, & une vraie satisfaction
» pour moi de payer ceux que vous venez de me
» rendre. »

23 *Avril*. *Supplément à l'Espion Anglois, ou Lettres intéressantes sur la retraite de M. Necker; sur le sort de la France & de l'Angleterre,* &

sur la détention de Me. Linguet à la Bastille, adressées à Milord All'Eye, par l'auteur de l'Espion Anglois.

Si l'on en croyoit un avertissement du libraire, le manuscrit de cet ouvrage lui auroit coûté fort cher, & il auroit eu grand tort. Peu de faits & beaucoup de bavardage, tel est le résultat de ce pamphlet, très-condamnable d'ailleurs par] des propos calomnieux contre les plus augustes personnages. Il est fâcheux que l'auteur, qui semble avoir cependant de l'honnêteté & de bonnes vues, se soit permis un ton aussi effréné. Il est aisé de voir qu'il ne peut nullement être le même que celui du véritable *Espion Anglois*, malgré les éloges que lui prodigue l'inconnu qui a osé se travestir sous son nom.

23 *Avril*. Il paroît que M. de *La Blancherie*, sentant la futilité & le vuide de son institution, voudroit pour la consolider, l'étendre & remplacer la *société libre d'Emulation*; mais celle-ci s'étant déjà éteinte deux fois, la premiere ayant un prince du sang à sa tête, & la seconde guidée par les gens les plus intrigants & les plus actifs de Paris, doués d'ailleurs d'un vrai talent, très-répandus, très-accrédités chez les grands, quel espoir fondé peut avoir un inconnu dans la littérature & dans les arts? Quoi qu'il en soit, c'est pour en venir à ce but, qu'il a sans doute imaginé d'amorcer la cupidité des artistes, en leur annonçant des secours prévenus de son superflu. En conséquence, il s'est formé un comité de quatre associés, présidés par des grands seigneurs, pour surveiller l'administration générale dont il ne sera plus que l'organe. Il est question à présent de dresser des statuts.

Le comité est composé de messieurs le duc de Charost & du marquis de Crussol pour la chambre haute; & des curés de Saint-Germain-l'Auxerrois; de Bondi, receveur-général des finances; de Mirbeck, avocat aux conseils, & Bro notaire, pour la chambre basse.

Car on voit que l'assemblée se divise naturellement en deux classes: celle des protecteurs, & celle des associés ou protégés, qualité qui ne doit pas plaire infiniment à tout le monde.

23 *Avril.* On ne conçoit pas quel goût d'argent s'est emparé de M. le duc de Chartres, & le pousse à des actions peu dignes d'un prince. Il faut sans doute rejeter tout cela sur ses gens d'affaires. Tel est le trait qu'on raconte depuis quelques mois, & qu'on n'a voulu rapporter qu'après en avoir constaté l'authenticité.

Il est d'usage qu'au mariage des princes le roi accorde pour présent de noces 150,000 livres. M. le duc de Chartres a fait demander cette somme au duc d'Orléans son pere. Celui-ci a répondu qu'en dépensant 800,000 liv. pour les fêtes du mariage de son fils, il croyoit avoir amplement satisfait aux intentions de *Louis XV.* Malgré cela, les conseils du prince ont prétendu qu'il ne pouvoit, à cause de ses enfants, se départir de son droit; & en conséquence le duc d'Orléans a été assigné. Madame de Montesson, instruite de ce mauvais procédé, lui en a porté ses plaintes un jour qu'il est venu la voir, lui a dit que le duc d'Orléans n'avoit point d'argent, & lui a présenté ses diamants pour gages de la somme: le duc de Chartres honteux, les a refusés; Mad. de Montesson, pour arrêter le cours d'une procédure aussi désagréable au prince son époux, les a envoyés à son altesse, qui les a gardés.

M. le duc d'Orléans, instruit du beau procédé de Mad. de Montesson, n'a pas voulu être en reste, a fait l'impossible pour trouver les 150,000 liv. & retirer les diamants.

14 *Avril*. De toutes les caricatures imaginées jusqu'à présent à l'occasion de la guerre, celle appellée le *Magnificat* est sans contredit la plus juste & la plus ingénieuse.

Dans le médaillon qui occupe le centre se voit un léopard terrassé, qui désigne l'Angleterre ; l'Amérique sous l'emblême d'un serpent, l'enlace & cherche à l'étrangler ; un lion qui est l'attribut de l'Espagne, tient en arrêt l'animal féroce, tandis qu'un coq s'ébat sur lui & triomphe de sa chûte. On conçoit facilement que ce dernier caractérise la France.

Au bas est le globe resserré d'une jarretiere, sur laquelle est écrite la devise *Honny soit qui mal y pense* ; on juge que cette jarretiere annonce l'ambition de l'Angleterre, qui voudroit avoir la domination universelle des mers & du monde conséquemment : mais la jarretiere précisément se rompt au méridien de l'Amérique, époque de la fin de sa puissance ; & la devise de l'autre bout de la jarretiere est : *Qui trop embrasse, mal étreint.*

L'estampe tire son nom du *Magnificat*, parce qu'on lit en tête le verset de ce pseaume, expression prophétique de ce qui se passe de nos jours : *Dispersit superbos mente cordis sui.* L'exergue porte deux légendes ; l'une en latin, *post coitum omne animal triste præter gallum* : celle-ci sans doute est relative à la France ; l'autre concerne les fautes du ministere de l'Angleterre, son *imprudence*, *présomption*, *orgueil*, *tyrannie*, *humiliés*.

Aux quatre coins de l'estampe sont répétées les têtes des figures principales de cette scene allégorique. Au haut, à droite, est la tête du lion; en face de celle du coq, au-dessous de celui ci, la tête du léopard, & à l'autre angle, la tête du serpent. Entre ces deux est une apostrophe du dernier: *ne marche pas sur moi*. Auprès du léopard on voit un faisceau de fleches caractérisant la Hollande, & autour s'entortille de nouveau le serpent, mais en signe d'union; image de celle qui se doit établir entre les deux républiques.

Au bas de la mappemonde est un chiffre composé de deux lettres, un G. & une M. ce qui est le juron de l'Anglois, *God-dem*: & au-dessus, *Tu l'as voulu*.

25 *Avril*. Le grand-aumônier a visité les prisons, ainsi qu'il y étoit autorisé par le roi, & non-seulement a rempli sa mission avec beaucoup de zele, mais l'a étendue aux objets qui ont excité naturellement sa commisération; tel est le pain des prisonniers, qu'il a trouvé si détestable, qu'il en a pris un échantillon, l'a fait goûter à S. M., & a été chargé par elle de pourvoir à ce qu'ils en eussent de meilleur.

M. le cardinal de Rohan, ayant aussi trouvé dans les prisons un homme tout en sang, il lui a demandé qui l'avoit ainsi maltraité. Il a répondu que c'étoient les commis des barrieres; son éminence en a pris note, & ces commis en effet s'étant trouvés coupables ont été tous cassés.

25 *Avril*. Les lettres viennent de perdre à Lyon un disciple estimable en la personne de l'abbé de la Serre, mort le 2 mars.

Il étoit entré de bonne heure à l'Oratoire, & en étoit sorti à près de quarante ans. Il est auteur de plusieurs pieces de poésie couronnées dans différentes académies de province ; il a composé aussi différents éloges & une poétique élémentaire.

Son ouvrage le plus connu est un *Poëme de l'Eloquence*. Quoi qu'il ne fût pas membre de l'académie de Dijon, il eut occasion de se trouver à une séance de cette assemblée où siégeoit le prince de Condé ; il reçut de ses mains le prix d'éloquence qu'il venoit de remporter, & S. A. l'invita à lire quelques morceaux de son poëme, non encore achevé, & qui ne l'a été que peu de temps avant sa mort. Les encouragements du prince ne contribuerent pas peu à l'engager d'y mettre la derniere main.

25 *Avril*. On peut se rappeller un abbé *François* auteur de différents ouvrages en faveur de la religion. Il est mort depuis peu, & l'on avoit envoyé sa notice au journal de Paris, qui ayant réuni le nécrologe à sa feuille, devoit se faire un point d'honneur de remplir ses engagements à cet égard. Messieurs, de ce Sanhedrin littéraire, n'ont pas jugé à propos d'en faire usage ; ils ont prétexté que M. de Voltaire étoit traité trop durement dans la notice. On a été obligé de la faire insérer dans le *journal de Monsieur*, où l'on a rendu compte des difficultés des journalistes.

26 *Avril*. On a fait déjà mention de la nouvelle mode des Jeannettes. Vici une chanson qui en consacre la mémoire à la postérité, sur l'air : *que ne suis-je la fougere* ?

Présumant trop de ma lyre
J'ai promis à ma Lison,

Dans un accès de délire,
Sur sa croix une chanson.
Parmi des vers de commande,
Si Lison veut m'en passer
Quelques-uns de contrebande,
Je suis prêt à commencer.

Ce que le monde révere,
Comme un signe de chrétien,
Par une vertu contraire,
A de moi fait un païen.
Ah ! se peut-il que je chante,
Sans offenser l'Eternel,
Une croix qui ne m'enchante
Qu'à cause de son autel !

Jusque sur un sein d'albâtre
Je contemple cette croix ;
Si j'ai tort d'être idolâtre
Des deux larrons que je vois,
Lison, ma faute est l'ouvrage
De ce couple séducteur,
Fier sans doute de l'hommage
Qu'il dérobe au Rédempteur.

A peine mon œil profite
De ce signe du salut,
Le mouvement qui l'agite
Me dépêche à Belzébut ;
En vain je me sens coupable,
Je ne crains que tes rigueurs :
Et j'irois cent fois au diable
Pour une de tes faveurs.

Si quelqu'un fur ma doctrine
Venoit à me chicaner,
Que lui-même s'examine
Avant de me condamner.
Faut-il outrer la cenfure
Contre un foible & tendre cœur,
Trop plein de la créature
Pour penfer au créateur !

26 *Avril.* M. de *Bellegarde*, officier d'artillerie fi fameux depuis le confeil de guerre des Invalides, a propofé au gouvernement de faire l'effai de boulets revêtus d'une compofition dont il a le fecret. Il s'eft trouvé qu'un boulet femblable mettoit le feu par-tout où il s'attachoit, fans qu'on pût l'éteindre d'aucune maniere, même avec de l'eau : c'eft une efpece de feu grégeois. Cependant on n'eft pas encore parfaitement content en ce que l'on n'a oppofé pour but à ces boulets que des planches, & non de forts & épais madriers, tels que font les côtés des vaiffeaux.

26 *Avril.* Les comédiens Italiens, non moins féconds au commencement de cette année dramatique que durant la précédente, donnent déjà une feconde nouveauté qui a été jouée hier. Elle a pour titre : *Le Poëte fuppofé, ou les Préparatifs de fête, comédie nouvelle en trois actes, en profe, mêlée d'ariettes & de vaudevilles, fuivie d'un divertiffement.* Comme les paroles font de M. Laujeon, fecretaire des commandements de M. le prince de Condé, tout le parterre étoit infecté de cabaleurs, qui ont porté la piece aux nues. Les gens fenfés l'ont trouvée très médiocre, & ne favoient ce que vouloient dire ces *bravo*, ces *bra-*

viſſimo qui les étourdiſſoient. A la fin on a crié l'auteur pendant plus d'une demi-heure. La muſique du ſieur Champein, quoiqu'agréable, n'eſt pas non plus au degré d'excellence pour exciter tant de brouhaha. Quand cet enthouſiaſme factice ſera diminué, on pourra mieux juger la nouveauté dont il s'agit.

26 *Avril*. Derniérement un ſeigneur Anglois (Drapper, le ſecond du lord Muray) commandant à Minorque, venu à Paris ſur ſa parole, dînoit chez le comte de Vergennes : comme il trouvoit excellent certain vin que lui fit ſervir le miniſtre, M. de Vergennes lui dit : j'eſpere, Monſieur, que vous en viendrez boire davantage à la paix. A l'inſtant l'étranger entre en fureur, s'écrie qu'il n'en doit pas être queſtion encore ; que l'Angleterre ne ſavoit pas faire de paix humiliante, & qu'elle ne pourroit la faire que telle dans ce moment-ci. Le miniſtre le raſſura en lui déclarant que le roi ſon maître étoit incapable d'abuſer de ſes victoires ; qu'il ne vouloit point humilier ſes ennemis, mais les rendre à la raiſon & à l'équité. Cette réponſe modérée calma un peu la fougue du colonel frénétique.

26 *Avril*. M. le préſident d'Ormeſſon continue à remplacer M. d'Aligre avec beaucoup de zele, & infiniment plus de dignité.

M. de Watronville, aide des cérémonies, étant venu, en l'abſence du grand-maître, apporter au parlement la lettre de cachet pour la cérémonie annuelle de la réduction de Paris, & ce petit-maître ne s'étant pas comporté, en ſe préſentant devant la cour avec la décence & le reſpect convenable, M. d'Ormeſſon, qui préſidoit la grand'chambre, lui dit :

« M. Watronville, quand vous apportez à la
» cour les ordres de votre maître, il faut remplir
» le cérémonial usité, faire de droite & de
» gauche, & aux différents bureaux, toutes
» les révérences d'usage, & sur-tout les faire
» très-profondes. N'oubliez jamais le respect
» que vous devez à la cour, & profitez de cet
» avertissement. »

M. de Tanley, qui de conseiller au parlement s'est fait premier président de la cour des monnoies, s'étant avisé de venir voir en simarre M. d'Ormesson, il le plaisanta sur cet accoutrement, & lui dit: on voit bien que vous venez voir vos anciens amis, en habit du matin, en frac... M. de Tanley déconcerté, ayant prétendu que c'étoit une simarre, attribut de sa dignité: non, dit il, ce ne peut pas être une simarre, c'est une mascarade de carnaval, autorisée par la saison. Il faut savoir que le parlement fait peu de cas de la cour des monnoies, & a peine à la regarder comme cour souveraine ; on dit que depuis ce persiflage, M. de Tanley a quitté sa simarre.

27 *Avril.* M. de la Harpe a déjà fait imprimer sa piece, ayant pour titre: *Moliere à la nouvelle salle, ou les Audiences de Thalie,* comédie en un acte & en vers libres. On a vu avec étonnement en tête, ces mots : *par une société de gens de lettres*; & l'on a su qu'en effet Mad. Bellecour & le sieur *du Gazon* avoient été pour quelque chose dans cet ouvrage.

M. de la Harpe a la générosité de faire une préface exprès pour annoncer au public cette réunion de talents & de lumieres, & il insista beaucoup là-dessus, afin qu'on ne prenne pas la chose pour un persiflage. Il est vrai qu'il profite de l'occasion & tombe sur l'abbé Aubert, auquel il en devoit depuis sa Jeanne, & sur M. de Charnois. Celui-ci lui tient sans doute encore plus au cœur, car la préface est suivie d'une lettre à un amateur du spectacle *ad hoc*, où il ne plaisante pas mal ce *chargé* de l'article des spectacles au Mercure de France, de la ridicule importance qu'il met à son rôle, & du froid pédantisme avec lequel il l'exerce. Ces deux morceaux préliminaires ne sont point du tout déplacés, & disposent merveilleusement au rire sardonique qu'excite ensuite plus complétement sa comédie.

27 *Avril.* Les plaisants d'ici, ne respectant rien, continuent à s'égayer sur le saint-pere, sur ses calices, sur ses bénédictions, sur la constance avec laquelle il a été obligé de se montrer jusqu'à six fois à son balcon pour y recommencer à les donner au peuple, ne se lassant point de les recevoir.

Ils ajoutent qu'il va bientôt quitter Vienne où il finira par deux messes, l'une sans *Credo* pour l'empereur, & l'autre sans *Gloria* pour lui.

28 *Avril.* L'académie françoise publie effectivement le *prospectus* du prix extraordinaire & annuel qu'on a annoncé. Voici d'abord le mémoire de l'anonyme, fondateur du prix adressé à cette compagnie.

Messieurs.

« Tous les gens de talents obtiennent des ré-
» compenses, la vertu seule n'en a pas. Si les
» mœurs étoient plus pures & les ames plus éle-
» vées, la satisfaction intérieure d'avoir fait le
» bien seroit un salaire suffisant du sacrifice
» qu'exige la vertu : mais, pour la plupart des
» hommes, il faut un autre prix : il faut qu'une

» action louable soit louée. Ces éloges ont été
» le premier objet des lettres, & c'est en effet la
» fonction la plus honorable que puisse avoir le
» génie.

» L'académie françoise s'est rapprochée de cette
» institution antique, lorsqu'elle a proposé à l'élo-
» quence le panégyrique des Sully, des d'Agues-
» seau, des Fénelon, des Catinat, des Montauzier
» & d'autres grands personnages. Mais il n'est dans
» une nation qu'un petit nombre d'hommes dont
» les actions aient un caractere de célébrité; &
» le sort du peuple est que ses vertus soient igno-
» rées. Tirer ses vertus de l'obscurité, c'est les ré-
» compenser, & jeter dans le public la semence
» des mœurs.

» Pénétré de cette vérité, un citoyen prie l'aca-
» démie françoise d'agréer la fondation d'un prix,
» dont voici l'objet & les conditions.

» 1°. L'académie françoise fera tous les ans,
» dans une de ses assemblées publiques, lecture d'un
» *discours* qui contiendra l'éloge d'un acte de vertu.

» 2°. L'auteur de l'action célébrée, homme ou
» femme, *ne pourra être d'un état au-dessus de la*
» *bourgeoisie; & il est à désirer qu'il soit choisi dans*
» *les derniers rangs de la société.*

» 3°. Le fait qui donnera matiere à l'éloge, se
» sera passé *dans l'étendue de la ville ou de la ban-*
» *lieue de Paris, & dans l'espace des deux années*
» *qui précéderont la distribution du prix.* A l'éloge
» seront jointes des attestations du fait, propres
» à en constater la vérité. On choisit Paris, parce
» que l'académie y étant établie, a plus de facilité
» pour y vérifier les faits; d'ailleurs nulle part les
» mœurs du peuple n'ont plus besoin de réforme
» que dans les capitales.

» 4°. Le discours sera *en prose*, & ne sera pas
» de plus d'un demi-quart d'heure de lecture ; un
» temps plus long ne seroit employé qu'à des dis-
» sertations étrangeres à l'objet de l'institution.

» 5°. La fondation sera de douze mille livres,
» & l'intérêt de cette somme sera employé à payer
» deux médailles, dont une pour l'auteur du dis-
» cours, l'autre pour l'auteur de l'action célébrée.

» 6°. Cette somme de 12,000 liv. sera placée
» en rente viagere sur la tête du roi, & sur celle
» de monseigneur le dauphin ; & le discours lu
» dans la séance publique, sera présenté à ce jeune
» prince. Ainsi ses premiers regards seront portés
» sur une classe d'hommes éloignés du trône, & il
» apprendra de bonne heure que parmi eux il existe
» des vertus. »

C'est d'après ce mémoire qu'ayant fait quelques changements aux dispositions & conditions du donateur, de son aveu, elle a proclamé les conditions.

On s'efforce de deviner, au surplus, quel est ce donateur, & bien des gens nomment M. de Monthion, chancelier de M. le comte d'Artois.

29 *Avril*. Les changements aux conditions du prix, faits par l'académie & agréés du donateur, sont énoncés de la façon suivante:

1°. Le discours ou *récit* sera fait par le directeur de la compagnie.

2°. L'académie ne pourroit accepter la donation proposée, si elle renfermoit la moindre disposition qui pût intéresser personnellement quelqu'un de ses membres. En conséquence, ce revenu annuel sera employé entièrement à payer une seule médaille, qui sera donnée pour prix de l'acte de vertu.

Le donateur ayant adopté ces changements, la compagnie, d'une voix unanime, & de l'aveu du roi, son auguste protecteur, a accepté la donation.

Ce prix sera décerné, pour la premiere fois, dans l'assemblée publique du 25 août 1783.

Elle ne portera de jugement que sur les actes de vertu, dont le détail lui aura été remis par écrit, & sera muni d'attestations suffisantes.

La date de chaque fait dont on enverra le détail, ne pourra remonter au-delà de deux ans avant l'époque fixée pour la réception des pieces justificatives, c'est-à-dire, au-delà du 1 juin 1781.

L'académie choisira parmi ces faits celui qu'elle croira le plus digne du prix, se réservant, de l'aveu du donateur, la liberté de le partager, si elle le juge convenable.

29 *Avril.* Il y a eu le 24 un concert de bénéfice pour M. *Viotti*, comme il y en avoit eu un huit jours auparavant au profit de madame *Mara*. Les billets étoient tous à 6 liv. Cette derniere, encore piquée d'avoir vu l'enthousiasme de ses admirateurs s'éteindre en ce moment, & de ne tirer qu'un très-médiocre bénéfice de la représentation extraordinaire en sa faveur, a refusé de chanter le jour de M. Viotti, quoique celui-ci eût eu la complaisance de jouer au sien. On a été indigné de cette vilaine & sordide ingratitude.

29 *Avril.* Le livre à la mode aujourd'hui, c'est-à-dire, celui qui fait la matiere des conversations, est un roman intitulé *les Liaisons dangereuses*, en quatre petits volumes. Il est attribué à un M. *de la Clo*, officier d'artillerie, auteur de quelques opuscules en prose & en vers, & sur-tout de la fameuse *Epître à Margot*, qui parut en 1773,

qu'on attribua à M. Dorat, & où la comtesse Dubarri étoit désignée sensiblement, ce qui obligeoit le poëte de garder l'anonyme.

Dans son dernier ouvrage, très-noir, qu'on dit un tissu d'horreurs & d'infamies, on lui reproche d'avoir fait aussi ses héros trop ressemblants : on assure d'ailleurs, qu'il est plein d'intérêt & bien écrit.

30 *Avril.* Extrait d'une lettre de Toulouse, du 15 avril.... On ne peut rien d'égal à l'impression que les talents de Mlle. *Colombe* ont faite à Toulouse. L'enthousiasme le plus vif & le plus juste a signalé chacune des représentations qu'elle a données ; les acclamations, les lauriers, les couronnes en ont été le gage, la preuve & la récompense. Les vers suivants furent faits sur le champ à l'occasion de deux colombes qui s'éleverent du milieu du parterre, & qui prirent leur vol vers le théâtre.

 Quels nobles traits ! que de beautés !
 Et quelle voix enchanteresse ;
 Ah ! tous les cœurs sont dans l'ivresse,
 Tous les regards sont enchantés.
 Tu parois, & notre théâtre
 Retentit d'applaudissements.

De l'amour, du plaisir les doux frémissements
Remplissent pour toi seul un parterre idolâtre ;
 Puis-je à l'instant me ranger sous ta loi !
Réponds, & dût ton cœur être toujours rebelle,
 Je jure ici de n'adorer que toi,
  Si tu n'es pas immortelle.
 Mais quel objet s'offre à mes yeux surpris !
  Deux colombes fendent la nue...

C'est l'attelage de Cypris,
Et la déesse est reconnue.

30 *Avril.* De Bâle, du 25 mars.... Les sciences viennent de faire une très-grande perte dans la personne de M. Daniel de Bernouilli, docteur en médecine, professeur de physique, d'anatomie & de botanique, qui est mort ici le 17 de ce mois, âgé de quatre-vingt-deux ans. La société royale de Londres, les académies des sciences de Paris, de Pétersbourg & de Berlin, s'honoroient de compter parmi leurs membres un homme de ce mérite, & dont le nom a acquis, de pere en fils, la célébrité la plus éclatante & la plus durable. Il fut appellé avec *Nicolas*, son frere, à Pétersbourg, lors de la fondation de l'académie. Ils y arriverent en 1725. *Nicolas* y mourut l'année suivante, & la *czarine* voulut faire les frais de son enterrement.

30 *Avril.* Il se forme de toutes parts des sociétés, des musées, en sorte que Paris va bientôt se diviser, comme Londres, en cotteries à l'infini. Une sous le titre des *Enfants de l'harmonie*, est une réunion de gens qui font de la musique, & cependant admettent parmi eux, comme amateurs, des savants, des hommes de lettres, & des artistes de tout genre. Un peintre qu'on croit être M. Renou, ayant été initié dans cette société, y a prononcé un *parallele de la musique & de la peinture*, imprimé dans le journal de Paris du 29 avril, où il y a de très-bonnes choses, quoique le ton en soit un peu emphatique pour une assemblée bourgeoise.

Il n'est pas jusqu'au fauxbourg Saint-Marceau où il vient de naître un *musée d'éducation*, qui a mérité l'approbation du gouvernement. C'est un M. *Collinet David* qui est chef de cet établissement

1 *Mai.* 1782. Extrait d'une lettre de Bordeaux, du 27 avril... Vous trouverez ci-joint la fameuse lettre du roi à notre parlement, & l'arrêté des chambres du 20 février, fait en conséquence. Vous jugerez sans doute, comme moi, que le parlement s'en est tiré aussi adroitement qu'il pouvoit, c'est-à-dire, en vrai Gascon.

Lettre du roi au parlement de Bordeaux, du 22 Décembre 1781 (1).

Nos amés & féaux, nous nous sommes fait représenter en notre conseil votre arrêté du 23 novembre dernier, contenant cinq chefs de remontrances, que vous vous proposez de nous faire, ensemble toutes vos précédentes remontrances, nos différentes lettres-patentes, les ordres que nous avons donnés pour leur exécution, & les extraits des registres plumitifs de notre parlement.

Comme la plus grande partie des objets contenus dans votre arrêté, a été traitée dans vos précédentes remontrances, & attendu qu'il est instant de rétablir le service dans notre parlement, & de n'y pas laisser languir plus long-temps l'administration de la justice, nous avons jugé à propos de vous faire connoître nos volontés: nous comptons que vous vous y conformerez comme bons & fideles sujets, & comme officiers de notre parlement, affectionnés au bien de notre service, & à la distribution de la justice, que vous savez être votre premier devoir.

___

(1) M. le procureur-général avoit ordre de ne présenter cette lettre que lorsque le parlement seroit réuni. En conséquence elle n'a pu être présentée que le 20 février 1782.

Nos lettres-patentes du 23 décembre 1780, concernant le sieur Dupaty, président de notre parlement, ne renferment aucune inculpation. Elles contiennent, au contraire, un témoignage honorable de notre confiance dans l'intégrité de notre parlement, & l'assurance où nous sommes, que toutes les fois qu'il sera assemblé en totalité, il rendra toujours aux loix & à notre autorité l'hommage qui leur est dû. Vous avez enrégistré ces lettres-patentes le 7 mars dernier, & notre intention est qu'elles soient exécutées.

Les lettres-patentes du même jour 23 décembre 1780, concernant le sieur Dufaur de la Jarte, notre avocat-général, ont été de même par vous enrégistrées le 8 mars dernier; ainsi elles doivent être exécutées, & notre intention est que vous vous y conformiez.

Notre confiance dans la fidélité & dans l'attachement de notre parlement, nous assure que vous ne nous ferez plus sur ces deux objets de nouvelles représentations.

Notre intention a toujours été de laisser à l'administration de la justice son libre cours; mais, après avoir examiné les extraits de vos regîtres, après nous être fait rendre compte de la procédure par vous commencée au sujet de certains imprimés, faits sans noms d'auteurs & d'imprimeurs, & sans privilege ni permission, ainsi que des articles de vos remontrances, touchant ces imprimés, des considérations importantes, qui intéressent également votre délicatesse & le bien de la justice, nous ont déterminés à en attribuer la connoissance à notre parlement de Toulouse.

A l'égard du sieur le Berthon, premier président de notre parlement de Bordeaux, nous avons bien voulu le renvoyer à ses fonctions, & nous comptons qu'il vous donnera l'exemple de la soumission que nous doivent les membres de notre parlement, & du zele que tous & chacun d'eux doivent apporter au bien de notre service, & à l'administration de la justice.

Ce que nous pouvons faire de plus favorable pour notre parlement, est de vouloir bien regarder comme non-avenu, tout ce que vous vous êtes permis de dire sur nos ordres particuliers; & l'article de votre arrêté, qui tend à nous supplier de retirer toutes nos lettres-patentes dans lesquelles est insérée la clause *à peine de désobéissance*. Nous n'avons d'autre objet dans cette lettre que de ramener à leur devoir par notre bonté paternelle, ceux d'entre vous qu'une erreur fâcheuse a semblé en éloigner.

Nous avons vu, par les extraits des regiftres plumitifs des différentes chambres de notre parlement, que, malgré l'absence de ceux d'entre vous, que leur santé ou des accidents imprévus, avoient obligés de nous demander la permission de suspendre leur service, les chambres des enquêtes & requêtes de notre parlement, ont toujours eu dans leurs séances, un nombre suffisant de juges & que la grand'chambre & tournelle ont été les seules, où l'on a manqué de juges, quoiqu'il y ait toujours eu à Bordeaux un nombre suffisant d'officiers destinés au service de ces deux chambres.

Nous avons observé que plusieurs d'entre vous, quoiqu'en santé, & étant à Bordeaux, on négligé de se rendre au palais pour les audiences, & pour le jugement des procès, tandis qu'ils ont été exactement aux chambres assemblées. Ils auroient
dû

dû remplir également tous les services auxquels ils étoient tenus.

Les causes n'ont pu être expédiées, les procès criminels n'ont pu être jugés, & il est à craindre que le plus grand nombre de prisonniers, rassemblés dans les prisons, n'y occasionne une contagion, qui se communique dans notre ville de Bordeaux : nous voulons faire cesser ces inconvénients dangereux.

Quiconque embrasse l'état de la magistrature, l'embrasse librement. Les épreuves que subissent ceux qui sont admis dans nos cours, assurent qu'ils doivent connoître, en y entrant, l'étendue des obligations qu'ils contractent, & combien est respectable la religion du serment que nous avons fait à Dieu, de faire rendre justice à nos sujets, & que les magistrats ont prêté à Dieu & à nous de la rendre à notre décharge. Nous vous rappellons tous à ces obligations & à ce serment sacré par lequel chacun de vous est lié, que nous voulons bien croire qu'aucun n'a eu intention de violer, mais dont quelques-uns se sont écartés par une erreur dont notre sagesse veut enfin les retirer.

Si quelques-uns de vous, ce que nous ne pouvons présumer, étoient capables de refuser de se conformer à la volonté dans laquelle nous sommes de rétablir l'union & la paix entre tous le membres de notre parlement, & de faire rendre sans interruption bonne justice à nos sujets, nous leur permettons de renoncer à leurs fonctions, & nous leur ordonnons de le déclarer sur le registre, &, avant de désemparer, dans la séance où cette lettre sera lue.

Dans ce cas, notre volonté est que ceux qui

resteront dans notre parlement, prennent aussitôt, & avant de désemparer, les mesures & les arrangements nécessaires pour que le service se fasse, dans toutes les chambres, conformément aux réglements établis pour le service & la discipline de notre parlement. Et les présidents des chambres seront attentifs à nous envoyer exactement les extraits des plumitifs de leurs chambres, conformément à nos précédents ordres.

Ceux qui nous donnerons des marques de leur zele pour notre service, doivent compter sur notre affection, sur notre confiance & sur notre protection.

Extrait des regiſtres du parlement.

La cour, toutes les chambres assemblées, lecture faite de la lettre du roi du 22 décembre dernier, a délibéré qu'il seroit formé un bureau de commissaires, pour aviser aux objets contenus dans les premiers articles des ordres de sa majesté; mais ladite cour n'a pu contenir l'expression de la douleur profonde dont la pénetre l'article de la lettre dudit seigneur roi, par lequel il paroît que les officiers de son parlement ont été étrangement inculpés auprès de sa majesté, puisque l'on est parvenu à faire soupçonner au seigneur roi, qu'il y avoit dans son parlement des magistrats capables de se refuser au rétablissement de l'union & de la paix, à la distribution de la justice, qui auroient la lâcheté de sceller de leur nom cette disposition déshonorante, & de consacrer leur honte dans un monument qui doit passer à la postérité.

La cour voulant prévenir les mouvements de la sensibilité, que ce soupçon excite chez des magiſtrats, auroit cru faire injure à chacun d'eux, en mettant un pareil objet en délibération ; mais elle a arrêté que, puiſque ſon malheur eſt tel qu'il faut qu'elle établiſſe ſes principes pour en prouver la pureté, elle proteſte que ſon vœu le plus ardent, eſt de voir l'union & la paix régner dans ſon ſein ; qu'elle eſt diſpoſée à faire à cet objet tous les ſacrifices que l'honneur peut avouer ; proteſte ladite cour qu'elle n'a jamais perdu de vue que l'adminiſtration de la juſtice eſt ſon devoir le plus important, que c'eſt une dette qu'elle a contractée ſous la foi du ſerment, & que chacun des magiſtrats qui la compoſent s'eſt conſacré au ſervice du roi & à l'utilité publique ; dévouement très-honorable par ſon objet, & dont la bienveillance du ſouverain & l'eſtime du public peuvent être la ſeule récompenſe, mais devenu trop pénible par les coups multipliés auxquels il expoſe.

La cour déclare enfin qu'après l'inutilité de ſes réclamations, il ne lui auroit reſté d'autres reſſources que de renoncer volontairement à l'exercice de ſes fonctions, & de ſupplier le roi d'agréer ce ſacrifice : mais ce moyen extrême lui eſt encore enlevé par l'interprétation que l'on pourroit donner auprès de ſa majeſté aux motifs de cette démarche. Fait à Bordeaux en parlement, toutes les chambres aſſemblées, le 20 février 1782.

1 *Mai* 1782. Extrait d'une lettre de Bruxelles, du 25 avril.... Vous ne connoiſſez l'abbé Néedham que par les mauvaiſes plaiſanteries de M. de Voltaire ; & vous me demandez une notice ſur ce ſavant, mort ici le 30 décembre 1781.

Il étoit né à Londres, en 1713, d'une famille illuſtre & d'origine Saxone. Son pere ayant laiſſé à son décès plusieurs enfants en bas-âge & peu aisés, celui-ci prit l'état ecclésiastique; & après avoir professé les belles-lettres & la philosophie en Angleterre & à Lisbonne, il accompagna dans leurs voyages de France, de Suisse, d'Italie, &c. plusieurs jeunes seigneurs Anglois. En 1768; las de cette vie errante, il se fixa dans le séminaire des Anglois à Paris, où il se livra totalement à l'étude de la physique & de l'histoire naturelle. A cette époque il fut nommé correspondant de l'académie des sciences de Paris. Dès 1749 il avoit été reçu membre ordinaire de la société royale de Londres, &. l'on doit observer qu'il est le premier ecclésiastique catholique que cette compagnie ait adopté comme membre ordinaire regnicole.

Au commencement de 1769, il fut invité par le gouvernement des pays-bas Autrichiens, à venir concourir à l'établissement d'une société littéraire à Bruxelles ; il en a été directeur pendant onze années consécutives.

Cet abbé est peu connu dans le monde, parce que ses travaux, quoique très nombreux, n'étoient propres à le faire connoître que des savants. Il a été éditeur de plusieurs ouvrages estimés d'eux, & en a traduit ou composé onze, au nombre desquels se trouvent les *nouvelles observations microscopiques*, qui provoquerent les sarcasmes du philosophe de Ferney. Il le qualifia, croyant le rendre plus ridicule, de Jésuite Irlandois, quoiqu'il sut très-bien que Needham n'étoit ni Jésuite, ni Irlandois.

2 *Mai*. Outre l'acte d'autorité exercé par le ministere pour empêcher l'effet de l'arrêt du parlement en faveur du sieur Beresford, on sait qu'il

y a eu requête présentée au conseil, & qu'il a été cassé. On veut que le parlement, très-mécontent de ces actes irréguliers & despotiques, doive se réunir à cet effet demain, pour aviser à ce qu'il y auroit à faire, ce qui exige nécessairement l'assemblée des chambres.

2 *Mai.* L'académie françoise ayant appris par l'un de ses membres, & à l'insçu de Mad. Harriague, petite-fille de Racine, que cette dame, chargée de famille, avoit très-peu de fortune, en a informé le roi, protecteur de cette compagnie, & S. M. a accordé sur le champ à Mad. Harriague une pension de 1200 liv.

2 *Mai.* Un M. Grouber de Groubental, connu dans la république des lettres par plusieurs ouvrages, & par un séjour assez long à la Bastille, avoit annoncé, par la voie du journal de Paris, qu'on avoit déposé chez lui un morceau fait pour intéresser également les savants, les curieux, les amateurs. C'étoit l'urne cinéraire, contenant les cendres de l'empereur Alexis Comnene II, mort à Trébisonde en 1203. Cette piece parfaitement conservée avoit été découverte en 1773, auprès de Trébisonde, par le comte de Tottleben, officier-général au service de la Russie, en faisant fouiller à des retranchements où s'est trouvé le tombeau de l'empereur..

Un M. Bourguignon de Saintes s'éleve aujourd'hui contre ce monument, & prétend que c'est une imposture, qu'il est l'ouvrage d'un François.

2 *Mai.* Les comédiens Italiens annoncent pour demain la premiere représentation du *Vaporeux*, comédie nouvelle en deux actes, en prose.

3 *Mai.* MM. Piis & Barré, sont tellement humiliés des bonnes & mauvaises plaisanteries dont on

les a accablés, qu'ils n'osoient rien risquer & restent dans un silence qui ne leur étoit pas ordinaire. M. Guichard vient d'enfanter encore une épigramme, qui porte à plomb sur leurs ouvrages; elle est adressée au plus insolent des deux.

Ton Pégase, Piis, est tombé dans l'orniere;
Le dieu du goût t'a fermé l'*ostium*;
Au bon Jesus je fais cette priere:
Auge Piis ingenium.

Ces mots tirés de quelque bréviaire, ont paru très-plaisants.

3 *Mai*. En effet, les chambres ont été assemblées aujourd'hui, où l'on a dénoncé un arrêt du conseil des dépêches rendu, du propre mouvement du roi, le 27 avril 1782, dans l'affaire de Mad. Hamilton. En voici la teneur remarquable.

Le roi s'étant fait représenter en son conseil l'arrêt de son parlement de Paris du 25 mars dernier, rendu sur les contestations qui étoient pendantes entre le sieur Benjamin Beresford, d'une part, & le sieur Grawen Hamilton, la dame Rowan son épouse, & la Dlle. Hamilton, leur fille, d'autre part, &c. Ouï le rapport, le roi, étant en son conseil, a cassé, &c. l'arrêt du 25 mars, évoqué en son conseil, tous les appels & demandes respectives des parties, circonstances & dépendances; déclare nulles les procédures faites tant au châtelet de Paris, qu'en tout autre des tribunaux de son royaume, sauf aux parties à se pourvoir, ainsi qu'elles aviseront, devant leurs juges naturels: ordonne S. M. que les gardes donnés à Mlle. Hamilton, seront incessamment levées: enjoint S. M. au sieur Bazin de se retirer sans délai d'auprès dudit sieur Beresford ; a mis S. M. toutes les parties sous sa sauve-garde, tant qu'elles seront dans ses états ; fait défense au sieur Beresford d'attenter à la sureté & à la tranquillité des dame & demoiselle Hamilton, sous les peines au cas appartenantes ; décharge ladite dame & ladite demoiselle Hamilton des condamnations de dommages-intérêts & dépens prononcés contre elles : ordonne S. M. que le présent arrêt sera signifié de son exprès commandement, &c.

C'est M. Amelot, le maître des requêtes, fils du ministre, qui a fait le rapport de l'affaire.

Avant de lire cet arrêt, le dénonçant avoit rappellé l'affaire, où, d'une part, le sieur Beresford, prêtre Anglois, étoit venu en France réclamer dans les tribunaux Mlle. Hamilton, comme sa femme, prétendant qu'il l'avoit épousée deux fois, l'une en Ecosse, & l'autre à Londres ; de l'autre, Mlle. Hamilton se défendoit en soutenant que ces deux mariages se détruisoient réciproquement, étoient nuls, même en Angleterre ; & que par conséquent ils ne pouvoient donner de droit contr'elle en France.

Il a observé que le procès porté d'abord par le sieur Beresford devant les juges de Lille & au parlement de Douay, avoit été évoqué par des lettres-patentes, & attribué à la chambre de la tournelle du parlement de Paris, saisie de la connoissance d'une plainte en crime de rapt, de séduction, rendue par M. & Mad. Hamilton, contre le prétendu mari de leur fille, qu'ils accusoient d'avoir abusé de son caractère *de prêtre & de prédicateur*, pour enlever à ses parents l'héritière d'un grand nom & d'une grande fortune, à l'âge de 15 ans, par le ministere d'une femme de-chambre qu'il avoit envoyée exprès pour la séduire, lorsque lui-même étoit sans fortune, simple chapelain, fils d'un cordonnier, & maître d'école d'un village.

Sur quoi le sieur Béresford avoit demandé que Mlle. Hamilton lui fût *rendue* comme sa femme, ou qu'elle fût *conduite* en Angleterre sous bonne & sûre garde, pour être remise à un juge de paix.

Mad. & Mlle. Hamilton demandoient, au contraire, ou que la cour statuât sur la validité ou l'invalidité des mariages, ou qu'en renvoyant les parties à se pourvoir devant leurs juges nationaux, elle voulût bien accorder en France, sûreté, liberté & protection à Mlle. Hamilton.

La contradiction de l'arrêt du conseil avec les lettres-patentes, la forme insolite de la cassation, & le despotisme qu'on y a remarqué, ont déterminé les chambres à arrêter qu'il seroit fait des représentations au roi sur la surprise faite à sa religion.

En conséquence, on a nommé des commissaires pour en diriger les articles; & ils doivent rendre compte mercredi de leur travail aux chambres assemblées.

4 *Mai*. La premiere représentation du *Vaporeux*, joué hier aux Italiens, a eu beaucoup de succès. Quoique la piece ressemble de très-près au Sidney de Gresset, on y a trouvé du mérite & plus de gaieté; on la dit d'un M. Marsollier, auteur de plusieurs autres ouvrages qui n'ont pas également réussi.

4 *Mai*. Le 24 mai 1774, il fut passé un traité entre M. le duc d'Orléans, comme propriétaire, à titre d'apanage, du Palais-Royal, dont la salle servant à l'opéra, étoit une dépendance, & les

officiers municipaux de Paris, comme administrateurs à perpétuité de l'académie royale de musique, dont le privilege appartenoit à la ville depuis plus de 25 ans.

Les clauses principales du contrat portoient : 1°. que M le duc d'Orléans avoit le droit incontestable d'exiger qu'on lui rétablît une salle nouvelle, à la place de celle qu'avoit bâti le cardinal de Richelieu dans son palais, & qui venoit d'être incendiée le 4 avril 1763, par les gens de l'opéra ; qu'en conséquence la ville feroit construire, à ses frais, un autre édifice qui seroit plus vaste & plus commode, au moyen du sacrifice que le prince faisoit au public, non-seulement d'une plus grande portion de son apanage, mais encore de plusieurs maisons qu'il possédoit patrimonialement comme acquises par lui-même, ou par les princes ses prédécesseurs.

2°. Que la nouvelle salle, une fois construite avec toutes ses décorations, tant intérieures qu'extérieures, appartiendroit, *ainsi que l'ancienne*, en toute propriété à M. le duc d'Orléans, comme faisant partie de son apanage, ce nouvel édifice étant le remplacement & *le juste* dédommagement de celui qu'avoient incendié les gens de l'opéra.

3o. Que les officiers municipaux de Paris, en cette qualité *d'Administrateurs à perpétuité* de l'académie royale de musique, auroient, *comme par le passé, sous le bon plaisir du roi & de M. le duc d'Orléans*, la jouissance & l'usage seulement de la nouvelle salle, pour le spectacle & les bals de l'opéra.

4°. Enfin, que dans le cas où le roi jugeroit à propos, soit de supprimer l'opéra, soit de le transférer ailleurs qu'au Palais-Royal, dès-lors la ville restitueroit au prince ladite salle de spectacle, avec toutes ses décorations, tant intérieures qu'extérieures, pour en réunir la jouissance avec la propriété. Tel est le titre qui sert de base aux prétentions & demandes du duc de Chartres.

5 Mai. Les comédiens François annoncent pour demain la premiere représentation d'*Agis*, tragédie en cinq actes & en vers. Elle est de M. Laignelot, qui l'a déjà fait jouer à Versailles, où elle n'a pas réussi.

5 Mai. Une circonstance qui donne encore plus de force au traité passé entre M. le duc d'Orléans & la ville, c'est qu'autorisé formellement par le feu roi, il reçut la sanction légale par des lettres-patentes en forme d'édit, données au mois d'août de la même année 1764, & enrégistrées au parlement purement & simplement le 28 dudit mois.

En conséquence, la ville fit construire la nouvelle salle de spectacle sur les plans annexés au traité; &, l'édifice terminé, M. le duc d'Orléans fut appellé le 4 mai 1771, pour constater l'état actuel de sa propriété.

Depuis ce temps jusqu'au 6 juin 1781, les choses resterent dans cet état sans aucun acte sur cet objet de la part d'aucune des parties. Ce jour-là, comme le spectacle finissoit, le feu prit au rideau, puis au ceintre. Il y avoit encore du monde: pas un pompier; ils étoient partis les premiers: pas une goutte d'eau; les réservoirs étoient à sec, les robinets rouillés. On avoit offert quelque temps auparavant de garantir l'opéra du feu, pour 12000 liv. L'expérience incontestable, faite à la comédie italienne, a prouvé que le moyen étoit infaillible.

M. le duc de Chartres, possesseur du Palais-Royal,

par la rétrocession du duc d'Orléans, offrit de rebâtir la salle en deux ans au plus tard, moyennant l'avance des fonds qui lui seroient remboursés par portions dans tels délais qu'on jugeroit nécessaires; d'agrandir le théâtre; d'ajouter 25 loges d'acteurs; de sacrifier le dessous de son appartement, pour faire dans la grand'cour de vastes débouchés par des portiques clos & couverts, capables de contenir 1500 personnes; de construire un escalier neuf en pierres, pour communiquer de tous les rangs de loges à ce portique; de pratiquer dans la cour des fontaines, deux salons & un débouché couvert par la rue des Bons-Enfants; de donner dans cette même cour des fontaines un escalier particulier destiné pour leurs majestés, lorsqu'elles honoreroient le spectacle de leur présence, avec un appartement commode joint à leur loge, sans la communication avec le reste de la salle; enfin, de prendre toutes les précautions possibles contre le même incendie.

Le 15 d'août, M. Amelot répondit à ce mémoire que, malgré l'avantage des propositions de son altesse sérénissime, examinées avec attention par sa majesté, le roi n'avoit pu se déterminer à consentir que la salle de l'opéra fût reconstruite au Palais-Royal; que son intention étoit qu'elle fût à la proximité de son château des Tuileries, avec lequel elle pût communiquer; qu'il avoit même déjà fait choix du terrain, & donné les ordres nécessaires pour qu'on s'occupât sur le champ de la réduction des plans.

M. le duc de Chartres, en conséquence de cette transaction, cas prévu par le traité, fit assigner au parlement la ville, pour qu'elle fût tenue de remplir son engagement dont elle se croyoit délivrée par un simple arrêt du conseil du 17 mars 1780, non enrégiftré, qui la dépouille du privilege de l'académie royale de mufique.

Les officiers municipaux demanderent là-deffus l'évocation du procès au confeil. M. Amelot en inftruifit encore M. le duc de Chartres le 6 janvier dernier: le prince ayant défiré que l'affaire reftât en juftice réglée, le même miniftre, par une réponfe du 24 janvier, déclara que fa majefté en laiffoit la connoiffance à la grand'chambre, devant qui la conteftation étoit agitée.

De-là, les plaidoiries dont on a parlé, & qui doivent fe terminer inceffamment par un arrêt.

5 *Mai*. Un citoyen, qu'on croit être le même qui a déjà donné, il y a deux ans, à l'académie des fciences un fonds de 12000 liv. pour des objets relatifs aux fciences ou aux arts, & dépendant du choix de cette compagnie, vient de deftiner une autre fomme de 12000 liv. à placer dans le nouvel emprunt en rentes viageres fur la tête du roi & fur celle de monfeigneur le dauphin, pour un prix annuel en faveur d'un mémoire ou d'une expérience qui rendra les opérations des arts méchaniques moins mal-faines ou moins dangereufes. Il a développé fes vues eftimables dans un mémoire extrêmement bien fait, plein d'humanité, de raifon & de fenfibilité, écrit d'un ftyle fimple, noble & touchant, qu'il a adreffé à la compagnie.

L'académie ayant accepté, avec la permiffion du roi & d'une voix unanime, cette donation, a propofé en conféquence pour le premier prix de ce genre, qu'elle proclamera dans l'affemblée publique d'après pâques 1783, *de déterminer la nature & les caufes des maladies auxquelles font expofés les doreurs au feu ou fur métaux, & la meilleure maniere de les préserver de ces maladies, soit par des moyens physiques, soit par des moyens méchaniques.*

L'académie s'est déterminée pour ce sujet, parce qu'il a déjà occasionné quelques tentatives ; que le peu de temps accordé aux savants qui concourront, ne comportoit pas un sujet qui demandât des recherches plus multipliées ; que les mémoires pourront fournir des connoissances utiles, même pour plusieurs autres artistes ; enfin, parce que les objets sur lesquels s'applique cette dorure au feu, sont aujourd'hui si nombreux, & forment une branche de commerce si considérable, qu'ils multiplient tous les jours les victimes de cet art, si nuisible à ceux qui le pratiquent.

5 *Mai.* M. *Blanchard* devient depuis quelque temps la matiere des conversations & de la curiosité générale. Sa machine pour voler est à son point de perfection, & il a offert de la montrer au public aujourd'hui. Ceux qui l'ont vue, s'ils ne croient au miracle, ont acquis au moins beaucoup de confiance en l'auteur. Il est très-jeune encore ; mais depuis qu'il se connoît, il s'est occupé des moyens de voler. Il a étudié la conformation & le vol de toutes les especes de volatile avec la plus grande attention ; il a fait déjà plusieurs essais pour voler avec des ailes, & en a senti l'impossibilité. Il a donc eu recours à une machine qui pût fendre l'air comme un vaisseaux fend les eaux, & ramasser sous elle un volume de cet élément assez considérable pour le soutenir. Il est parti de ce principe, & paroît l'avoir si bien médité & approfondi ; que les plus habiles gens ne peuvent lui faire une objection qu'il ne l'ait prévue & ne la résolve sur le champ. Il a donc la plus grande

théorie de son art ; mais il y a encore loin de la spéculation à la pratique.

Monsieur, monseigneur le comte d'Artois & le duc de Chartres l'ont encouragé, & lui promettent chacun 4000 louis s'il réussit.

6 Mai. L'urne cinéraire prétendue de l'empereur Alexis second, a la forme des anciens calices ou ciboires. Ce vase est, autant qu'on peut le soupçonner, d'argent émaillé. On remarque dans la cavité, qui a peu de profondeur, le buste d'un homme de 40 à 45 ans, avec de la barbe, & portant sur sa tête un bonnet recourbé par devant, qui ressemble parfaitement au bonnet phrygien, tel qu'on le voit sur les monuments où *Atys* & le Dieu *Linus* sont représentés. Les autres figures du vase, qu'on peut regarder comme des ornements de pure fantaisie, sont des femmes nues, des génies ailés, d'autres génies avec des cornes & des pieds de chevre, & les attributs des vents, des termes, de Priape, de Pomone & des fruits. C'est dans cette partie de vase qu'on dit être renfermées les reliques de l'empereur. Le pied du vase représente *Neptune* & *Amphitrite* portés sur des chevaux marins, & précédés de tritons ailés & armés de fouets, avec un cortege de monstres marins à corps de chevre, &c. Ce vase est passablement conservé, quoique réparé en plusieurs endroits. Sans être d'un dessin bien pur & bien correct, il ne laisse pas que de faire quelque plaisir aux amateurs.

Suivant une gazette allemande de Hambourg, du 19 octobre 1775, ce vase a été trouvé dans un tombeau de marbre noir.

Sur la partie inférieure de ce tombeau, on lit une inscription grecque ainsi traduite. « Aux Dieux

„ Mânes ou infernaux d'Alexis second, empe-
„ reur, César, pere de la patrie, pour honorer
„ sa mémoire. " Sur le côté droit on voit un
oiseau tenant un rameau dans son bec, au-dessus
est une couronne & le monogramme de J. Ch.
formé par deux lettres grecques: au-dessus de
l'inscription est un vase d'où sortent des flammes:
dans la partie postérieure du tombeau est représenté
un croissant au milieu de cinq étoiles; on voit
sur le côté gauche une urne cinéraire de la forme
de celles qu'on appelle *Alla*, une branche d'arbre
& un trident.

Suivant le critique, le tombeau a été composé
à dessein de faire valoir un vase moderne, en lui
donnant des caracteres d'antiquité, qui, n'étant
ni raisonnés ni soutenus, révoltent au premier
coup-d'œil le connoisseur.

Outre les raisons très-détaillées que M. Bourguignon fournit pour démontrer l'imposture, une
plus courte, plus certaine & sans réplique, c'est
qu'il a remarqué sous le pied du vase des petites
fleurs-de-lys.

6 Mai. Le livre nouveau qui fait le plus de
bruit actuellement, c'est un *Journal de M le comte
d'Estaing*. Ce seigneur, alarmé de voir paroître
ce livre, est allé au roi le désavouer: S. M. a
donné sur le champ ordre à la prévôté de Versailles d'arrêter les libraires de cette ville qui en
avoient presque toute l'édition qui a été ainsi saisie.
Malheureusement pour l'un d'eux, dans les per-
quisitions qu'on en a faites chez lui, on a trouvé
deux exemplaires de *la vie d'Antoinette*, ce qui a
rendu son affaire beaucoup plus mauvaise; en
sorte que l'autre ayant été relâché au bout de
quelques jours, celui-ci court risque de pourrir

à Bicêtre, où vraisemblablement il a été transféré.

6 Mai. Il n'est pas étonnant qu'*Agis*, joué aujourd'hui, n'ait pas plu à Versailles; le ton républicain de cette tragédie n'étoit pas fait pour être agréable en pareil lieu: au contraire, il a fort réussi à la ville. L'auteur en forçant un peu l'histoire, a converti les éphores en un sénat factice, tel que nous avons vu ici le parlement Maupeou, & la ressemblance s'est trouvée si parfaite, que les allusions continuelles auxquelles elle prêtoit, ont produit une vive sensation, quoique bien inférieure à la fermentation que ces diverses tirades auroient causées il y a quelques années; mais aussi il y a grande apparence que l'on n'en eût pas permis la représentation. A discuter l'ouvrage comme piece, il a beaucoup de défauts; & l'on conçoit aisément que c'est celui d'un jeune homme. A ce titre il donne de grandes espérances & mérite d'être encouragé. Son dénouement dans le costume & dans les mœurs lacédémoniennes, n'a pas excité l'admiration que le poëte avoit lieu d'attendre, d'autant qu'il a été très-mal exécuté.

6 Mai. On ne peut peindre l'affluence de monde qui s'est rendu hier chez M. l'abbé de Viennay pour voir la machine aérienne de M. Blanchard, quoiqu'il n'en eût encore annoncé qu'une simple démonstration. M. le duc de Chartres, M. le duc de Bourbon & M. le duc d'Enghien en ont d'abord entendu une particuliere. Cependant le public s'est amassé en foule, & malgré le temps effroyable qu'il faisoit & une pluie averse, les curieux abondoient en telle quantité que la garde nombreuse n'a pu la contenir, & qu'elle a inondé la cour, le jardin, les escaliers & les appartements de la maison. L'ouverture de la nouvelle salle de comédie françoise n'avoit pas attiré plus de monde & de voitures.

L'affluence ne permettant pas de laisser la machine dans le salon doré où on l'avoit placée pour les princes, & la pluie de la montrer en dehors, M. Blanchard a pris le parti de lire un discours, où il a rendu au public un compte circonstancié de sa machine & des inconvénients dont elle étoit susceptible.

Son projet est de s'élever de terre avec son vaisseau en partant de quelque point de la superficie que ce soit, & par quelque temps qu'il fasse, de parvenir assez haut pour franchir la région des vents, des orages & des tempêtes, enfin d'acquérir assez de vîtesse pour faire environ trente lieues par heure.

Sa machine est configurée comme le corps de l'oiseau, convexe par dessous & par dessus, se rétrecissant à l'avant & à l'arriere, ayant une espece de proue imitant la tête, & un gouvernail en forme de queue. Le corps est d'un bois léger & solide, partagé en différents membres, ainsi que celui d'un bâtiment de mer ; il est traversé de deux especes de petits mâts, à égale distance de l'avant & de l'arriere, & entr'eux. C'est au milieu qu'il doit siéger ; il peut avoir par derriere lui un compagnon. Les membres sont revêtus d'une sorte de composition, formant un matelas impénétrable à la balle, & tout l'extérieur est recouvert d'un carton vernissé, comme les voitures de carton dont on a parlé dans le temps. Il entre dans sa voiture aérienne par une porte qui se referme ; il y voit clair par des glaces comme dans une gondole, & il a une soupape pour renouveller l'air d'heure en heure, s'il en a besoin. A sa machine sont adaptées six ailes, dont une à l'avant, une à l'arriere & deux de chaque côté. Elles sont d'égal volume, c'est-à-dire, de dix pieds d'envergure, sur dix pieds de large. Ce qui fait cent pieds pour chacune, & en tout six cents de superficie ; c'est avec ce volume d'air qu'il a calculé pouvoir se soutenir en l'air avec tout son attirail.

Les deux ailes de l'avant & de l'arriere servent à son ascension ; il les fait mouvoir avec un ressort qui les étend rapidement & leur donne la secousse nécessaire pour l'exalter. Parvenu au point où il veut être avec un mouvement de systole, il met en jeu les quatre ailes faisant la fonction du soufflet, & lui fournissant alternativement un volume d'air assez considérable pour se soutenir & planer.

M. Blanchard n'a pas dissimulé dans son discours qu'il prévoyoit deux inconvénients très-grands qu'il n'avoit pu encore parer, celui de se trouver mal dans cette machine à ne pouvoir plus lui donner le jeu nécessaire pour se soutenir, & celui, ne voyant point au-dessous, d'ignorer sur quel endroit il rabattroit.

Le premier inconvénient cependant deviendroit presque nul s'il avoit un compagnon : mais ce ne sera pas aisé à trouver pour le premier essai.

7 *Mai*. Nous sommes dans le siecle des inventions. Le sieur *Didelot*, qui s'occupe depuis plusieurs années à chercher une liqueur propre à éteindre les matieres combustibles, comme goudron, soufre, essences, térébenthine, huile, &c. ayant annoncé qu'il étoit parvenu à composer une eau qui éteint absolument les flammes, en en

répandant une très-petite quantité sur l'objet enflammé, ainsi qu'il résultoit de plusieurs essais qu'il avoit tentés avec un succès complet, a été admis hier à en montrer une expérience publique : il l'a faite de deux manieres.

1°. Sur la riviere, en face de la place de *Louis XV*, il a fait placer un ponton garni de ses mâts & cordages ; on y a mis le feu, que toute la pluie qui tomboit ce jour-là en abondance ne pouvoit éteindre : il est parvenu à le faire avec une très-petite quantité de sa liqueur, dont il a injecté à deux fois la machine enflammée, avec une grosse seringue, en forme d'arrosoir ; à la premiere, l'action du feu s'est considérablement ralentie, & à la seconde il a disparu absolument.

2°. Il a mis le feu à un boulet d'une invention nouvelle, qu'on croit être de celle proposée par M. de Bellegarde ; il a fait voir qu'avec de l'eau naturelle, on ne faisoit qu'en augmenter l'ardeur ; & au contraire, avec sa liqueur il l'a rendu absolument nul.

M. de Castries, enchanté de cette découverte, a autorisé le sieur Didelot à se rendre à Brest pour y faire plus en grand ses expériences, pour les varier, les multiplier de toutes les manieres ; & si le succès se soutient, il paroît disposé à faire acheter au roi ce secret infiniment utile.

7 Mai. Extrait d'une lettre de Vienne, du 20 avril.... Le célebre Métastase, auteur de tant de chef-d'œuvres de la scene lyrique italienne, est mort ici le 14 de ce mois dans la quatre-vingt-quatrieme année de son âge. La maladie l'a empêché de voir le pape ; mais dès que sa sainteté l'a su en danger, elle lui a envoyé sa bénédiction *in articulo mortis*. C'eſt ce dont le ſaint-pere a fait le plus de diſtributions dans ce pays-ci.

On dit que la ſucceſſion de M. Métaſtaſe monte à 150,000 florins en argent ou en effets.

8 *Mai*. Un M. de Juillé vient d'écrire une lettre circulaire à tous les militaires de ſa connoiſſance réſidant à Paris, en date du 3 mai, & imprimée, où il leur propoſe d'établir un *club militaire*, à l'inſtar de celui qui s'eſt formé, il y a quelque temps, mais qui ne ſera compoſé que d'officiers ou gens au ſervice : ſon objet, comme celui de l'autre, eſt de charmer l'ennui de tant d'oiſifs qui ne ſavent que devenir, ſurtout dans cet état, faute de ſociété ou d'occupation. Il annonce que le gouvernement approuve ſon plan, & il indique un jour où ceux qui agréeront ſa ſouſcription, ſe réuniront pour rédiger les réglements de cette aſſemblée.

8 *Mai*. On écrit beaucoup ſur le pape & ſur ſon ſingulier voyage à Vienne ; on parle d'un dialogue entre l'empereur & le ſouverain pontife.

8 *Mai*. Les comédiens François, qui, en vingt-deux jours depuis l'ouverture de leur nouvelle ſalle, ont gagné 75,000 livres, ſans compter le produit des loges à l'année, amorcés par cette heureuſe recette, cherchent à la ſoutenir, & en conſéquence annoncent pour vendredi 10 une quatrieme nouveauté, c'eſt *L'homme dangereux*, comédie de M. Paliſſot, dont il eſt queſtion depuis dix ans, & déjà imprimée dans ſes œuvres. Cette piece à la lecture eſt très-froide, n'a nulle invention ; mais elle eſt bien conduite, écrite purement & avec beaucoup de nerf, comme tout ce qu'a compoſé ce poëte.

8 *Mai*. Un poëte patriote a réduit l'hiſtoire

de *la Ligue* en une piece réguliere de ce nom : on conçoit combien ce sujet est susceptible de faire une tragédie excellente, mais difficilement admise sur la scene.

9 *Mai.* M. *Blanchard*, à mesure qu'il approche du terme où il doit remplir son entreprise, en apperçoit les difficultés. En conséquence elle est retardée de trois semaines, & il annonce qu'étant occupé pendant ce temps à perfectionner son vaisseau volant, il ne recevra personne pour le voir.

Quoi qu'il en soit, en attendant on lui a déjà fait la devise suivante en un distique latin.

Æthereum tranabit iter quo nomine Blanchard,
  impavidus sortem non timet Icariam.

5 *Mai.* On ne sait si l'épigramme suivante sur la piece de Moliere à la nouvelle salle est de l'abbé Aubert, ou de M. de Charnois, ou de quelque autre, car il ne manque pas d'ennemis; mais elle est au moins juste & porte à plomb sur l'étrange audace de ce poëte.

> Désespéré de voir tous ses écrits
> Suivre le sort de sa muse tragique,
> Que fait la Harpe ? Un drame satirique,
> Contre lui-même & contre ses amis :
> Pouvoit-il mieux ! Ses vers sont applaudis.

9 *Mai.* La contestation élevée entre M. le duc de Chartres & la ville se suit, & il paroît déjà des mémoires de part & d'autre. On attribue celui du duc de Chartres à l'abbé Beaudeau, & en effet il n'est pas signé de M. Doucet son

avocat ; il ne l'eſt que du procureur. Il confirme ce qu'on a dit : il eſt précieux par l'hommage que S. A. S. rend aux loix. Sur ce que la ville lui offre pour raiſon péremptoire de ſon refus, un *arrêt en commandement, une force majeure*, il s'appuie ſur le principe plus conſtant & plus conforme à la juſtice & aux droits de la nation, qu'un arrêt du conſeil ne peut balancer, encore moins détruire, anéantir un acte légal & revêtu de toutes ſes formalités ; qu'aucun citoyen ne peut être condamné, ſans avoir pu ſe faire entendre ; qu'enfin le roi n'eſt cenſé prononcer, ſous cette forme impérative, même dans ſes affaires propres & particulieres, qu'avec cette reſtriction, *ſauf le droit d'autrui*. Ainſi, la nouvelle ſalle étant miſe, en vertu de lettres-patentes, *à la charge de la ville*, le prince avoit le droit d'exiger d'elle *en juſtice*, la conſervation & la reſtitution de ce théatre. Ce droit précieux, *légalement* acquis au prince apanager, ne pouvoit ceſſer ni s'affoiblir que par des actes revêtus des mêmes formalités ; il n'a point été détruit par ceux de 1781, qui lui ſont étrangers & inconnus, manquant de toute authenticité, de tout enrégiſtrement, qui d'ailleurs ne rétractent aucune des obligations impoſées à la commune & à ſes biens patrimoniaux, pendant le temps qu'a duré la poſſeſſion du privilege de l'académie royale de muſique, privilege dont elle ſe qualifioit avec l'approbation du roi, *propriétaire à perpétuité*, dans les actes ſolemnellement confirmés de 1764.

C'eſt d'ailleurs la ville elle-même qui s'eſt emparée des matériaux ſauvés du dernier incendie ; c'eſt la ville qui tient encore l'enceinte de ce bâtiment, par un gardien qu'elle a nommé, qu'elle y loge & qu'elle ſoudoie. C'eſt donc à la ville seule que M. le duc de Chartres pouvoit & devoit s'adresser : elle est sa seule partie, suivant toutes les regles de droit, la foi des traités, & l'autorité de la chose jugée.

10 *Mai.* L'instruction concernant l'insulte faite par M. de Chabrillant au procureur Pernot étant finie, on a su que M. le garde-des-sceaux avoit enjoint au châtelet de surseoir, & de lui envoyer les charges & informations. On a craint que ce ne fût le prélude de quelque coup d'autorité. En conséquence, le fait a été dénoncé à la tournelle, & il a été arrêté que le lieutenant criminel & le procureur du roi seroient mandés au pied de la cour pour rendre compte de l'état du procès. On regarde ce *veniat* comme un coup de fouet à la jurisdiction inférieure pour l'exciter à rendre une prompte & sévere justice.

10 *Mai.* On trouve dans le *Mémoire pour les prévôt des marchands & échevins de la ville de Paris*, contre M. le duc de Chartres, un historique assez curieux, & du Palais Royal, & de la salle.

Le Palais-Cardinal, construit par Richelieu, à sa mort le 4 décembre 1642, fut habité par *Louis XIII*, en vertu d'une donation du défunt, & prit le nom de Palais-Royal. Après ce roi, Anne d'Autriche s'y fixa jusqu'en 1651 avec *Louis XIV* & *Monsieur*, ses enfants.

En 1652 Louis XIV céda à la reine Anne d'Angleterre, sa tante, l'usage de ce Palais jusqu'en 1661, que *Monsieur*, frere du roi, y fut logé, & ensuite l'eut par augmentation d'apanage, suivant les lettres-patentes du mois de février 1692, titre de la maison d'Orléans.

A ce Palais étoit annexée une salle de spectacle,

appellée la *salle des comédies & machines*. Les chef-d'œuvres de Corneille y ont été joués. Lorsqu'on détruisit le petit hôtel de Bourbon & son théâtre pour travailler à la colonnade du Louvre, Louis XIV voulut que la troupe de Moliere passât, sous le titre de troupe de Monsieur, dans la salle du Palais-Royal, où elle joua pour la premiere fois, le 5 novembre 1660, la comédie de l'*Etourdi* : elle y continua ses représentations jusqu'au décès de cet inimitable comique, arrivé le 17 février 1673.

A cette époque, l'établissement à Paris d'une académie de musique étoit nouveau. L'abbé Perrin en obtint le premier privilege en 1669 ; il fut révoqué au mois de mars 1672, & accordé à Lully, qui représentoit au jeu de paume du Bel-air, rue Mazarine. Le roi lui donna la salle du Palais-Royal, où il se transporta & débuta par *Cadmus*. Lully mourut en mars 1787 : Francine, son gendre, lui succéda, &c.

En 1749 les affaires de l'académie royale de musique étoient en fort mauvais état, ses dettes montoient à 1,900,000 liv. Louis XV, par un arrêt du conseil du 25 août 1749, pour rétablir ce spectacle, en confia l'administration à la ville: Elle acheta deux maisons pour faciliter l'entrée de ce spectacle. Le 6 avril 1763, la salle fut brûlée ; M. le duc d'Orléans en sollicita le rétablissement au Palais-Royal : de-là un arrêt du conseil revêtu de lettres patentes du 11 février 1764, qui l'ordonne conformément aux désirs de son altesse, & aux offres par elle de rendre cette salle plus spacieuse & plus commode, en fournissant tout le terrain nécessaire à cet effet.

En exécution des ordres du roi & du traité
de

de 1764, la nouvelle salle a été construite par les soins des administrateurs, moyenant le coût de 2,300,000 liv.

Au mois de mars 1780, Louis XVI a retiré à la ville l'administration de l'opéra, toujours de plus en plus dispendieuse & à charge. Le feu y a pris le 8 juin 1781. L'incendie étant arrivé depuis la cessation de son administration, la ville ne se prétend plus garante de rien, & veut que M. le duc de Chartres soit déclaré non-recevable dans la demande qu'il a formée contre elle le 19 octobre 1781, pour qu'elle lui remette la salle de l'opéra au même état de construction qu'en 1771, ou soit condamnée à lui en payer la valeur, suivant les devis & marchés faits & passés alors.

10 *Mai*. L'*Homme dangereux*, joué aujourd'hui, comédie en trois actes & en vers, qui sembloit d'un titre trop vague à la seule inspection, ne le remplit pas en effet à beaucoup près, & devroit plutôt s'appeler le *Satirique*. Il est d'autant moins dangereux qu'à une méchanceté atroce, il ne joint pas ces dehors séduisants de nos aimables roués du siecle; peu fécond en ressources, il n'a jamais que des chansons, des libelles à composer, & il s'y prend si grossiérement, qu'il ne peut long-temps faire des dupes. Comment supposer qu'il aille dévoiler sans aucune précaution à une jeune innocente, la candeur même, le moyen noir qu'il doit mettre en œuvre pour supplanter son rival qu'elle feint de ne point aimer, d'où naît cependant tout le ressort de l'intrigue. Le dénouement n'est pas plus adroit & l'on paie trop bien d'ordinaire les artisans de méchancetés qu'on emploie, pour qu'il soit vrai-

semblable que le faiseur de libelles n'ait pas grassement soudoyé celui auquel il confie ses horreurs littéraires à imprimer.

Il y a peu de gaieté dans cet ouvrage, mais de la bonne espece, c'est-à-dire, du comique de situation; il est écrit du meilleur ton, & le style en est excellent. Si M. Palissot avoit autant d'imagination que d'esprit, il iroit loin dans ce genre; mais son aridité se manifeste dans toutes ses comédies ; & *le Méchant*, sur lequel est calqué celui-ci, est encore infiniment supérieur à *l'Homme dangereux*.

10 *Mai*. Le *Journal de M. d'Estaing*, brochure qui n'a pas 100 pages, n'est pas le sien dérobé, comme on se l'étoit d'abord imaginé. C'est celui d'un officier qui ayant servi à son bord & témoin oculaire des opérations de ses campagnes de 1778 & 1779, en rend compte en historien fidele.

10 *Mai*. Les *Confessions* de Jean-Jacques Rousseau, tant attendues, paroissent enfin, & se vendent même avec une sorte de tolérance. Mais on n'en a que la partie la moins curieuse ; elles ne vont que jusqu'au temps où il vint à Paris & se fit auteur. Cette soustraction fait même appréhender que le surplus ne soit pas parfaitement exact.

11 *Mai*. Il ne s'agit plus d'un hydroscope, c'est-à-dire d'un homme qui a l'art de découvrir de l'œil une source inconnue dans les entrailles de la terre, mais d'un particulier qui en marchant éprouve, quand il est à l'endroit de quelque eau souterraine, une telle commotion que la baguette qu'il tient en main, entre en mouvement & roule avec une rapidité singuliere.

C'est ce qu'on a vu ces jours derniers au Luxembourg, où il s'est promené avec sa baguette divinatoire en présence de beaucoup de spectateurs & de quelques membres de l'académie des sciences. Il se servoit d'une baguette de bois : on lui en a substitué de fer & de cuivre qui produisent le même effet. Bien plus, un particulier qui n'a point cette vertu hydraulique, quand il est touché par lui, l'acquiert, & la baguette roule à l'instant dans ses mains. Il faut, avant de rien statuer à cet égard, attendre que les savants en aient parlé & se soient débattus.

12 *Mai*. Il est peu de gens qui ignorent que *l'Homme dangereux* est une comédie déjà ancienne du sieur Palissot ; mais peu de gens en savent l'origine & l'anecdote qu'on rappelle aujourd'hui.

Après avoir joué les philosophes dans la piece de ce nom, l'auteur voulut leur faire espérer la revanche, & leur laisser le plaisir de croire qu'on l'alloit jouer lui-même sous le nom de *l'Homme dangereux*, comédie de caractere où il étoit dépeint de maniere à accréditer la supposition. Il la fit parvenir aux comédiens, comme un ouvrage venu de Bordeaux ; elle fut reçue, apprise & même annoncée en 1771 ; mais le secret ayant tout-à-coup transpiré, il survint un ordre qui en arrêta la représentation. Les mémoires de Bachaumont ont rendu plus amplement compte de cette anecdote dans le temps.

12 *Mai*. M. de Montigny, pensionnaire ordinaire de l'académie royale des sciences pour la classe méchanique, est mort il y a quelques jours. Ce savant peu connu comme tel, l'étoit beaucoup par les places qu'il occupoit ; il étoit en

outre tréforier de France, général des finances, grand voyer de la généralité de Paris, commiſſaire du conſeil au département des ponts & chauſſées, commiſſaire départi par ſa majeſté pour la direction générale du pavé de la ville, fauxbourgs & banlieue de Paris.

12 *Mai.* M. de Boynes, outre ſa faillite envers ſes créanciers, a eu la douleur de voir renouveller au parlement le procès diffamant qu'il avoit déjà perdu au châtelet. Il s'agiſſoit de lettres de reſciſion dont on demandoit l'entérinement, à raiſon d'une léſion énorme qu'on avoit éprouvée ſur la vente forcée d'une habitation à Saint-Domingue, qui lui avoit été faite. On dit forcée, parce qu'il avoit abuſé de ſon autorité du temps qu'il étoit miniſtre, pour déterminer ſes cohéritiers à lui vendre le bien. Enſuite on lui reprochoit de ne l'avoir fait eſtimer que 60,000 livres de revenu, au lieu 120,000 livres qu'il valoit; enfin de l'avoir acquis ſur le pied de quatre années du revenu ſeulement, contre l'eſpece de tarif du pays qui eſt d'eſtimer la valeur d'une habitation ſur le pied de huit années. Il paroît que toutes ces accuſations ont été reconnues vraies à-peu-près, puiſque M. de Boynes a perdu d'une voix unanime. Comme il a été très-malade & n'eſt que convaleſcent, on lui a diſſimulé juſqu'à ce moment cette perte; mais on l'y prépare en lui faiſant entendre que toutes les préſomptions ſont contre lui.

12 *Mai.* Les repréſentations du parlement ne ſont pas encore prêtes. On préſume qu'il eſt queſtion d'y faire entrer d'autres objets, tels que celui de la ſuſpenſion des procédures dans l'affaire du procureur Pernot.

12 *Mai.* *L'Inconnue perſécutée*, opéra bouffon,

musique del signor Anfossi, célebre compositeur Italien, jouée avec peu de succès l'année passée, sur le théâtre des menus, a été reproduite aujourd'hui à l'opéra avec des changements dans l'intrigue, & des additions dans le chant. Quoi qu'il y ait peu de différence, l'enthousiasme a été tout autre. Il est vrai que les amateurs déterminés du genre, s'étoient rendus en foule à cette représentation, & avoient mis toutes leurs troupes auxiliaires sur pied. Il faut voir si l'admiration & sur-tout si la foule se soutiendra.

13 *Mai.* L'art des avocats est admirable; on avoit cru jusqu'à présent le procès intenté par le duc de Chartres à la ville, légitime & bien fondé; aujourd'hui M. Dandasne a établi le contraire avec tant de succès, que les gens impartiaux reviennent à son avis, du moins commencent à croire qu'on a fait mal diriger sa demande au prince.

L'avocat adverse éleve trois questions.

1º. Le roi a-t-il pu retirer à la ville son privilege d'administratrice perpétuelle de l'opéra, sans offenser les loix du royaume?

2º. Les prévôt des marchands & échevins, de leur côté, ont-ils dû se prêter à l'exécution d'un arrêt du conseil?

3º. Enfin, par l'exécution de cet arrêt, le corps-de-ville a-t-il été valablement déchargé de ses engagements relatifs à l'académie royale de musique?

M. Dandasne résout le premier problème en distinguant en la personne du roi deux qualités: l'une de souverain législateur, & l'autre de souverain administrateur. Au premier titre, il fait les loix & les envoie à ses cours pour être enregiftrées ; il veut alors qu'elles soient fixes & durables. Au second, il se sert de simples arrêts du conseil, décisions versatiles à sa volonté, suivant le besoin du temps & des circonstances. Or, l'arrêt du conseil de 1749, qui attachoit au corps-de-ville le privilege & le régime de l'opéra, n'a point été revêtu de lettres-patentes ; il est donc resté sujet au changement, & c'est ce que n'a pas assez considéré d'abord le conseil du duc d'Orléans, lorsque S. A. a contracté, & récemment celui du duc de Chartres, lorsqu'il l'a déterminé à attaquer la ville.

Le second problème se résout par le premier. Dès que le roi a pu changer à son gré l'administration de l'opéra, la ville n'a pu s'y refuser comme à une décision légalement émanée du trône.

La solution du troisieme problème n'est pas plus difficile. Les engagements se délient de la maniere dont on les contracte : or, par une analyse très-longue & très-discutée, M. Dandasne fait voir que l'engagement contracté par la ville envers le duc de Chartres n'étant que relatif à la chose administrée, il cesse à l'égard de la ville, dès que son administration lui est retirée.

L'écrivain, d'abondance, reprend ensuite les objections répandues dans le mémoire adverse & les pulvérise.

On ne peut se dissimuler que M. Dandasne, lorsqu'il a plaidé, a été extrêmement applaudi, & que M. Doucet dans sa réplique n'a eu qu'un silence morne.

C'est à mercredi qu'est renvoyé le jugement de ce grand procès.

13 MAI. L'auteur du journal de la campagne

de M. le comte d'Estaing durant les années 1778 & 1779, commence d'abord par établir le caractere de ce général, auquel il donne de grandes qualités, telles que la valeur, l'activité, la sévérité de la discipline, la constance à soutenir les fatigues ; mais il lui trouve des défauts non moins grands & très-dangereux ; savoir, un entêtement aveugle, une méfiance extrême, une dureté incroyable. Il lui reproche ensuite beaucoup de fautes, soit dès son départ dans la Méditerranée, soit à son arrivée & durant son séjour à l'Amérique septentrionale, soit à Sainte-Lucie, soit à la Grenade, soit enfin à Savanah. Les partisans outrés du comte d'Estaing, veulent que cet ouvrage soit d'un ennemi cruel, mais adroit, qui ne le loue d'abord que pour mieux accréditer ses imputations calomnieuses.

13 *Mai. Le Désœuvré* ou *l'Espion du Boulevart du Temple*, a causé une telle rumeur dans les divers tripots des baladins qui y jouent, qu'ils se sont portés à l'extrêmité violente de faire arrêter le libraire *Aubry*, ayant sa boutique à l'hôtel de l'Hôpital, à l'entrée des Boulevarts. Le Sr. *Bordier*, acteur d'Audinot, avec un de ses camarades, est venu chez lui sous prétexte d'en acheter deux exemplaires, & ce libraire les leur ayant administrés, ils ont appellé la garde & l'ont fait traduire devant le commissaire Maillot. Celui ci a envoyé chercher le sieur *Henry*, exempt de la librairie, aux mains duquel il a remis l'accusé, comme son justiciable. L'exempt est allé en perquisition chez le délinquant, & a trouvé quelques exemplaires de cette brochure & du *Tableau de Paris*. En conséquence il l'a mené chez le lieutenant-général de police pour prendre ses ordres.

Mais ce sage magistrat n'a pas jugé le cas assez grave pour mériter une détention.

Cependant les histrions ont été furieux, surtout le sieur Audinot, qui a vu reparoître dans ce pamphlet une sentence criminelle, rendue contre lui le 10 janvier 1776, dont on a parlé, qui devoit être affichée, & dont il n'a obtenu la soustraction que moyennant une somme de 60,000 l. Sa femme, en conséquence, est allée en députation chez le magistrat, qui lui a promis justice de l'auteur, si elle acquéroit des preuves du délit, & du reste, l'a consolée en lui disant que tout le monde étoit sujet à être déchiré; que lui-même avoit vu se répandre des libelles contre lui, & que tout récemment la calomnie avoit eu l'audace d'attaquer les personnes les plus augustes.

Ces graves événements répandus dans le public, ont donné de la vogue à la rapsodie foraine, & l'édition étant épuisée, on en prépare une seconde, corrigée & augmentée.

Les baladins soupçonnent vehémentement un sieur Mayeur, auteur de pieces foraines jouées chez Nicolet & Audinot, & assez initié dans leurs tripots pour en connoître les anecdotes & pouvoir les répandre. Comme en outre il est acteur des grands danseurs du roi & très-ménagé dans la brochure, cela augmente les soupçons.

14 *Mai.* On appelle *sourciers* les hommes de l'espece de celui dont on a parlé, d'après le talent qu'ils ont de découvrir les sources ou eaux souterraines. Celui dont il s'agit est un nommé *Bleton*, déjà fort connu en province, & qui a donné lieu à un ouvrage sur cette matiere par

M. *Touvenel*, également recommandable comme chimiste, physicien & médecin. Il est intitulé : *Mémoire physique & médicinal*, & montre des rapports évidents entre les phénomenes de la baguette divinatoire, du magnétisme & de l'électricité. Il en résulte que l'auteur croit à ces phénomenes *hydro-électriques*, dont il a fait plus de six cents expériences ; & il paroît difficile que les plus incrédules résistent aujourd'hui à celles auxquelles on soumet le sourcier moderne. Au reste, plusieurs physiciens & minéralogistes du premier ordre parlent de ce phénomene à ne pas laisser même de doute sur sa possibilité & son existence. Tels sont *Numan*, *Diederich*, *Formey*, *Sigaud de la Fond*, &c.

Outre les expériences faites au Luxembourg, le jeudi 9, il en a été tenté une sur une partie de l'aqueduc d'Arcueil, sous les yeux de M. Guillaumont, intendant-général des bâtiments du roi, inspecteur-général des carrieres ; & elle a réussi de la façon la plus complete. Cet architecte, accompagné des inspecteurs, du plombier de la ville, des fontainiers, a vérifié, les plans à la main, les largeurs, les angles, les sinuosités, enfin les points presque mathématiques désignés par Bleton avec tant d'exactitude, que si ce plan venoit à se perdre, on le recommenceroit sur les traces du sourcier. Il a assigné jusqu'à la largeur du diametre du chenal principal de la source ; il a indiqué deux petits embranchements transversaux, indication prise d'abord pour une erreur, mais dont l'existence a été vérifiée à l'instant même.

Les expériences du jeudi 9 ont été répétées

le samedi 11 avec plus de rigueur & d'exactitude, & toujours avec le même succès.

La sensation qu'éprouve Bleton consiste en symptômes nerveux, spasmodiques & convulsifs, qui se manifestent par la rotation d'une baguette de métal ou de bois, pourvu qu'elle ne soit pas de sureau, supportée par ses deux index.

M. Thouvenel, dans son écrit sur cette matiere, prétend qu'en isolant les sourciers, par le moyen d'une toile cirée, du gâteau électrique, ils n'éprouvent plus aucune sensation, ni leur baguette aucun mouvement. On ne dit pas qu'on ait fait cette expérience à l'égard de Bleton.

Il est question de faire de nouvelles expériences à Ménil-Montant, où se trouvent des acqueducs, qui amenent à Paris l'eau du pré Saint-Gervais, & l'on prend les plus grandes précautions pour en vérifier la justesse & l'authenticité.

14 *Mai*. Le roman des *Liaisons dangereuses* a produit tant de sensations, par les allusions qu'on a prétendu y saisir, par la méchanceté avec laquelle chaque lecteur faisant l'application des portraits qui s'y trouvent à des personnes connues, il en a résulté enfin une clef générale qui embrasse tant de héros & d'héroïnes de société, que la police en a arrêté le débit, & a fait défendre aux endroits publics où l'on le lisoit, de le mettre désormais sur leur catalogue.

L'auteur est fils d'un M. Chauderlot, premier commis d'un intendant des finances; il a déjà éprouvé beaucoup de chagrin de la publicité de son ouvrage. Parce qu'il a peint des monstres, on veut qu'il en soit un, *fœnum habet in cornu, longè fuge*. Il est allé à son régiment travailler à une justification.

15 *Mai*. L'*Espion du Boulevart du Temple* fait tant de bruit, qu'il exige un détail plus circonstancié. Cet ouvrage, dont le titre promet peu, n'est pas sans mérite, & si l'auteur eût traité de personnages plus connus & plus importants, il auroit eu une vogue infinie. Les chapitres plus tolérables sont ceux où il passe en revue les spectacles forains, tels que celui des *Eleves pour la danse de l'opéra*, le théâtre des *associés* ou *grimaciers*, parce que leur principal talent est de faire rire par des grimaces; les *grands-danseurs du roi* sous la direction du sieur Nicolet; *l'ambigu comique*, sous celle du sieur Audinot; enfin les *variétés amusantes*. Il n'est aucun des acteurs ou actrices dont il ne rapporte les anecdotes, & quelques-unes deviennent intéressantes par la filiation qu'elles donnent aujourd'hui d'héroïnes sur le pinacle. Les gradations de leur fortune fournissent assez matiere au philosophe; celle qu'on y trouve aussi du talent de certains auteurs & acteurs, s'essayant d'abord sur des treteaux, & devenus ensuite des êtres importants, n'est pas moins amusante & consolante pour le citoyen obscur, qui voit ainsi naître & s'élever les réputations. Le chroniqueur des boulevarts entre à cet égard dans des détails si particuliers & si circonstanciés, qu'on ne peut guere lui refuser sa confiance.

Le tout est lardé de pieces de prose, de chansons, de contes, d'épigrammes, de vers qui ont presque tous du sel & de la gaieté, quelquefois de l'obscénité & de la plus grossiere; mais c'est le genre, & si elle peut être bien placée quelque part, c'est en pareil sujet.

Quelle gloire pour les traiteurs, pour les maîtresses des cafés borgnes des boulevarts, de voir leurs noms moulés & leurs aventures célébrées ! Le moyen qu'elles ne veulent pas acheter la brochure, & l'étaler sur leur comptoir. Après avoir ri de toutes les especes que l'espion passe en revue, il résulte cependant de son tableau une vérité très-affligeante pour l'homme de bien : c'est que ces boulevarts sont le repaire de tous les plus mauvais sujets de Paris, l'école de tous les vices, & leurs spectacles des gouffres où va s'engloutir le gain des artisans, des ouvriers, des manouvriers, de tout le peuple en un mot, & se perdre l'innocence des enfants des deux sexes.

Du reste, en revenant à l'ouvrage, il seroit à souhaiter que l'auteur s'élevant jusqu'à une sphere plus brillante, passât ainsi en revue les grands spectacles, & sur-tout l'opéra qui ne se trouve pas aujourd'hui fort éloigné de ses domaines, & pourroit entrer dans ses observations.

15 *Mai.* M. Diderot, fâché qu'on eût mutilé son ouvrage sur Seneque, a pris le parti de le faire imprimer en pays étranger, sous le titre plus imposant d'*Essai sur les regnes de Claude & de Néron, & sur les mœurs & les écrits de Seneque, pour servir d'introduction à la lecture de ce philosophe.* Il est aussi plus étendu, & embrasse deux volumes avec un grand appareil de notes de deux especes, les unes de l'éditeur, & les autres de l'auteur même. Tout cela sent beaucoup le charlatan. Pour surcroît, il y a joint une espece de dédicace à un M. Naigeon, qui a fait les premieres notes, & est représenté comme l'instigateur du travail du philosophe, conjointement avec un baron d'Holbach. Celui-ci tient bureau ouvert de philosophie, il est le point de ralliement, c'est à sa table que viennent s'asseoir les aristarques de la secte moderne.

M. Diderot a affecté de faire venir dans les notes le nom & les éloges des principaux, qui sans doute le prôneront à leur tour. Qui croiroit que l'étalage de tant d'érudition n'a été imaginé, comme on l'a dit, que pour amener une note sanglante contre Rousseau. Il n'étoit que désigné dans la première édition; dans celle-ci M. Diderot le nomme & redouble de fureur. Il sentoit approcher le moment de la publicité des fameuses *Confessions*, & il a cru sa diatribe plus nécessaire. Sous prétexte de se disculper, il la développe & l'étend; il s'en fait d'autant plus gloire; qu'il déclare avoir su être ménagé, & ne venger en ce moment que les philosophes, ses confreres & ses amis.

Outre cette digression qui fait grand bruit, comme il a replacé dans l'édition nouvelle des morceaux retranchés dans celle de France, on a trouvé différentes allusions au regne précédent, qui excite une violente tempête contre le moderne Tacite.

16 Mai. Hier M. Seguier a porté la parole dans le procès entre la ville & M. le duc de Chartres: il l'a fait avec un ordre, une netteté qui ont satisfait singuliérement tout l'auditoire, d'autant mieux qu'en convenant de la validité de l'acte en lui-même, titre de S. A., il a prouvé invinciblement qu'elle n'avoit aucune action à exercer contre la ville.

En conséquence, les juges ont absolument décidé en faveur de la ville, & condamné le duc de Chartres aux dépens envers elle pour avoir mal dirigé sa demande, sauf au prince à se pourvoir pour les indemnités qui lui sont dues contre l'académie royale de musique même, que le parlement, d'après le développement de M. l'avocat général, a reconnu pour un corps réel, subsistant, ayant une propriété, des revenus, &c.

Le public toujours de plus en plus mal disposé contre M. le duc de Chartres, a singuliérement applaudi à l'arrêt.

16 Mai. Depuis quelque temps on parle d'un mémoire envoyé au ministre par M. Linguet du fond de sa captivité, suivant lequel, après avoir fait voir l'insuffisance des signaux, des pigeons, des bombes, des coups de canon, des fusées & autres moyens mis en pratique jusqu'à présent pour transmettre rapidement une nouvelle d'un pays à un autre, il offre d'indiquer une meilleure méthode qu'il a imaginée, suivant laquelle un avis seroit donné de Brest, ou de Bayonne à Versailles, de quelque étendue qu'il soit, & la réponse de Versailles à l'un de ces ports, seroit rendue en moins de temps, qu'il n'en faudroit au scribe le plus habile pour le copier lisiblement six fois.

Le prisonnier demande en conséquence d'être provisoirement mis en liberté, afin de faire l'essai de son secret, & sa liberté entiere s'il est jugé bon.

Comme il y a près d'un mois qu'on annonce cette singuliere découverte, qu'on assure même que le frere de M. Linguet est à Versailles pour solliciter les ministres à cet égard, & qu'il n'en est encore résulté aucune réponse satisfaisante, bien des gens révoquent la nouvelle en doute.

17 Mai. Quoique l'époque où l'académie françoise doit pour la premiere fois adjuger le prix servant de récompense chaque année à l'ouvrage de littérature, le plus utile au bien de l'humanité, qui aura paru durant son cours, soit encore éloignée, elle est presque déjà décidée d'avance : on dit que les juges se sont arrêtés, d'une part, sur le livre de l'éducation, de Mad. la comtesse de Genlis ; & de l'autre, sur les *Lettres d'Emilie*, de Mad. d'Epinai, autre virtuose très-renommée. On ne sait encore quel livre sera préféré. Mais on est sur-tout bien-aise que ce soit une personne du sexe qui soit couronnée, afin d'encourager les femmes à courir la carriere.

17 *Mai*. Un arrêt de réglement, rendu le 19 février 1784, concernant l'administration de la nouvelle prison construite à l'hôtel de la Force, mérite d'être connu dans ses principales dispositions, très-sages.

D'abord, on y assujettit tous les prisonniers aux exercices désignés de religion & piété, sous des peines plus ou moins graves, en cas de récidive.

Ensuite on y veille à la police des chambres & des dortoirs, & sur-tout au maintien des mœurs, par la séparation des filles & des femmes prisonnieres, d'avec les hommes, & l'inspection sur les personnes du sexe qui peuvent venir voir les prisonniers. Les meres, femmes, filles ou sœurs peuvent seulement entrer en dedans de la prison des hommes ; les étrangers ne peuvent leur parler qu'au parloir, & réciproquement de même des hommes pour la prison des femmes.

D'autres articles veillent contre les monopoles de tout genre & de toute espece, que commettent les concierges envers les prisonniers. Il leur est défendu d'en exiger de l'argent, sous quelque prétexte que ce soit ; on proscrit même la rétribution que les anciens prisonniers pourroient exiger des entrants à titre de *bien-venue* : le tout sous des peines graves contre les contrevenants.

Certains enfin prescrivent les égards que les

concierges doivent avoir pour les prisonniers, reglent le prix du loyer des chambres particulieres, les heures de repos, la quantité de boisson que les prisonniers peuvent faire venir.

18 *Mai*. Extrait d'une lettre de Lyon, du 13 mai. M. le comte & Mad. la comtesse du Nord viennent de partir de cette ville, après y avoir passé sept jours, & avoir répandu non de l'argent, mais de l'or immensément. Vous en pourrez juger par un seul trait. On avoit mis un petit détachement du guet sur pied pour veiller à leur sureté, à leur passage, & empêcher que la foule en approchât trop. Le comte du Nord, en reconnoissance de ses bons offices, a fait présent au sergent d'une montre d'or émaillée & enrichie de diamants. Dans ce guet il s'est trouvé un Russe, il l'a dégagé, lui a donné rendez-vous à Pétersbourg, & en attendant 50 louis pour son voyage. Ses libéralités se sont étendues non-seulement aux manufactures de cette capitale, où l'impératrice des Russies fait travailler beaucoup, mais même à nos hôpitaux, où ce prince a été conduit par la seule humanité. Qui le croiroit ? En revanche, par la grossiéreté de notre populace, il n'a recueilli que des mortifications; il ne faisoit pas un pas qu'il n'entendît répéter à ses oreilles: *Ah ! mon Dieu, qu'il est vilain !* Il a soutenu tout cela avec beaucoup de prudence & de philosophie; cependant un jour en se retournant vers quelqu'un qui l'accompagnoit, il a dit assez haut pour être entendu, mais d'un ton honnête & modéré : « Assurément si j'avois été » jusqu'ici à ignorer que je fusse laid, ce peuple » me l'auroit bien appris. « On compte qu'il a dépensé peut-être un million durant son séjour en cette capitale. Il va maintenant à Dijon.

19 *Mai.* Les bruits avant-coureurs de la sortie prochaine de M. Linguet de la Bastille, viennent enfin de se réaliser. Il passe pour constant qu'il a obtenu aujourd'hui sa liberté à cinq heures du soir : c'est la grande nouvelle de tous les bureaux littéraires.

C'est à M. le marquis de Castries, & sur tout à M. de Charlut, fils de ce ministre, qu'on attribue cet heureux événement.

Il est très-vrai qu'il avoit adressé au premier, comme ministre de la marine, un mémoire assez étendu sur la découverte de son nouveau secret. Bien des gens croient le savoir en gros, & assurent qu'il consiste à insérer la lettre qu'on voudroit faire parvenir dans un boulet qu'on lanceroit au moyen d'un mortier à une certaine distance, & qui, reçu & renvoyé de même, parviendroit très-promptement, sans que les agents de ce message rapide pussent savoir & découvrir la nouvelle qu'ils transmettroient. Au reste, le mémoire de M. Linguet est encore empreint du feu ordinaire de l'écrivain, feu qui ne semble point s'être éteint dans sa retraite. Il demandoit à essayer son invention de Saint-Germain à Paris, & c'étoit l'affaire de quelques minutes. Ses amis disent que son secret a été trouvé très-bon, c'est-à-dire très-possible, & qu'on va l'exécuter.

19 *Mai.* M. *d'Alembert*, toujours très jaloux de montrer de temps en temps des preuves de sa correspondance avec le roi de Prusse, a fait part d'une lettre de ce monarque, au philosophe, au sujet du voyage du pape à Vienne ; mais après en avoir donné connoissance, il paroît qu'il l'a retirée, car on n'en peut avoir de copie que difficilement.

On dit que le pape n'y est pas mal plaisanté, ce qui est assez vraisemblable.

19 MAI. Mlle. *Maillard* a débuté avant-hier à l'opéra dans le rôle de Collette du *Devin de village*, avec beaucoup de succès. Elle joint à une figure intéressante, un son de voix agréable, une prononciation nette & un chant facile. Elle est pour l'organe bien supérieure à la Dlle. Audinot & à la Dlle. Buret ; mais elle est gauche comme actrice, ce qui est plus étonnant en ce qu'elle a déjà joué pendant quelque temps au petit théâtre des comédiens du Bois de Boulogne, & y recevoit des applaudissements. Vouée à la scene dès son enfance, elle prenoit des leçons de danse au magasin de l'opéra ; mais la trouvant peu propre pour le chant à raison de son organe, on la fit changer de destination.

20 MAI. On s'entretient aujourd'hui de M. Linguet avec autant d'empressement qu'on le faisoit au moment de sa détention. On sait toutes ses démarches, on rapporte ses propos. Quoique la lettre de cachet pour sa sortie fût expédiée dès le samedi, il n'a eu en effet sa liberté que le dimanche à cinq heures du soir ; c'est son frere & le sieur le Quesne qui ont été le chercher : ils l'ont trouvé maigre, triste, mais toujours plein de feu & entier. Il est un peu malade & a besoin de se médicamenter. Pour que la surprise de son changement d'état ne lui fît pas trop d'impression, le gouverneur de la Bastille l'avoit depuis quelques jours préparé à cet événement. On persiste à dire qu'il ne le doit qu'au fils de M. de Castries & à son pere. Il n'y a pas quinze jours encore même que le sieur le Quesne ne voyant point le succès des démarches relatives au projet annoncé

de ce prifonnier, en défefpéroit; car il y a plus d'un mois que la chofe traîne. Soit que le miniftre de la marine ait fait femblant de croire au fuccès de ce fecret pour favorifer M. Linguet, foit qu'il y croie réellement, fa liberté eft le prix de fon invention; il en a donné le mot, le fieur le Quefne le fait, & on doit en faire inceffamment l'effai.

M. Linguet eft d'abord allé chez le fieur le Quefne, où fon frere & lui ont voulu le prêcher; mais il leur a répondu que c'étoit plus fort que lui; que tout ce qu'il voyoit en France l'indignoit; qu'il falloit qu'il écrivît & cenfurât; que conféquemment il ne pourroit refter à Paris & s'expatrieroit de nouveau. Il loge chez fon frere rue Pavée Saint-André-des-Arts, n°. 20. On l'a invité à ne pas fe montrer de quelques jours, & à ne voir que peu de perfonnes. Sa premiere fortie doit être pour aller chez M. le Noir, & enfuite chez M. *Amelot*.

Il eft très-certain que dans fa correfpondance avec le fieur le Quefne, il y a eu une lacune de fept mois, durant lefquels celui-ci n'a pu lui écrire, lui faire rien paffer, & n'en recevoir aucun figne de vie. Ce qui a donné lieu aux différents bruits de la tranflation de M. Linguet & même de fa mort. Durant cet intervalle, les ennemis de M. Linguet vraifemblablement fe plaifoient à tourmenter fon correfpondant; il recevoit des lettres de différents côtés, où on lui difoit l'avoir vu paffer en route, l'avoir vu à Pierre-Scize, au Mont-Saint-Michel. Sur ces alarmes, le fieur le Quefne alloit les dépofer dans le fein de M. le lieutenant-général de police, qui, fuivant ce que lui dictoit fa fageffe, ne donnoit aucun éclaircissement au sieur le Quesne, & le laissoit dans son incertitude.

On assure que c'est au maréchal duc de Duras seul, que M. Linguet doit sa catastrophe, effet de la vengeance implacable de ce grand seigneur outré ; le sieur le Quesne rapporte qu'ayant été plusieurs fois le solliciter pour le calmer, il l'avoit toujours trouvé furieux, & d'autant plus furieux, qu'il déclaroit avoir été le partisan, l'admirateur, le défenseur du journaliste, au point qu'il se seroit rendu le colporteur de ses feuilles ; mais qu'il le tueroit s'il le tenoit en sa possession.

Voilà tous les détails qu'on a appris chez M. le Quesne, qui, du reste, rassure plus que jamais les souscripteurs des annales, & promet que leur auteur remplira tous ses engagements.

21 *Mai*. Le grand-duc & la grande-duchesse de Russie, sous le nom de comte & comtesse du Nord, sont arrivés le 18 à Paris, & logés à l'hôtel de l'ambassadeur de la czarine, sous le nom d'hôtel de Levi, rue de Grammont, au coin des boulevarts. Le peuple ne cesse depuis ce temps d'obséder leur hôtel. On a trouvé en effet le comte fort laid de figure, mais la comtesse superbe, dans le genre allemand, hommasse, & de l'échantillon à-peu-près de Mad. la duchesse de Mazarin. On dit qu'ils ont trois millions à dépenser ici.

22 *Mai*. Lundi 13 de ce mois il y eut à l'école royale vétérinaire de Charanton un concours des plus brillants, où ont assisté presque tous les ministres, beaucoup de grands seigneurs, beaucoup de magistrats, grand nombre de militaires, & une foule de curieux de tous états. C'est M. Joly de Fleury qui, comme ministre des finances, y présidoit.

Le concours a eu pour objet les opérations qui ont été faites par les artistes vétérinaires, sur les animaux vivans; ensuite ils ont été interrogés sur la théorie des maladies qui exigent ces opérations; les éleves ont été jugés par l'assemblée, à laquelle avoient été invités plusieurs médecins & chirurgiens, entr'autres les membres de la société royale de médecine.

M. Joly de Fleury a insisté à plusieurs reprises sur la satisfaction que lui & l'assemblée éprouvoient du progrès des éleves; M. Chabert, le directeur de l'école, un des plus savans hommes en ce genre, a reçu du ministre les témoignages les plus flatteurs de son approbation.

Mais la circonstance la plus frappante & la plus honorable pour la France c'est la réflexion de M. le comte d'Aranda, ambassadeur d'Espagne, qui étoit aussi présent, & a avoué qu'il n'existoit pas de gouvernement où les administrateurs supérieurs entrassent dans des détails aussi multipliés sur les objets intéressant le bien public.

22 *Mai*. Il paroît que Mlle. Arnoux n'a pas été si difficile que Mlle. Raucoux envers la jeune eleve de l'académie royale de musique, Mlle Aurore, puisqu'elle lui a proposé de la guider dans la carriere du théâtre, ce qu'on voit par le remerciement en vers de la pupille.

Vous daignez, célebre Sophie,
A mes talens naissans présenter un appui;
D'un tel soutien mon ame enorgueillie,
Ne craint plus d'obstacle aujourd'hui;

Si la route des arts m'eft par vous aplanie,

Bien fûre du fuccès, j'oferai tout tenter,

Eleve de la gloire & fon intime amie,

C'eft à vous de m'y préfenter.

22 Mai. Extrait du journal d'un officier de la marine, de l'efcadre de M. le comte d'Eftaing. Tel eft le véritable titre de la brochure qu'on a annoncée, & qui commence à être moins rare. Elle eft précédée d'un portrait affez reffemblant de ce général, né le 24 novembre 1729. Elle n'a que 126 pages, gros caractere, & n'en eft pas moins ennuyeufe par le ton fec & auftere de l'écrivain, par fon ftyle trop technique & quelquefois peu françois; ce pamphlet fans les circonftances feroit illifible; mais le défir de s'inftruire de faits récents qui ont donné le branle à la guerre actuelle durant encore, fait furmonter les dégoûts de cette lecture. On doit la juftice à l'auteur de le regarder comme impartial. Il paroît avoir bien analyfé le caractere du comte d'Eftaing, & fouillé dans les divers motifs qui ont dirigé la plupart de fes actions. Ce qui contribue encore à lui mériter quelque créance, c'eft que, quoiqu'il s'annonce pour un officier de la marine, il n'épargne pas fon corps, du moins les membres qui ont failli: le comte de Breugnon, le comte de Graffe, M. de Kerfain, & d'autres reçoivent la cenfure qu'ils méritent en général. En étudiant ce journal, on voit que fi nous avons fait des fautes, les Anglois n'en ont pas moins fait, mais que malheureufement celles-ci des deux côtés font provenues le plus fouvent d'un défaut de tête, de combinaifon, de vigilance, de conftance, de courage même, &

que les succès ne sont presque dus au contraire qu'au hasard & aux sottises de l'ennemi.

23 *Mai.* Le mémoire par lequel M. Linguet annonçoit sa découverte n'est encore que manuscrit ; mais comme il n'est pas excessivement long, les copies s'en multiplient, & il commence à acquérir plus de publicité, sur-tout depuis sa sortie.

Dans les trois premieres pages qui sont une espece d'introduction, il annonce tous les moyens connus pour transmettre surement des avis avec promptitude. Il rappelle ceux employés par les anciens & adoptés encore de nos jours : ils ne sont propres qu'à donner l'alarme dans l'occasion, ou à annoncer un seul fait connu d'avance, sans aucun détail, sans aucune circonstance.

Les signaux par les pavillons prouvent, continue l'auteur, qu'il n'est pas impossible d'établir un idiôme constant & réglé, dont la vue sera le seul interprete, & un interprete aussi rapide que docile. Il prétend l'avoir trouvé : il propose en conséquence un moyen qui réunit l'unique avantage en ce genre, l'extrême rapidité, à tous ceux qu'on peut désirer dans cette poste occulaire, facilité, sureté, simplicité, économie.

1°. Il transmettra les avis les plus étendus avec tous leurs détails, les ordres les plus essentiels avec toutes leurs circonstances, sans qu'il soit jamais besoin de rien changer aux signaux, ni de faire des conventions nouvelles. L'établissement une fois fait, ne sera susceptible ni de dérangement, ni de retard, ni sur-tout de bornes. Quoique son emploi ne dût pas être de rendre des instructions volumineuses, dans un cas pressant il pourroit les transmettre avec la plus grande précision, sans prendre beaucoup plus de temps que pour les renseignements sommaires.

2°. D'une part, le secret sera impénétrable ; les agents intermédiaires ne sauront pas plus ce qui se passe par leurs mains que les couriers ne sont instruits de ce que leurs paquets renferment. Le mot de cette énigme volante ne sera connu qu'aux deux extrêmités, c'est-à-dire, des personnes spécialement chargées d'expédier les avis & de les recevoir. D'un autre côté, il y aura un moyen de donner à cette correspondance aérienne, la même authenticité qu'aux dépêches ordinaires. Enfin, il n'y aura jamais d'erreur à craindre, car on pourra sur le champ en vérifier la justesse.

3°. Il ne faudra qu'un seul instrument, ou plutôt un outil assez solide, pour pouvoir être, sans danger, manié par toutes sortes de mains, & d'ailleurs assez peu compliqué, assez naturel, pour qu'il n'y ait pas de village où l'on ne trouve des ouvriers en état de le construire & à plus forte raison de le raccommoder.

4°. Quant à la rapidité, l'inventeur s'engage à rendre un avis de Brest, ou de Toulon, ou de Bayonne à Versailles, de quelque étendue qu'il soit, & la réponse à l'un de ces ports en moins de temps qu'il n'en faudroit au scribe le plus habile pour le copier lisiblement six fois. La distance des lieux n'est rien pour lui, quoique Toulon & Bayonne soient du double plus éloignés de Versailles que Brest, l'avis parviendroit aussi-tôt : il parviendroit de même de Constantinople ou de Pétersbourg, si les stations particulieres pouvoient se distribuer aussi facilement. C'est même là ce qui appartient à l'inventeur. Le reste n'est que l'application heureuse teufe d'un procédé ufité journellement dans deux métiers des plus connus & des plus vulgaires.

5°. Enfin, l'établiffement complet pour la communication du point le plus éloigné du royaume avec Verfailles, ne coûteroit pas 3000 liv.: de Breft il coûteroit à peine cent louis; & des autres à proportion. Elle ne pourroit jamais paffer 20,000 liv. pour tout autre endroit. L'auteur propofe de faire les diverfes epreuves à fes frais; de former aux prix ci-deffus tous les établiffements, & de les entretenir en fe rendant garant de tout.

L'épreuve du projet peut s'effayer de Paris à Saint-Germain, en quatre minutes, & peut être fecrete.

Tel eft le précis du mémoire de M. Linguet, plus fagement écrit que fes autres ouvrages, plus clair & plus précis, quoiqu'il préfente encore quelque confufion, quelque ambiguité.

23 *Mai.* M. le comte & Mad. la comteffe du Nord, ont rempli ces jours ci à Verfailles tout le cérémonial d'ufage. La circonftance la plus remarquable eft un propos de Mad. la comteffe le jour où elle fut chez Mad. Elifabeth. Cette princeffe, après avoir fatisfait à l'étiquette, chargea Mad. la comteffe Diane de Polignac, fa dame d'honneur, de la conduire plus loin & jufqu'en dehors de fon appartement : dans ce trajet, la comteffe du Nord témoignoit combien elle étoit enchantée de madame Elifabeth, & s'étendant fur fon perfonnel, ajouta qu'elle l'avoit trouvée charmante de figure & très-bien du refte, ainfi que Mad. la princeffe de Piémont fa fœur : oui, dit Mad. Diane, ces deux princeffes fe reffemblent beaucoup pour les graces & l'amabilité : elles n'ont contre elles dans

leur personne que d'avoir trop d'embonpoint. Pour moi, a répondu séchement l'auguste étrangere, elle-même très-corpulente, je ne leur ai point trouvé ce défaut; elles m'ont paru parfaitement bien. A ces mots, elle a quitté Mad. Diane, qui s'est apperçue de l'indiscrétion & de la malhonnêteté d'un propos qu'elle avoit tenu innocemment, & sans doute elle profitera de la leçon une autre fois.

24 *Mai*. M. le comte & Mad. la comtesse du Nord ont très-bien débuté ici. Le jour où ils sont arrivés, le peuple instruit de leur venue, s'étoit rassemblé en foule sur les Boulevarts aux environs de leur hôtel, en sorte qu'ils n'ont pu échapper à la curiosité générale. Dès qu'on les a apperçus, on a crié: *Vive M. le comte & Mad. la comtesse du Nord*; le prince a baissé sur le champ les glaces de son carrosse, a rallenti sa course, la tête à la portiere, &, avec les marques de la reconnoissance la plus affectueuse, a répondu: *Braves François, je suis pénétré de l'accueil obligeant que vous me faites; & je n'en perdrai jamais la mémoire*. Et les cris de redoubler.

Les bruits qu'on avoit répandus, défavorables au comte, à l'occasion de sa figure, ont très-bien opéré; on l'a trouvé beaucoup moins mal qu'on ne l'avoit annoncé. D'ailleurs, un caractere de bonté sur la figure d'un souverain est le plus beau à voir. Quant à la comtesse, elle a plu généralement; non-seulement elle a les traits beaux, mais sa taille haute empêche qu'elle ne paroisse trop grosse; elle a beaucoup de maintien, de noblesse dans le port & d'aménité dans la physionomie.

25 *Mai*. M. & Mad. la comtesse du Nord sont

venus hier à Notre Dame, sans en avoir prévenu, avec peu de cortege & dans le plus grand mystere; on en a cependant été bientôt instruit, & quelques chanoines se sont détachés pour leur faire les honneurs.

En entrant, Mad. la comtesse s'est écriée: *Voilà un beau gothique : on ne trouve pas dans le monde deux saint-Pierre de Rome; mais n'importe, cette basilique est superbe dans son genre*; elle a tout admiré avec quelques réflexions pareilles, annonçant son esprit & ses connoissances. C'est en parlant sur-tout des tableaux de cette riche église qu'elle a montré son goût. Elle a aussi rappellé le cardinal de Rets, & fait voir qu'elle n'ignoroit point notre histoire.

Lorsque ces deux illustres étrangers ont eu parcouru & visité en détail Notre-Dame & le trésor, l'abbé de la Fage a dit au comte : « Mon prince, ,, quand le czar Pierre vint ici, il voulut voir le ,, chapitre & le terrain : volontiers, a-t-il répondu, ,, j'irai par-tout où vous voudrez bien me mener. »

Quand ils ont été au terrain, petit jardin destiné à la promenade des chanoines habitants du cloître, M. l'archevêque qui les a vus, a envoyé son caudataire pour les complimenter & leur demander quand il lui seroit permis d'aller leur faire sa cour. Il ne faut pas qu'il se donne cette peine-là, a répondu le prince, nous sommes ici *incognito*, sans cela nous irions chez lui; mais nous viendrons le voir officier; ce qu'il fait, dit-on, avec beaucoup de dignité & d'édification.

A cette occasion, le comte, moins parlant & plus timide, a dit à M. de la Fage: " Monsieur, ,, il n'y a pas long-temps, ce me semble, que cet ,, archevêque est sur le siege; son prédécesseur avoit

» été bien *tribulé*. » Mon prince, a répondu l'abbé de la Fage, embarrassé, il a eu quelques tracasseries avec les magistrats. Je ne parle pas de cela simplement : il a été *tribulé* par le roi même, par son maître. Mon prince, Louis XV l'aimoit, & s'il l'a exilé, ce n'a été que pour le soustraire aux persécutions du parlement. A ces mots, le comte a haussé les épaules, & fait un signe de pitié qui a parfaitement désigné son peu de vénération pour un pareil souverain.

En général, c'est la princesse qui a brillé, qui a été trouvée charmante & d'une douceur d'ange. Son auguste époux a paru réservé, quoique très-judicieux dans tout ce qu'il a dit.

25 MAI. Il n'y a pas long-temps qu'il avoit paru un vaudeville sur nos actrices de la comédie françoise ; on vient de les chansonner de nouveau. On parle de onze couplets attribués à M. de Chancenets, en possession de plaisanter ces demoiselles ; on croit que M. de Louvois n'y a pas peu contribué aussi : quoi qu'il en soit, ces jours derniers c'étoit un empressement général, au foyer de la nouvelle salle, de se pourvoir de cette facétie & de la copier.

26 MAI. On peut se rappeller une piece de M. de Voltaire, intitulée *Charlot* ou *la Comtesse de Givry*, qui n'a pas encore été jouée, mais seulement imprimée. Les comédiens italiens se disposent à représenter incessamment cette œuvre dramatique, & sans doute ils ont obtenu l'agrément nécessaire de la famille.

27 MAI. M. Linguet a été purgé trois fois depuis sa sortie de la Bastille, & il paroît que sa santé, pour laquelle on craignoit, s'est raffermie. Il a fait les visites de cérémonie, & com-

mence à se montrer en public; on l'a vu hier au Palais-Royal, mais sans que sa présence ait fait aucune sensation. En général, il a eu la douleur de trouver que sa catastrophe, en le faisant plaindre de tous les ennemis du despotisme qu'il a trop défendu, ne lui a pas laissé beaucoup d'amis chauds & zélés.

Pendant l'espece de retraite dans laquelle il a été obligé de passer quelques jours, il s'est fait rendre compte par ses émissaires affidés de la maniere dont s'étoient conduits ses ennemis durant sa détention; &, pour la plupart, il a remarqué qu'elle avoit été honnête; qu'on avoit gardé sur lui un silence profond, & respecté son infortune. Il a cependant été fort scandalisé du propos de Me. Gerbier, tenu au parquet, qui, lorsqu'on lui dit: *Eh bien, voilà votre ami Linguet qui est pendu...* répondit avec un sourire ironique: *non, il n'est encore que pendable.*

Après les propos, & ce qui lui étoit personnel, il s'est fait représenter les ouvrages nouveaux intéressants, publiés durant sa prison, & l'on parle de plusieurs qu'il a mis à *l'index*, c'est-à-dire, dont il s'est chargé de rendre compte dans son journal; car on persiste à certifier qu'il en a déjà trop dit depuis sa délivrance.

Il a reçu depuis peu une lettre de M. de Castries relativement à son projet; mais la fâcheuse nouvelle arrivée par la voie de Londres, donne à ce ministre d'autres affaires que celle de s'occuper de cette minutie.

Même plusieurs jours après la liberté rendue à M. Linguet, comme il ne se montroit pas encore dans les lieux publics, une foule de gens en doutoient encore, venoient chez le sieur le Quesne

& sommoient cet agent de le leur représenter pour les convaincre. Beaucoup d'autres ont été par curiosité chez lui, sous prétexte de lui demander son mémoire sur sa nouvelle invention.

27 Mai. On peut se rappeller qu'au commencement de 1779, M. le lieutenant-général de police avoit imaginé, pour tirer les prisonniers de Bicêtre de l'oisiveté pernicieuse où ils étoient, de les occuper à plusieurs espèces de travaux, & entr'autres à y élever l'eau du puits, dont les seaux énormes contiennent jusqu'à 900 pintes d'eau. Il avoit institué un prix de 600 livres en faveur de l'auteur qui proposeroit le meilleur moyen de faire exécuter ce projet; car jusque-là un pareil travail sembloit au-dessus des forces humaines. Celui de M. de Bernieres fut préféré; il fut exécuté; & après une expérience constante d'une année, le prix lui a été adjugé, ainsi qu'un second de pareille somme que l'administration avoit joint au premier.

Cette machine vient d'être reconstruite à neuf, & M. de Bernieres a profité de l'occasion pour l'améliorer encore, & empêcher que les seaux ne perdissent une partie de leur eau avant de parvenir au réservoir.

Tout cela rend le puits de Bicêtre déjà l'objet de la curiosité générale des étrangers, encore plus digne d'admiration, & l'on ne doute pas que le comte du Nord n'aille voir cette merveille en méchanique.

27 Mai. Suivant des lettres de l'Isle-de-France, M. de Sornay, chevalier de Saint-Louis, major d'infanterie dans cette colonie, auroit découvert la solution du fameux problème des longitudes par un moyen simple & aussi facile qu'est la méthode en usage pour la latitude. Le succès en auroit même été confirmé par le résultat d'observations faciles avec son instrument, lorsque le soleil au zénith ou à l'horizon s'est trouvé éloigné de l'équateur ou dans l'équateur.

Avant de croire décidément à cette merveille, il faut attendre cependant que les savants aient parlé.

28 *Mai*. Mlle. de Raucoux a fait imprimer sa piece d'*Henriette*, où, dans un avant-propos, dans l'espoir de mieux se concilier l'indulgence du public, elle prétend que son drame n'est le fruit que de trois semaines de travail; qu'elle l'a commencé le 12 novembre 1781, & lu aux comédiens le 7 décembre suivant.

28 *Mai* Les *Liaisons dangereuses*, ou *Lettres recueillies dans une société & publiées pour l'instruction de quelques autres*, par M. C... de L...

Tel est le titre du nouveau roman qui fait tant de bruit aujourd'hui, & qu'on prétend devoir marquer dans ce siecle : il est en quatre parties formant quatre petits volumes.

Il est précédé d'un *avertissement de l'éditeur*, persiflage, où prévenant les allusions qu'on pourroit trouver dans cet ouvrage, il donne à entendre que ce n'est qu'un roman, un roman gauche même, en ce qu'on y a peint des mœurs corrompues & dépravées, qui ne peuvent être de ce siecle de philosophie, où les hommes sont si honnêtes, & les femmes si modestes & si réservées.

Suit une *Préface du Rédacteur*, qui rend compte de la maniere dont il a été chargé de publier cette correspondance. Il annonce en avoir élagué beaucoup de lettres, & réservé seulement celles nécessaires, soit à l'intelligence des événements, soit au développement des caracteres. Quant au style, on a désiré que, malgré ses incorrections & ses fautes, il le laissât tel qu'il étoit, afin de conserver sur-tout la diversité des styles, qui en fait un des principaux mérites.

29 Mai. Les *Confessions de Jean-Jacques* sont divisées en livres.

Le premier embrasse les seize premieres années de sa vie, depuis le moment de sa naissance jusqu'à celui où il quitta Geneve sa patrie, en 1728. Cette époque, quoique courte, est assez variée par les différents genres d'éducation qu'il reçut, & d'occupations auxquelles il se livra. L'anecdote la plus curieuse est celle d'une Dlle. Lambercier, sœur d'un ministre chez lequel on l'avoit mis pour apprendre le latin, & qui suppléant à son frere, fouetta un jour de ses mains le petit Jean-Jacques, ce qui lui agita si délicieusement le sang, que depuis lors il n'a jamais perdu le goût de cette volupté, & c'étoit celle qu'il préféroit même à l'œuvre de chair.

Dans le cours du second livre, il va d'abord à Annecy, y fait connoissance d'une Mad. de Warens, qui le détermine à aller à Turin pour s'y rendre catholique ; il devient garçon graveur, laquais ; il vole un ruban pour en faire présent à la cuisiniere ; & étant découvert, il accuse au contraire cette cuisiniere d'avoir fait le crime, & de lui avoir donné le ruban dans le dessein de le séduire ; il est chassé avec elle.

Il est placé au troisieme livre dans une autre maison, & s'en fait expulser volontairement par son inconstance naturelle. Il retourne à Annecy chez Mad. de Warens ; il entre au séminaire ;

on ne peut en faire un prêtre; il étudie la musique sous un M. le Maître; celui-ci qui l'enseignoit aux enfants du chœur, quitte la cathédrale & revient en France d'où il étoit. Jean-Jacques le suit par ordre de Mad. de Warens; il s'avance avec lui jusqu'à Lyon, puis l'abandonne au moment où ce malheureux, sujet à l'épilepsie, en éprouve une attaque dans la rue: il retourne à Annecy, & trouve sa bienfaitrice partie pour Paris.

Dans le quatrieme livre, il visite la Suisse. Il entre chez M. de Bonhac, ambassadeur de France à Soleure s'y attache à la secrétairerie; il en sort pour venir à Paris y faire une éducation; il écrit une satire contre l'oncle de son pupille, & cherche par tout Mad. de Warens, dont il apprend le séjour dans cette capitale. Point du tout, elle est repartie; il se remet à ses trousses; on lui dit à Lyon qu'elle est à Chambery, & il s'y rend.

L'époque intéressante du cinquieme livre, est le dépucellement de Rousseau. Il avoit alors environ vingt ans. C'est Mad. de Warens qui, couchant déjà avec son laquais, lui rend cet office; & cette femme, singuliere comme le héros, qui étoit dévote, n'avoit point de tempérament, arrangeoit ainsi à la fois deux amants, son confesseur & sa religion; & l'auteur, au milieu de tant d'inconséquences, là peint si avantageusement, que, malgré ses écarts, ses contradictions & sa crapule apparente, on l'aime & l'estime. Sa santé se délabre avant vingt-cinq ans; il tombe dans un état vaporeux & spasmodique, dont il ne s'est jamais relevé.

Le sixieme livre commence par une peinture délicieuse de la vie qu'il mene dans une campagne où il se retire avec Mad. de Warens pour soigner sa santé. Il s'y applique plus fortement à l'étude. Il se livre à la théologie, à la métaphysique, à la géométrie, aux belles-lettres. Il devient majeur ; il recueille la succession de sa mere : sa santé ne se rétablit point ; il part pour Montpellier. Bonne fortune qu'il a d'une femme d'un certain parage ; elle lui donne rendez-vous chez elle au retour : il revient aussi foible, aussi mal portant ; il a des remords sur son infidélité envers Mad. de Warens ; il rompt son engagement & vole vers elle ; il trouve sa place prise par un perruquier. Il ne peut supporter cette disgrace ; & après avoir lutté long-temps, il quitte. Il est chargé de l'éducation des enfants de M. de Mably, grand prévôt de Lyon. Il y vole du vin, il se dégoûte de son métier ; il sent qu'il n'y est pas propre ; il retourne auprès de sa maman. Il n'y reste que peu de temps : la trouvant plus froide que jamais & plus dérangée dans ses affaires, il forme mille projets de fortune dans le dessein de contribuer à la soulager. Enfin, il s'arrête à celui de devenir un fameux compositeur en musique, & part pour Paris, afin de soumettre au jugement de l'académie son projet qui doit faire révolution dans cet art.

Ici finissent les confessions, du moins celles imprimées, dont on voit qu'il manque la partie la plus essentielle.

19 *Mai.* M. Guillaumot, intendant général des bâtiments du roi, chargé de présider aux opérations de l'aqueduc d'Arcueil, a découvert une grande portion d'un ancien aqueduc, construit par les Romains pour amener l'eau au palais

des Thermes; on en a suivi au moins six cents toises en ligne droite.

Cet aqueduc n'est qu'un simple chenal, dans lequel l'eau couloit à découvert, & il est construit avec des cailloux & de la chaux; les parois intérieurs enduits en ciment; la maçonnerie en est d'une dureté prodigieuse; & l'on pourra vérifier les recherches de M. de la Saye sur le mortier des anciens Romains. La densité de la maçonnerie annonce qu'elle a été faite par *massivation*.

On observe que l'eau n'y a point déposé de gravelle, comme elle fait dans l'aqueduc moderne où elle coule sous des voûtes.

30 *Mai*. Le gouvernement, sans faire de loi expresse pour donner un état légal aux enfants des protestants en France, en reconnoissant la validité des mariages, tend indirectement au même but par des loix plus générales & plus adroites. C'est de cet esprit de tolérance qu'on regarde comme émanée une déclaration du 12 de ce mois, enrégistrée le 14 au parlement. Le roi y enjoint à tous curés & vicaires, qui rédigeront les actes de baptêmes, de recevoir & écrire les déclarations de ceux qui présenteront les enfants; leur faisant défenses d'insérer par leur propre fait, soit dans les registres sur lesquels ils sont transcrits ou autrement, aucunes clauses, notes ou énonciations autres que celles contenues aux déclarations de ceux qui auront présenté les enfants au baptême, sans pouvoir faire eux mêmes aux personnes aucune interpellation sur les déclarations faites par elles.

On voit que l'objet de la déclaration est de réprimer le zele indiscret de certains curés ou prêtres encore trop pleins du fanatisme de nos peres, & qui jetoient des nuages sur la légitimité des enfants des protestants, ou soupçonnés tels, par des restrictions équivoques, ou l'infirmoient par des assertions contraires.

30 *Mai*. Extrait d'une lettre de Lyon, du 20 mai... Il faut vous ajouter quelques particularités nouvelles sur le séjour en cette ville de M. le comte & Mad. la comtesse du Nord.

Le jour de leur arrivée, 7 de ce mois, ils furent au devant de M. le duc & de Mad. la duchesse de Wirtemberg, qui, sous le nom du comte & de la comtesse de Justin, arrivoient de Montbelliard à Lyon avec les jeunes comte & comtesse de Justin, pour passer en famille le temps qu'ils se proposoient de séjourner en cette ville.

Dès le lendemain le comte du Nord a parcouru la ville à pied, accompagné seulement de l'un des seigneurs de sa suite. Il est allé faire une visite au prévôt des marchands.

Quand il a visité les hôpitaux, il s'est exprimé dans ces termes mémorables, sur ce qu'on vouloit l'écarter d'un séjour que les grands en général évitent avec tant de soin : *Plus les grands sont éloignés des miseres humaines, plus ils doivent s'en approcher, afin d'être disposés davantage à les soulager.*

Un coup d'œil qui a frappé le plus le prince, ç'a été celui de la salle d'armes, dépôt de la manufacture des fusils de Saint-Etienne, où se trouvent plus de soixante mille armes rassemblées pour le service du roi.

Les illustres voyageurs ont reconnu les attentions personnelles de M. le prévôt des marchands par le don d'une tabatiere, & par des paroles de bonté infiniment plus précieuses, en lui disant qu'ils l'invitoient à conserver le souvenir du comte & de la comtesse du Nord.

On croit que c'est à Dijon que s'est faite la séparation de l'auguste famille.

31 MAI. L'on continue à suivre les mouvements du comte & de la comtesse du Nord, & l'on revient sur ce qui a précédé, pour ne rien perdre d'un journal aussi intéressant.

C'est le 20 qu'ils furent présentés à leurs majestés & à la famille royale, accompagnés par le prince de Baratinski, ambassadeur de Russie.

Dans la visite d'étiquette, le comte déclara à celui-ci qu'il avoit trouvé Louis XVI extrêmement froid ; mais il ajouta qu'il en avoit été bien dédommagé dans l'intérieur, où ce monarque l'avoit traité avec la plus grande cordialité.

Mad. la comtesse a été également satisfaite de la reine. Dans la premiere visite qu'elle lui fit, S. M. lui dit : Il me semble, Madame, que vous avez le même défaut que moi, la vue un peu basse : j'y suppléé par une lorgnette dans mon éventail. Voulez-vous essayer comment vous ira ce petit secours ? On apporte en même-temps cet éventail superbe & enrichi de diamants ; l'illustre étrangere en fait usage & trouve la lorgnette excellente. J'en suis fort aise, lui répond la reine ; je vous prie de la garder. Je l'accepte volontiers, repart la comtesse, puisqu'elle me servira à voir mieux votre majesté.

Lorsque M. le comte du Nord a été voir M. le dauphin, il l'a embrassé, en priant Mad. la princesse de Guimené de rappeller souvent à cet auguste enfant l'attachement qu'il lui vouoit.

Outre un concert que la reine a déjà donné à

ces illustres voyageurs, où a chanté Mad. Mara, il y a deux spectacles à la cour.

Le mercredi 22, on a joué la *reine de Golconde*, & le 29 *Iphigénie en Aulide*, avec le ballet de *Ninette à la Cour*. Le sieur *Vestris*, pere, a reparu dans celui-ci, ainsi que Mlle. *Heynel*, qui est sorti de son couvent pour contribuer aux plaisirs de la cour.

Ils ont été déjà trois fois à la comédie Françoise, spectacle qu'ils semblent affectionner le plus.

31 *Mai*. Les Confessions de Rousseau, telles qu'on les a, ne satisfont pas à beaucoup près la curiosité du lecteur : il y manque la partie la plus essentielle, celle de son séjour à Paris jusqu'à sa mort. En outre, on a mis des étoiles à quantité de noms qui rendent moins intéressants les événements qu'il raconte, faute d'en connoître les héros. D'ailleurs, la plupart des faits sont minutieux & racontés très-longuement. Il faut un charme aussi attrayant que celui du style de l'auteur pour en supporter la lecture ; mais la singularité du personnage, le bruit qu'il a fait, la hardiesse de ses systêmes, la naïveté de ses aveux, l'orgueil qui regne dans toute la narration, ont donné la plus grande vogue à ce livre, quelque imparfait qu'il soit, & quelque mutilé qu'on le suppose.

Ses *Rêveries* ou *Promenades solitaires*, qui suivent au nombre de dix, suppléent au reste par quelques faits assez détaillés, tels que celui de sa chûte à Menil-Montant le 24 octobre 1776, lorsqu'il fut renversé par un danois qui précédoit le carrosse du président de Saint-Fargeau. Cependant ils sont tellement noyés dans des réflexions moroses, dans une foule d'idées noires, apocalyptiques & tenant un peu de la vision, qu'il est difficile de dévorer également cette lecture, d'autant que ce rabachage tient beaucoup à un ouvrage de la même espece, qu'on connoissoit déjà, intitulé *Rousseau, juge de Jean-Jacques*.

31 *Mai*. Il est à remarquer que, suivant l'étiquette, le comte du Nord n'a été présenté en forme qu'au roi par M. de la Live, introducteur des ambassadeurs ; M. de Sequeville, secretaire ordinaire du roi pour la conduite des ambassadeurs, le précédoit.

Le roi attendoit dans son grand cabinet le comte du Nord, qui lui remit deux lettres, l'une de Naples, & l'autre de Parme, & lui dit que le principal but de son voyage avoit été de voir S. M. Le monarque lui témoigna toute la satisfaction qu'il avoit de le voir à son tour.

La comtesse du Nord, au contraire, ne fut pas chez le roi, mais chez la reine & les princesses de la famille royale, auxquelles elle fut présentée par la comtesse de Vergennes, la femme du ministre des affaires étrangeres.

Les illustres époux dinerent, ce jour même 20 mai, avec toute la famille royale, après avoir été chez eux depuis leur présentation, & en avoir reçu à leur tour, telle que celle des officiers de la garde, que leur présenta le maréchal de Byron.

1 *Juin* 1782. M. le curé de Saint-Sulpice, invité sans doute de faire connoître à l'impératrice des Russies les établissements qu'il a formés, en a reçu en remerciement une médaille d'or.

M. Sedaine, qui avoit composé pour S. M. I. deux pieces en cinq actes, a été gratifié d'une somme de 20,000 liv.

Madame d'Epinay, l'auteur des *Conversations d'Emilie*, ainsi que sa petite-fille, la comtesse de Belzunce, n'en ont pas été oubliées. Le présent fait à cette derniere est le chiffre de S. M. I.

On a déjà parlé des médailles envoyées à M. de Buffon; il y faut joindre des fourrures de la plus grande beauté.

M. Hubert de Leipsick, qui a traduit en françois l'ouvrage de Winkelmann, sur l'art des anciens, l'abbé Galiani, &c. ont eu part à sa munificence : enfin, l'illustre improvisatrice de Florence, connu sous le nom de Corilla Olympiaca, en a eu une pension de 100 ducats. C'est ainsi qu'à l'exemple de Louis XIV, l'immortelle Catherine va chercher le mérite étranger & le récompense.

1 *Juin*. Le ballet de *Ninette à la Cour* ayant eu beaucoup de succès mercredi dernier, on a consacré cette reprise par le madrigal suivant, où l'on fait sur-tout mention de l'apparition du sieur *Vestris* pere, & de la demoiselle *Heynel*.

Que dans tout son éclat Ninette a paru plaire !
Qu'embelli par Vestris, ennobli par Heynel,
    Ce ballet a dû satisfaire !
Puisqu'il n'étoit déja critique si sévere,
    Qui ne dit : quand on a Gardel,
    On ne peut regretter Noverre !

2. *Juin*. M. de *Caraccioli* a fait pour Métastase l'épitaphe suivante :

Avec l'esprit fécond du Dante & de Voltaire,
Dans un siecle affamé d'écrits licencieux,
Etranger aux auteurs qui se faisoient la guerre,
Il honora les mœurs & respecta les cieux.

2 *Juin*. M. le comte du Nord, qui n'omet aucun de nos beaux monuments à voir, n'a pas manqué d'aller en Sorbonne visiter le fameux tombeau du cardinal de Richelieu. Le docteur qui lui montroit l'église, à ce mausolée lui rappella les paroles mémorables du czar, qui en voyant ce grand ministre, s'écria: *O grand homme! que ne vis-tu encore! je te donnerois la moitié de mon royaume pour m'apprendre à gouverner l'autre.* Oh! Monsieur, a repris avec vivacité le jeune prince, ce n'auroit pas été pour long temps; il la lui auroit bientôt reprise.

3 *Juin*. On a parlé d'une comédie de M. Cailhava, intitulée, *les Journalistes Anglois*, reçue aux François le 21 juillet 1778, mais qu'il y eut défense de jouer & même d'imprimer. Les obstacles viennent de cesser, & l'auteur espere obtenir bientôt son tour. En conséquence, pour ne point avoir l'air d'un plagiaire, il doit prévenir le public, dans une lettre au journal de Paris, où il observera que la société des gens de lettres l'a un peu pillé pour enrichir de ses larcins les *Audiences de Thalie*, ou *Moliere à la nouvelle salle*.

Il paroît que ce reproche doit tomber principalement sur les comédiens coopérateurs de M. de la Harpe, tels que la dame Bellecour & le sieur Dugazon, ayant sans doute eu connoissance de son manuscrit.

En outre, & ceci peut regarder M. de la Harpe, il ajoute que dans son *Cabriolet volant*, drame joué par les Italiens en 1770, & imprimé l'année derniere, on trouve une scene qui pourroit paroître dérobée à la dixieme muse de la société, & il se disculpe de l'imputation par l'anachronisme qui s'ensuivroit.

3 *Juin*. C'est pour demain 4 que le théâtre italien annonce la première représentation de *la comtesse de Givry*, pièce dramatique de Voltaire, en trois actes & en vers.

3 *Juin*. Il y a eu hier à la nouvelle salle d'opéra un bal public & extraordinaire, en faveur de M. & de Mad. la comtesse du Nord, qui s'y sont rendus: la curiosité y avoit attiré une foule prodigieuse, qui a été frustrée dans ses espérances; car ces illustres étrangers ne se sont pas démasqués.

La reine, qui ne connoissoit pas encore la nouvelle salle, comme salle de bal, y est venue masquée aussi : elle donnoit le bras à *Monsieur*. Ceux qui sont au fait de l'étiquette n'ont su que S. M. y étoit que par la marque distinctive qu'elle porte toujours ainsi que la famille royale, & qui est le signe de reconnoissance pour sa garde, pour sa suite, & pour tous ceux qui auroient quelques fonctions à remplir en cas d'accident. S. M. est presque toujours restée dans sa loge sans se démasquer. Seulement quand elle vouloit parler à quelqu'un, elle l'envoyoit chercher par le duc de Coigny.

Il ne s'est passé rien d'extraordinaire à ce bal qu'un propos tenu au duc de Chartres, & qui a fait bruit. Ce prince n'étoit point masqué, ni même en domino, comme il causoit avec une fille près de la reine, un masque noir est venu se mêler de la conversation; le prince a trouvé cette familiarité mauvaise, & lui a dit : Est-ce que vous ne me connoissez pas ? Pardonnez-moi, a réparti l'autre, *vous vous êtes trop bien démasqué!* Son altesse a senti tout ce que ce propos avoit de piquant, mais s'est contenue, ne sachant à qui elle avoit affaire, & s'imaginant que ce ne pouvoit être que quelqu'un de très-haut parage; cependant elle a suivi un instant des yeux l'inconnu, qui a continué à le regarder fièrement; ce qui a encore plus embarrassé le prince : alors le particulier, car on assure que ce n'étoit pas autre chose, s'est perdu dans la foule & est allé changer de masque.

M. Amelot étoit à ce bal & donnoit le bras à Mad. la comtesse du Nord. On a été surpris de voir un ministre au bal; mais c'est une fonction nécessaire de celui-ci, quand le roi ou la reine se trouvent dans ces sortes d'assemblées.

4 *Juin.* On a encore chansonné M. le duc de Chartres, sur un air d'Albaneze. *Eh ! qu'est-ce que ça me fait à moi ?*

>Que Chartres après la bataille,
>Perde un procès aujourd'hui ;
>Qu'entre les François & lui
>Il élève une muraille,
>Eh ! qu'est qu'ça m'fait à moi ?
>Qu'on le honnisse ou le raille,
>Eh ! qu'est qu'ça m'fait à moi,
>Quand je chante & quand je bois ?

4 *Juin.* C'est aujourd'hui que les Italiens jouent *la comtesse de Givry,* ouvrage imprimé depuis long-temps, & que les François avoient dédaigné jusqu'à présent. M. le comte d'Argental, ayant toujours le même zele pour la mémoire de son illustre ami, a fait représenter cette piece chez lui deux fois. La premiere a produit peu d'effet, la seconde davantage, & assez pour déterminer à l'offrir au public. Mad. Vestris, présente aux représentations, l'a réclamée au nom

de la troupe; mais on lui a répondu que son indifférence à cet égard, depuis dix ans que ce drame étoit imprimé, ayant fait présumer qu'elle ne s'en soucioit pas, la famille s'étoit déterminée à la livrer à la troupe sa rivale.

4 *Juin.* Extrait d'une lettre de Londres, du 15 mai... M. *Noverre* n'a pas lieu de regretter d'avoir quitté Paris; il a été accueilli à Londres de la maniere la plus flatteuse. Nos papiers publics s'entretiennent fréquemment de lui; il est sur-tout question d'un ballet de sa composition, ayant pour titre *Adele de Ponthieu.* Si l'on en croit les admirateurs, il y a plus de génie dans cette pantomime que dans tout le poëme de M. de Saint-Marc, & ce n'est pas sans raison que Garrick appelloit cet artiste le Shakespear de la danse.

C'est le 16 avril qu'on en donna la premiere représentation au théâtre du roi pour le bénéfice du sieur Noverre, qui a été un des plus considérables de la saison. Lorsqu'il s'est présenté, il a été reçu avec les plus grands applaudissements, & son nom a retenti dans toutes les parties de la salle avec un enthousiasme inconcevable.

M. Noverre a dédié son ballet à Mad. la duchesse de Devonshire, aussi distinguée par son goût & son esprit que par sa beauté. Outre l'épître dédicatoire, il y a joint des vers d'envoi, qui prouvent combien cet artiste a de talents dans tous les genres. Ils méritent de vous être envoyés, & sont dignes de vos poëtes les plus agréables.

D'assez nombreux succès ont payé mes travaux;
J'ai pu m'enorgueillir des plus brillants suffrages:

Et lorsque de l'amour j'empruntai les pinceaux,
J'ai vu mille beautés sourire à mes ouvrages.
Il est encor un prix dont mon cœur est jaloux ;
Ce prix seroit pour moi plus flatteur que tout autre ;
Mes suffrages passés, je les oublierai tous,
Si je parviens jamais à mériter le vôtre ;
Le sujet que j'ai pris me permet quelqu'espoir ;
  A la beauté toujours fidele,
Je cherche à retracer ses charmes, son pouvoir ;
  Et quiconque pourra vous voir,
  Doit reconnoître mon modele.

 Avant-hier M. Noverre jouit d'un nouveau succès en la personne du sieur le Picq, son éleve, qui eut l'honneur de danser devant leurs majestés & la famille royale ; vous devez l'avoir vu à Paris. Il emporta tous les suffrages. L'élégance de sa conformation, la noblesse de sa danse, l'harmonie de ses mouvements offrent un ensemble parfait.

 On a commencé de traduire en Anglois les quatre volumes des œuvres de M. Noverre sur son art. Le prince de Galles en a accepté la dédicace. Il faut avouer que depuis les anciens il ne s'est trouvé personne qui ait poussé l'art de la pantomime aussi loin, & l'ait développé avec une théorie aussi savante.

 5 *Juin*. Les deux premiers actes de la *comtesse de Givry*, représentée aujourd'hui aux Italiens, ont paru froids & vuides ; mais le troisieme, très-intéressant, a produit beaucoup d'effet. Ce drame roule sur une supposition, ou plutôt sur une échange d'enfants : son auteur en tire une morale exquise pour apprendre aux meres à les

nourrir elles-mêmes, & les rappeller à ce premier de leurs devoirs. Il avoit vu combien Rousseau étoit devenu précieux au genre humain en prêchant cette maxime, & combien sa réputation s'étoit accrue depuis qu'il avoit mis à la mode, parmi les petites-maîtresses de Paris, un soin que les bourgeoises même envoyoient aux paysannes. Jaloux de tous les genres de gloire, il avoit voulu contribuer aussi à propager cette doctrine bienfaisante & conforme à la nature; & il avoit senti qu'en la mettant en action, ce seroit lui donner bien plus de force & de vogue: malheureusement, déjà affoibli par l'âge, il n'avoit pu répandre dans sa piece toute cette vigueur, tout ce brillant coloris de son bon temps; ce qui n'avoit pas peu contribué à laisser ce drame dans l'oubli. Il y a cependant encore beaucoup de vers heureux, touchants, faciles, & l'attention du poëte à parler toujours de *Henri IV*, à mettre dans la bouche des interlocuteurs plusieurs des beaux traits de la vie de ce grand roi, à citer une foule de ses paroles sublimes, est un autre genre de mérite que Voltaire auroit bien voulu avoir le premier, & qu'il n'a pas dédaigné après M. Collé, & même après M. Durosoy.

Tous les Dargental & leur société qui ont représenté la piece, étoient *in fiocchi* dans la loge du roi. Elle n'a point été mal jouée.

8 *Juin*. M. le comte & Mad. la comtesse du Nord ont été avant-hier chez Mad. de Montesson, pour y voir son spectacle. M. le duc d'Orléans avoit fait venir Comus pour les amuser en attendant. Dans cet intervalle plusieurs personnes de la cour du prince jugerent à propos d'aller se placer, & le nombre en augmentant considérable-

ment, on vint dire au prince qu'il couroit rifque de ne pouvoir fe placer, ni les illuftres étrangers qu'il avoit invités. Le duc d'Orléans furieux, vint fur le théâtre, & à travers la toile dit : « Je » trouve bien fingulier qu'on ait eu l'indifcrétion » de s'emparer des places au point de n'en plus » laiffer à M. le comte & à Mad. la comteffe » du Nord & à moi. Que tout le monde forte, » je ne veux voir perfonne. » Cette apoftrophe caufa beaucoup de murmures : cependant on obéit. Quelques femmes de plus mauvaife humeur ne voulurent pas rentrer & s'en allerent; cependant le grand nombre refta.

M. le duc d'Orléans avoit fait préparer un grand fouper, dont on cite pour trait de magnificence, qu'il y avoit pour 850 liv. de fraifes; mais le comte du Nord s'excufa fur ce qu'il fe fentoit incommodé, & la comteffe fur ce qu'elle ne pouvoit abandonner fon mari; ce qui mortifia finguliérement S. A. On veut qu'inftruits qu'ils n'étoient pas chez le duc d'Orléans, mais chez Mad. de Monteffon, ils n'aient pas cru devoir y manger.

M. le comte & Mad. la comteffe du Nord ont été voir les Invalides, & y ont déployé de grandes connoiffances, fur-tout la comteffe. Elle n'a point diffimulé qu'elle ne trouvoit pas les Invalides affez bien nourris : il eft à remarquer qu'ils avoient furpris, & qu'une demi-heure avant on ne les attendoit pas. M. le comte ayant demandé à répandre fes bienfaits fur eux, M. d'Efpagnac lui a déclaré que cet hôpital militaire étant royal, il n'y étoit permis à perfonne de recevoir des dons étrangers : M. le comte a infifté pour les malades, & il n'a pu obtenir plus de liberté à cet égard.

Quand ils ont été dans l'église, Mad. la comtesse a été enchantée du dôme; elle a admiré les peintures des chapelles, dont elle a cependant critiqué très-judicieusement des morceaux. A l'inspection de la coupole, elle a demandé à M. d'Espagnac ce que cela représentoit. Il n'a pu la satisfaire autant qu'elle le désiroit, ni personne de l'état-major; il a fallu appeller un vieux invalide qui a rempli ce ministere.

7 Juin. Les *Jardins* ou *l'Art d'embellir les paysages*: ce poëme de M. l'abbé Delisle, tant vanté dans les sociétés, tant applaudi à l'académie, où il en avoit fait fréquemment des lectures, vient d'être imprimé, & ne soutient pas sa réputation; mais c'est au moins un grand avantage pour les auteurs que ces éloges anticipés, en ce qu'on achete sur parole, que les éditions s'épuisent & se renouvellent promptement. Le livre reste bientôt sans lecteurs, mais rend de l'argent au propriétaire; ce qui est le but principal.

8 Juin. Les journaux François n'osent encore parler de M. Linguet qu'avec beaucoup de circonspection; il semble qu'il leur soit même interdit de prononcer son nom. Le mercure d'aujourd'hui affecte cette réticence en plusieurs endroits. Dans l'un il dit: « On a beaucoup parlé » du projet d'établir des communications, & » une correspondance entre deux lieux même très- » distants... » Ailleurs il cite une lettre de Boulogne sur mer en date du 30 mai, où il est question d'un défi porté par quelqu'un, se prétendant en état d'exécuter tout ce qu'a promis *la personne qui a proposé au gouvernement le moyen de* de donner & de recevoir des nouvelles de Brest où de Toulon à Versailles dans l'espace de quatre heures.

Au reste, ce particulier a déposé sur le champ son secret, sous cachet, chez un notaire; secret qui, pour ne nuire en aucune façon à *celui qui le premier avoit conçu ce projet*, ne sera rendu public qu'au cas que celui annoncé ne réussisse pas.

8 *Juin.* La nouvelle chanson sur la comédie françoise à pour titre: *les Adieux des François aux Tuileries*, vaudeville sur l'air: *mon pere étoit pot, ma mere étoit pinte.*

Après un début fort entortillé & peu élégant, on passe en revue la dame *Vestris*, les demoiselles *Raucourt, Sainval, Préville, Molé Doligny, Contat, Fanier, Olivier, la Chassaigne & Gogo*. On reproche à la premiere ses cabales; à la seconde, son libertinage scandaleux; à la troisieme, son jeu maigre, pleureur, grimacier; à la quatrieme, de ne plaire qu'à l'aide de son mari & de vieillir avec lui; on plaint la cinquieme de voir son mari la quitter pour coucher avec sa fille, la dame Raimond des Italiens; on annonce la retraite de la sixieme qu'on paroît regretter peu; on félicite la septieme sur le goût passager qu'un grand prince avoit pris pour elle, & on l'annonce mere de deux enfants; on attribue les succès de la huitieme à son grand art de la toilette & des minauderies; la neuvieme est représentée comme éduquée par la dixieme, & vivant sous sa discipline; enfin, la onzieme termine la bande, & est représentée comme la plus dévergondée de toutes par ses grands travaux & sa longue expérience. Il y a beaucoup de vérité dans ces couplets, où les actrices sont bien appréciées; mais peu de nerf, encore moins de goût, & une tournure triviale & grossiere.

8 *Juin.* M. *le Vacher de Charnois*, qui joue aujour-

d'hui un rôle dans la littérature à raison de la censure qu'il exerce dans le Mercure sur tous les auteurs dramatiques, avoit débuté par le *Journal des théâtres*. Il avoit enlevé ce journal à son fondateur par ses intrigues, & sur-tout en vertu de son mariage avec la fille du comédien *Préville*. Celui-ci avoit fourni ses protections pour dot à la future. Cet hyménée a si mal tourné, que depuis un mois ou six semaines, sa femme s'est évadée avec un mauvais sujet, espece d'escroc, n'ayant rien d'aimable ni de séduisant, encore moins de fortune. M. le Vacher a eu recours à la police pour avoir des renseignements sur cet enlevement, & il n'a pu jusqu'à présent découvrir où étoit sa femme. Les honnêtes gens le plaignent peu, en ce qu'il donnoit fort mauvais exemple à sa moitié, & qu'il vivoit habituellement avec des filles ; & les auteurs qu'il a maltraités en sont enchantés, & font des épigrammes, des vaudevilles pour consigner l'événement à la postérité, & le tourner en ridicule.

9 Juin 1782. Les adieux des François aux Tuileries.

Vaudeville sur l'air : Mon pere étoit pot.

Le mauvais goût, l'esprit grossier,
 Sans force & sans malice,
Pensent en vain se déguiser
 Sous ce vaste édifice.
  Les nouveaux venus,
  Bientôt reconnus,
 Seront mis en déroute.
Leurs plus grands soutiens,
 Vieux & sans moyens,
Sont presque mort en route.

Quel coup pour moi, disoit *Vestris!*
    Notre départ m'accable;
Car sans cabale & sans amis
    On n'est pas soutenable.
      J'aurai beau crier,
      J'aurai beau payer,
    Je n'aurai jamais d'ame.
      Paris dès long-temps
      N'a plus de bon sens,
    Contre lui je déclame.

Bon, lui dit *Raucourt*, sans effroi,
    Mais un rien t'inquiete!
Point de peur, je prends tout sur moi,
    Jusqu'à mon *Henriette;*
      Et si les François
      Sont par trop mauvais,
    A la nouvelle salle,
    Ils me renverront
    Par de-là les monts
Pour prêcher le scandale.

Quand il fallut déménager,
    Sainval fit la grimace :
Il faudra pourtant m'arranger,
    Dit-elle, en cette place.
    Je suis sans vigueur,
    Mais d'un ton pleureur,
    J'aurois tous les apôtres,
    Et sans aucun art,
    Par un doux regard
Je ferai peur aux autres.

C'est très-beau, mais c'est un peu loin,
  Dit la dame *Préville*,
Du repos j'ai plutôt besoin
  Que d'un grand domicile ;
  Mon teint se flétrit,
  Mon mari foiblit,
Je n'ai plus rien à faire ;
  C'étoit mon appui,
  Et long-temps sous lui
  Au public j'ai su plaire.

Pour moi, dit la dame *Molé*,
  Je vis tranquille & sage :
Mon mari s'est encanaillé,
  Sans quitter son ménage.
  Tout est arrangé,
  Il a partagé
Les biens de sa famille ;
  Tel est notre emploi :
  Il joue avec moi
Et couche avec ma fille.

Doligny dit d'un ton naïf :
  Adieu la comédie !
Je veux faire un plaisir plus vif,
  Et je me congédie.
  Mon air de candeur
  M'a fait trop d'honneur ;
  Car ma vertu me pese,
  Je mettrai du moins
  Tout le monde à son aise.

Contat vit sans aucun souci
  Achever l'entreprise ;

Je fais, dit-elle, en tout pays
  Vendre ma marchandife ;
  Je fuis fans talent,
  J'ai fait deux enfants,
Mais je fais la bégueule ;
  La ville a le jour,
  La nuit pour la cour ;
Je ne fuis jamais feule.

Fanier difoit en s'en allant :
Moi fans art je fais plaire.
On peut fe paffer de talent
Quand on eft minaudiere.
  Mon nez retrouffé,
  Mon maintien pincé
Ont toujours fait merveille.
  Mon ton, mon caquet,
  Tout eft déjà prêt
Pour quand je ferai vieille.

Mais, dit la petite *Olivier*,
  En moi tout intéreffe ;
J'ai peur dans un fi grand quartier,
  De perdre ma jeuneffe.
  Viens vivre avec moi,
  S'écria la *Chaffaigne* ;
  Prends l'air enfantin,
  A mon magafin
  Tu ferviras d'enfeigne.

Oh ! moi, dit la grave *Gogo*,
  Par-tout je fuis contente ;
Je dois être chere au tripot,
  Car je fuis fa fervante ;

Je fus au bordel,
Et mon naturel
Plut à la France entiere.
Je vais en ce jour
Dans le Luxembourg
Terminer ma carriere.

10 *Juin*. Ce matin, sur les huit heures, une femme bien mise, jolie, en polonoise blanche, est allée trouver le sonneur à Saint-Paul, dont elle étoit connue, & l'a engagé à la laisser monter à la tour. Là, elle a écarté cet homme sous prétexte qu'elle se trouvoit mal & qu'elle avoit besoin de quelque eau spiritueuse; & comme il alloit lui chercher du secours, elle s'est jetée en bas. Sa tête a porté sur une borne, en sorte qu'elle n'étoit plus reconnoissable. On est venu chercher le commissaire du quartier, nommé le Rat: il s'est transporté sur le lieu, & a d'abord inventorié les poches pour reconnoître le cadavre : il n'a pu douter que ce ne fût sa femme, s'est évanoui & en est très-malade. Il est d'autant plus affecté qu'il a beaucoup de reproches à se faire à cet égard, & qu'une jalousie trop bien fondée de sa part a donné lieu à la catastrophe de sa femme. On assure qu'il entretenoit sous les yeux de celle-ci une servante.

10 *Juin*. Il y a quelques mois qu'un procureur a voulu passer de cet état qu'il exerçoit depuis nombre d'années, à la profession plus noble d'avocat. L'ordre s'est assemblé & a refusé suivant l'usage. Il a prétendu que ce vieux routier en pratique, fît son stage comme un jeune candidat qui vient de prêter serment. Le corps des procureurs s'est soulevé, & a en conséquence arrêté de

priver aussi les avocats du privilege d'être reçus incontinent procureurs comme ci-devant, lorsqu'ils vouloient prendre ce métier plus lucratif.

Me. le Sénéchal, l'un des procureurs de communauté, très-intelligent, très-expert en chicane, a profité de cette querelle pour en élever une plus sérieuse, & demander la disjonction de la communauté entre les avocats & les procureurs, communauté où ceux-ci mettoient tout, & les premiers presque rien. Il fait voir que ces fonds destinés à subvenir aux veuves de chaque profession, étoient plus appliqués à celles des avocats qu'aux leurs, & parce que les avocats sont en plus grand nombre, & parce qu'ils gagnent moins en général. Mémoire en conséquence à M. le procureur-général ; & ce chef de toutes les communautés a prêté les mains au nouvel arrangement.

Les avocats sont aujourd'hui occupés à prendre des tournures pour subvenir aux charges qui vont retomber à leurs frais. Ils n'ont jusqu'à présent qu'un droit de chappelle de 13 liv. 10 s. que paie chacun d'eux à sa réception ; ce qui ne peut former une masse aussi considérable qu'il la faudroit.

10 *Juin*. Samedi M. de la Harpe vouloit faire remettre sa tragédie de la reine *Jeanne de Naples* ; il espéroit qu'elle auroit plusieurs représentations, & que M. le comte & Mad. la comtesse du Nord y assisteroient. Mais le sage magistrat qui préside à la police, plus prudent que lui & les comédiens, a envoyé des défenses de jouer cette piece aussi long-temps que ces illustres étrangers seroient à Paris, à raison des allusions malignes auxquelles elle pourroit prêter.

Au contraire, on a remis hier *Gaston & Bayard*, qui a donné lieu aux plus grands bouhahas, à raison de quatre vers à la louange d'un comte d'Estaing, dont il y est fait mention, & que le public a tout de suite appliqué au d'Estaing d'aujourd'hui.

11 *Juin.* Différents avocats s'occupent depuis quelque temps de rendre l'ordre florissant & d'y établir une union, une harmonie nécessaire. On a déjà parlé de plusieurs écrits à ce sujet. Il paroît nouvellement, *Lettre de M..... avocat au parlement de Paris, à M...* son confrere, en date du 27 avril 1782, & imprimée.

Elle a pour objet de faire revivre *le pilier des consultations*, c'est-à-dire, un lieu de réunion au palais, où les parties trouvoient toujours un tribunal subsistant d'avocats propres à les éclairer dans leurs doutes, à les concilier ou à leur donner de sages décisions. C'est sur-tout en faveur des pauvres que l'institution avoit lieu. Elle a été négligée insensiblement, & est tombée tout-à-fait en désuétude. En vain un bâtonnier courageux, Me. Laget Bardelin, a proposé de la ramener; il n'a point été écouté, ainsi qu'en bien d'autres occasions.

L'anonyme ne se décourage pas, il revient sur cet objet, & en traite d'autres non moins avantageux pour l'ordre. Il s'agit aussi de subvenir au *déficit* causé par la cessation de la bourse commune avec les procureurs, & le zele de l'écrivain n'est en défaut sur aucun point.

Quoique sa lettre concernant la discipline intérieure de l'ordre & ses arrangements économiques ne dût pas naturellement être connue des profanes, elle a percé, & est même tombée aux mains des procureurs, qui en sont furieux, parce qu'ils y font traités avec une forte de dédain très-méprifant.

11 *Juin*. Depuis la déroute du comte de Graffe, comme fon nom prête infiniment aux quolibets, on fe dédommage de la premiere douleur qu'on a reffentie par des calambours. On dit que fans l'action de Graffe (de graces) nous aurions eu un *Te Deum* ; que fur le vaiffeau la Nouvelle-Ville de Paris, que le municipal donne au roi, on mettra pour devife : *Vaincre ou mourir : point de grace* (de Graffe).

12 *Juin*. M. le comte & Mad. la comteffe du Nord ne font pas un jour fans être fêtés de quelque maniere. Samedi dernier a eu lieu le bal paré à Verfailles, plus fuperbe encore pour l'illumination que celui des gardes-du-corps, & non moins bien ordonné. On a fur-tout admiré la grace & l'aifance avec laquelle les illuftres étrangers s'y font comportés, de façon que nombre de nos feigneurs paroiffoient gauches auprès d'eux.

Depuis lundi ils font à Chantilly, & ont été fi émerveillés du local, qu'ils font convenus qu'aucun fouverain en Europe n'en avoit un pareil pour donner des fêtes.

M. Laujon s'eft évertué, & a fait jouer une piece pour la circonftance, où l'on a trouvé des couplets charmants; quant au furplus, il a été peu goûté.

12 *Juin*. Le *Vaporeux* en étoit hier à fa onzieme repréfentation, & toujours avec un fuccès foutenu. C'eft une piece d'autant plus adroitement faite, que le fujet, trifte d'abord, devient comique par les fituations qui naiffent du fond même de l'action & du caractere des perfonnages ; en forte que la gaieté n'en eft point forcée, comme dans d'autres

ouvrages d'un genre semblable, où le poëte amene à cet effet des personnages épisodiques, & ne tenant presque en rien à l'intrigue ; cette gaieté est douce, naturelle & s'insinue dans l'ame délicieusement. La morale en est exquise en outre, & d'autant meilleure, que le principal personnage se combat lui-même sans s'en douter, & se guérit par son propre raisonnement. Un ami qui connoît toute la tendresse du vaporeux pour sa femme, mais tendresse assoupie en quelque sorte par la monotonie, qui a besoin pour être réveillée de quelque intérêt neuf & pressant, conseille à celle-ci de prétexter le même affaissement, le même dégoût de la vie. Son époux alarmé, lui oppose tout ce qu'on peut dire en pareil cas ; elle lui devient plus chere à mesure qu'elle semble disposée à se ravir à lui pour jamais. Lorsque l'ame du vaporeux a repris suffisamment son ressort par une secousse ménagée aussi à propos, sa femme emploie avec succès les mêmes armes pour le rendre à sa famille & à ses amis. Un enfant de six à sept ans, petit personnage difficile à mettre en scene, & ridicule lorsqu'il n'y produit pas une vive sensation, est ici placé très à propos pour grouper avec la femme & ramener davantage le cœur de ce mortel léthargique, qu'on ne sauroit exciter par trop de stimulants : le dialogue est pur, facile & d'un très-bon ton.

La piece est très-bien jouée, & les comédiens François ne l'auroient pas mieux rendue.

13 *Juin*. Avant-hier les comédiens Italiens ont joué *le Trébuchet*, opéra comique nouveau, en un acte & en vaudevilles. Cette bagatelle, qui avoit été jouée sur le théâtre de Mad. de Montesson avec succès, n'a pas été reçue avec la même

indulgence ici. On a trouvé que toutes les situations en étoient pillées & usées ; que le ton en étoit ignoble & même grossier ; qu'enfin les airs en étoient mal-adaptés.

Le *Trébuchet* est d'un Puységur, appellé le gros Puységur, pour le distinguer de ses deux freres ; il est de la société de Mad. de Montesson, & joue la comédie chez elle, mais annonce peu de talent pour en faire. Comme il ne s'étoit pas fait connoître pour le pere du *Trébuchet*, & qu'il s'étoit mis à l'orchestre, il a remboursé beaucoup de quolibets & de mauvais propos qu'il se seroit épargnés en avouant franchement sa paternité, qui perçoit cependant par une tendresse aveugle, dont on n'a découvert qu'après coup le principe véritable.

13 *Juin*. Les *Liaisons dangereuses* remplissent parfaitement leur titre, &, malgré la réclamation générale élevée contre, on doit regarder ce roman comme très-utile, puisque le vice après avoir triomphé durant tout le cours de l'histoire, finit par être puni cruellement. Il y a certainement beaucoup d'art dans l'ouvrage, à ne l'examiner que du côté de la fabrique ; & si le principal héros n'est pas aussi vigoureusement peint encore que le Lovelace de Clarisse, il a des teintes propres, plus adaptées à nos mœurs actuelles ; c'est un vrai *roué* du jour ; d'ailleurs, il est secondé par une femme non moins unique dans son genre, & dont l'auteur n'a point de modele ; c'est une création de son imagination. Tous les autres personnages sont également variés ; & un mérite fort rare dans ces sortes de romans en lettres, c'est que malgré la multiplicité des interlocuteurs, de tout sexe, de tout rang, de tout genre de

morale & d'éducation, chacun a son style particulier très-distinct. Ce livre doit faire infiniment d'honneur au romancier, qui marche dignement sur les traces de M. de Crébillon le fils.

13 Juin. On a tant crié contre le parterre assis du théâtre François, que le sieur Clairval, prépondérant aujourd'hui dans la troupe des Italiens, a fait arrêter que le parterre de la nouvelle salle destinée à ce spectacle, resteroit debout comme l'ancien ; & voilà comme on fait tout de travers, s'écrient les frondeurs ; car il n'y auroit aucun inconvénient d'asseoir les auditeurs de ce spectacle, où il n'est guere question que de juger de la musique, ce qui n'exige pas la même énergie, le même enthousiasme, que lorsqu'il s'agit de prononcer sur les productions du génie.

14 Juin. On renouvelle à l'occasion du poëme des Jardins, imprimé avec un grand luxe typographique & de jolies vignettes, le bon mot de Mlle. Arnoux au sujet de certains ouvrages de M. Dorat : elle disoit *qu'il se sauvoit par les planches :* en effet on critique de plus en plus la nouvelle production de l'abbé Delisle, sans aucun plan, sans division distincte entre les chants, sans épisodes, sans fiction, & où il n'y a qu'une versification quelquefois pure, agréable, harmonieuse, mélodieuse ; mais le plus souvent froide, incorrecte & sans l'expression propre.

14 Juin. M. & Mad. la comtesse du Nord entremêlent aux fêtes qu'on leur donne, une visite constante de nos monuments & de nos grands hommes. L'académie françoise est la premiere compagnie qu'ils aient été envieux de voir. Ils ont assisté à une de leurs séances particulieres, le lundi 27 mai. M. de la Harpe lut une piece de vers, adressée à M. le comte du Nord, où il se compare assez gauchement au czar, avec lequel il n'a rien de commun que ses voyages. Monsieur l'abbé Arnaud lut ensuite un portrait de Jules-César, où le comte du Nord se reconnut encore moins. Enfin, M. de la Harpe reprit la parole & débita son épître à M. le comte de Schouwalow sur la poésie descriptive, piece déjà connue, mais changée & améliorée, qu'on trouva un peu pédantesque pour la circonstance.

Les deux voyageurs prirent plus de plaisir à contempler les divers portraits des académiciens. L'académie profita de l'à-propos pour leur demander le leur, ce qu'ils ont bien voulu promettre. Il sera joint à ceux de la reine Christine, du roi de Suede & du roi de Danemarck, possédés car cette compagnie.

Le plus curieux de la séance, sans contredit, ce fut d'entendre les illustres voyageurs & sur-tout la comtesse plus causeuse & maniant plus facilement notre langue, louer presque chaque académicien successivement, & lui citer des morceaux de ses œuvres.

Le maître des mathématiques de l'école militaire raconte que la comtesse du Nord, lorsque les illustres voyageurs sont venus à l'école royale militaire, lui a fait des questions sur la science qu'il professe, qui l'ont étonné & embarrassé.

On a remis aujourd'hui *Castor & Pollux* au théâtre lyrique, pour faire connoître aux illustres voyageurs cet ouvrage de l'immortel Rameau, & le chef-d'œuvre de la musique françoise.

14 *Juin*. On commence à répéter à l'opéra l'*Electre* de M. le Moine, jeune compositeur en musique, dont c'est le coup d'essai. Il est ballotté

depuis un an. Son Electre devoit être jouée lorsque l'incendie est arrivé. Ensuite mademoiselle le Vasseur, chargée du principal rôle, est tombée malade; enfin, des concurrents plus accrédités ont profité de ces contre-temps pour le supplanter dans d'autres circonstances. Ses partisans, qui le prônent beaucoup, esperent qu'il va enfin prendre son essor.

15 *Juin.* M. & Mad. la comtesse du Nord sont sur le point de partir & prennent congé dimanche. On parle de deux présents que le roi doit leur faire. L'un est l'histoire du czar Pierre premier, en tapisseries des Gobelins; l'autre une toilette en porcelaine de la manufacture de Seve.... Ils y ont été aujourd'hui & agréablement surpris, la comtesse, lorsqu'elle a vu ses armes sur sa toilette, & le comte les siennes sur un service magnifique qu'il admiroit. Il a en outre acheté pour 400,000 livres de porcelaine.

15 *Juin. Castor & Pollux* est comme le signal de ralliement des amateurs de la musique françoise, & à chacune de ses reprises on peut calculer les progrès de ses adversaires. La révolution arrivée en 1753, bien loin de nuire à ce bel ouvrage, sembla au contraire s'affoiblir à son apparition qui fut extrêmement brillante, & consomma la déroute des bouffons. Depuis ce temps *Castor* a été joué plusieurs fois, & toujours avec un triomphe plus foible. Hier on l'a encore admiré, mais sans applaudissements. Ses détracteurs le trouvent dénué de cette expression vive & énergique qui peint dans toute leur force les mouvements des passions, & dont un musicien qui se vantoit de mettre en musique la gazette de Hollande, ne pouvoit pas avoir d'idée. Mais ils accor-

dent encore à cet ouvrage de Rameau, de grands effets d'harmonie dans les morceaux d'orchestre & dans les chœurs, & sur-tout une mélodie variée & piquante dans les airs de danse. Ils conviennent que ces qualités réunies à un très-haut degré dans cet opéra, jointes à la beauté du poëme, à la pompe de la représentation, à la richesse & à la diversité des ballets, en feront toujours un spectacle très-imposant, très-noble & propre à faire honneur à la nation.

16 *Juin*. Extrait d'une lettre de Nancy, du 10 juin.... On a joué ici depuis peu *le comte de Waltron* ou *la Subordination*, tragédie en cinq actes par M. *Moller*, traduite par M. *Ebertz*, associé honoraire de l'académie impériale des beaux-arts. Elle ressemble comme deux gouttes d'eau au drame joué à Paris sous le titre de *la Discipline du Nord*, qui y a eu peu de succès: celle-ci, au contraire, a été fort applaudie dans cette ville. Comme la traduction en est dédiée à M. le baron de Zuh, Mestre-de-camp du régiment de Hesse d'Armstadt, il a bien voulu concourir à l'effet de la représentation, en procurant aux comédiens des moyens d'exécution qu'ils ne pouvoient trouver que dans un corps militaire.....

16 *Juin*. M. le baron de Wurmser, lieutenant-général des armées du roi, &, comme protestant, grand-croix de l'ordre du mérite militaire, avoit un neveu dont il étoit mécontent au point d'avoir pris le parti d'obtenir un ordre du roi pour le faire arrêter & enfermer pendant quelque temps à raison de son inconduite. Ce jeune homme étoit à l'abbaye Saint-Germain en dépôt, jusqu'à ce qu'on eût choisi une citadelle pour l'y trans-

fêter. En conséquence, il étoit au secret. Le premier jour où l'on est venu lui apporter à manger, il s'est plaint qu'on ne lui donnât ni fourchette, ni couteau. Il s'est récrié sur ce traitement réservé aux seuls criminels, & a tellement attendri le guichetier, que celui-ci a pris sur lui de lui prêter un méchant couteau qu'il avoit, & qu'on appelle *Eustache de bois*. Il s'est en allé. Le prisonnier muni de cette arme, s'en est d'abord servi pour écrire très-lisiblement sur la muraille un petit discours, où il s'est élevé contre le despotisme d'attenter ainsi à la liberté de jeunes gens fougueux & capables des excès les plus violents, au lieu de chercher à les ramener par de bons traitements & des raisons solides. Il a dit qu'il souhaitoit que l'exemple qu'il alloit fournir fût utile à l'avenir & fît connoître la vérité de ses maximes. Après ce préliminaire, il a choisi avec beaucoup de recherche le défaut des côtes par où il pouvoit plus sûrement arriver au cœur, & s'y est donné trois coups de couteau ; il est tombé sur son lit. Le guichetier l'a trouvé encore vivant, & tenant dans la main le couteau, que le malheureux jeune homme lui a remis en le remerciant, & il est expiré.

18 *Juin*. M. Palissot brouillé depuis long-temps avec les comédiens, s'est tellement rétabli dans leurs bonnes graces, qu'outre son *Homme dangereux* ou *le Satirique* joué actuellement, ils doivent remettre incessamment *les philosophes* ; & la délicatesse même des actrices a cédé au point que l'auteur ne désespere pas de voir jouer *ses Courtisannes* sous un autre titre.

18 *Juin*. Extrait d'une lettre de Berlin, du 25 mai... Henriette Muller, fille du pays de

Mecklembourg-Schwerin, ayant écrit au roi de Prusse une lettre très-bien tournée pour lui demander une petite métairie dans ses nouvelles colonies, capable de lui servir de dot, & de lui procurer un bon mariage, ce monarque n'a pas dédaigné d'accueillir cette demande en date du 11 mai...... Dès le 17 il a répondu par un ordre dont voici la traduction.

Mon cher Conseiller d'état de Werder.

« Mon intention est que, lorsqu'Hnriette
» Muller, du pays de Mecklembourg-Schwerin,
» se mariera à un homme honnête, pour ré-
» pondre à sa lettre, si naturelle & si touchante,
» il lui soit assigné dans la Priegnitz, un éta-
» blissement des nouvelles colonies; vous y tien-
» drez la main en temps & lieu, & l'informerez
» en attendant de mes gracieuses intentions à cet
» égard. » Je suis,

FRÉDERIC.

Postdam, le 17 mai 1782.

18 *Juin.* Le théâtre italien devoit donner aujourd'hui une nouveauté, *le Déserteur*, drame en cinq actes; mais elle est remise.

19 *Juin.* Ce matin M. le comte & Mad. la comtesse du Nord, après avoir été déjeûner avec le roi à Choisy, ont dû reprendre la route d'Orléans. Ils n'ont pas été moins magnifiques ici que dans les autres lieux où ils ont passé, & ont laissé des présents considérables à différentes personnes. M. de la Harpe n'a pas été oublié. Cet académicien, plus particuliérement attaché

au grand-duc en qualité de son correspondant, a eu l'honneur de lui faire souvent sa cour, de l'accompagner en différentes circonstances & de le complimenter, ainsi qu'on l'a dit, à l'académie françoise par une épître en vers, imprimée depuis & trouvée détestable. Quoi qu'il en soit, il n'en a pas moins reçu du comte du Nord, pour marque de son souvenir, une tabatiere d'or, très délicatement travaillée, avec les divers tributs des muses, & enrichie de diamants. On estime ce bijou 6000 livres.

20 *Juin*. Quoique le sieur Palissot, sentant combien les circonstances étant changées, sa piece perdoit de l'à-propos, & sur-tout de la méchanceté qui lui avoit valu un succès si brillant en 1760, ne se flattât pas d'un pareil triomphe, son amour-propre le faisoit compter sur un grand nombre de traits saillants, & des tirades entieres pleines d'esprit & de sel. En effet, aux deux premiers actes ses partisans l'avoient emporté, & la reprise hier lui promettoit une seconde victoire, lorsque les dispositions du public ont changé tout-à-coup sur la fin du troisieme acte. L'arrivée de Crispin sur quatre pattes, tirant une laitue de sa poche, a produit une indignation si forte, qu'elle s'est manifestée d'une maniere sans exemple au théâtre. Les cris & les huées empêchoient les acteurs de se faire entendre; & ayant vainement attendu pendant quelques minutes un instant plus calme, ils ont fait baisser la toile. Un moment après elle s'est relevée; les acteurs dans la même situation, à l'arrivée de Crispin, ont repris la scene, & celui-ci remis sur ses deux pieds s'est montré dans le costume d'un philosophe ancien. La piece a fini ainsi; mais la fermenta-

tion a duré & s'est réveillée encore par intevalles; en forte qu'on doit regarder cette fin toujours comme très-orageuse.

21 *Juin*. M. le comte & Mad. sa comtesse du Nord emportent avec eux les regrets & l'admiration des Parisiens. Le premier a inspiré le plus vif intérêt à tous ceux qui ont eu le bonheur de l'approcher & de l'entendre. Affable, prévenant, sa politesse est noble & naturelle; il possède toutes les qualités qui annoncent le caractere le plus heureux, & il ne pouvoit manquer de réussir dans un pays où la premiere de toutes est d'être aimable. Il parle peu, mais toujours très à propos, sans affectation, sans gêne, sans paroître chercher ce qu'il dit de flatteur.

Un jour où M. le comte du Nord étoit entré chez M. le comte d'Artois au moment où le fourbisseur de S. A. R. lui montroit des épées d'acier d'un nouveau goût, le prince profita de la circonstance pour offrir au comte du Nord celle qu'il venoit de se choisir. « Permettez-moi » de ne pas l'accepter, dit le comte, & *d'arrher* » celle avec laquelle vous prendrez Gibraltar. »

Le jour du bal paré la foule étoit grande, & dans un moment où elle se portoit du côté du roi qui n'étoit pas encore assis, S. M. dit: *Mais on nous presse beaucoup*: à ces mots tout ce qui entouroit le roi fait quelques pas en arriere. M. le comte du Nord s'éloigne aussi en disant: *Pardonnez, Sire, je me comptois en ce moment au nombre de vos sujets, & je croyois, comme eux, ne pouvoir approcher trop de votre majesté.* Le roi lui tendit la main & le plaça près de lui. Tout cela vérifie le vers heureux de M. de la Harpe,

& le meilleur de sa piece, en ce qu'il est caractéristique.

Aux courtisans jaloux il apprend l'art de plaire.

22 *Juin.* Dans le Mercure du samedi, il se trouve une analyse d'une histoire de Russie par M. l'Evêque. On prétend que le pere de M. le comte du Nord y est peint sous des traits odieux, & que même l'impératrice des Russies sa mere n'est pas épargnée, relativement à des anecdotes scandaleuses. On a trouvé très-indiscret ou plutôt très-impudent de choisir le temps du séjour de M. le comte du Nord dans cette capitale, pour publier l'analyse d'un pareil ouvrage. On s'en est pris au censeur, M. de Sancy, qui a été rayé du catalogue. En conséquence il n'a plus la censure du Mercure ni celle du Journal de Paris. C'est M. de Guidi qui le remplace pour la premiere fonction.

M. de Sancy, très-circonspect ordinairement, réclame contre cette punition, & prétend que c'est un piege qu'on lui a tendu & qu'on a surpris sa bonne foi.

22 *Juin.* M. le comte du Nord, à Chantilly, émerveillé de tout ce qu'il voyoit, & sur-tout du local, s'écrioit qu'il changeroit bien ses possessions contre celle-là. Vous y perdriez trop, dit le prince, & sur-tout vos sujets. Ah ! j'y gagnerois beaucoup, répliqua-t-il ; je serois Bourbon, &, qui plus est, Condé.

22 *Juin.* Quoique le *Courier de l'Europe,* par sa nature, dût être aujourd'hui la feuille la plus intéressante, & qu'une expérience soutenue annonce dans son rédacteur un talent très-marqué

pour ce genre de travail, il est obligé de convenir lui-même qu'il devient fort aride. Il se plaint que depuis deux ans, il écrit avec un grand désavantage ; que les papiers nationaux, originairement le fondement de son entreprise & la source de ses richesses, singuliérement variés alors & remplis de traits piquants depuis l'époque mémorable de l'émeute de 1780, ne soient plus remplis que de querelles particulieres, d'insipides débats, de tracasseries religieuses & civiles, & de quantité d'autres objets encore plus minutieux ; il se plaint que la correspondance de l'Amérique, autre mine féconde où il puisoit, ait absolument manqué ; enfin, il paroît que sa correspondanc avec la France est souvent arriérée, peu exacte, nullement curieuse & quelquefois nulle. En conséquence, il se propose, à commencer du 2 juillet prochain, où il ouvrira la souscription de son douzieme volume, d'unir à la partie politique tous les détails qui doivent entrer dans le plan d'un journal britannique, constitution, tribunaux, spectacles & autres amusements publics, descriptions locales, révolutions dans les mœurs & dans les usages ; peut-être même écrira-t-il des *caracteres*, seule maniere de faire connoître hors de chez elle une nation que malgré sa puissance, on ne connoît pas bien encore.

23 *Juin.* Le sieur *Palissot*, convaincu de l'impossibilité de laisser subsister dans sa piece la scene du Crispin à quatre pattes, ce qui la rend bien moins piquante, lui fait manquer à peu près tout son effet, & donne au dénouement une sorte d'insipidité, a cru devoir se concilier encore tout le parti nombreux attaché à Rousseau, 1°. par un désaveu authentique & inséré au journal de

Paris, qu'il ait eu jamais en vue d'attaquer ce grand homme ; 2°. en ajustant dans la scene quelques vers très-propres à le justifier, & à prouver au contraire, sa vénération pour lui; 3°. par la suppression absolue du disciple du philosophe converti en quadrupede. C'est dans cet état que les *Philosophes* ont été joués hier pour la seconde fois en présence d'une affluence nombreuse qu'avoit attiré la circonstance, & en général elle a eu un grand succès. On a applaudi avec transport ces vers adaptés pour ôter toute équivoque & empêcher de laisser subsister l'idée que l'auteur eût eu aucun dessein de flétrir la mémoire de Jean-Jacques.

      Je lui dois la justice,
Qu'il ne connut jamais la brigue, l'artifice.
De la philosophie il étoit entêté ;
Au fond plein de droiture & de probité.

On a crié *bis* ; & le sieur Dugazon qui faisoit le rôle, a dû les répéter comme une ariette.

En outre, le sieur Palissot a eu l'adresse d'ajouter quelques vers relatifs à la scene du jeudi.

Ne peut-on pas gagner des acteurs, des actrices,
Faire baisser la toile à force de rumeur ?

Mais depuis ce moment un froid glacial s'est emparé du public, & l'enthousiasme s'est évanoui tout-à-coup.

24 *Juin.* Il paroît deux ouvrages très-propres à jeter un grand jour sur la révolution de Geneve, d'autant mieux qu'ils sont contradictoires. Du côté des représentants on a répandu : *Précis*

historique de la derniere révolution de Geneve , & en particulier de la réforme que le souverain de la république a faite dans les conseils administrateurs ; titre qui annonce déjà seul le système représentant.

De l'autre part, c'est: *Relation de la Conjuration contre le Gouvernement & le magistrat de Geneve, qui a éclaté le 8 avril 1782.* Cet écrit avec les pieces annexées, a 48 pages d'impression *in-12.*

On lit à la tête un avertissement de l'éditeur. Il dit que cette relation avoit été envoyée manuscrite le 20 avril aux ministres de chacune des puissances protectrices de Geneve, & n'auroit jamais été publique sans l'audace des adversaires à publier leur libelle.

24 Juin. C'est le mercredi 5 juin, que M. le comte & Mad. la comtesse du Nord ont assisté à une séance de l'académie des sciences. M. de Condorcet y lut un discours analogue & plus propre à les intéresser que des mémoires arides & hérissés de calculs. Il traitoit *du besoin qu'ont plusieurs parties des sciences de la protection des souverains.*

25 Juin. Le *Déserteur* qu'on doit enfin donner aujourd'hui aux Italiens, est un drame en prose & en cinq actes du sieur *Mercier*, imprimé depuis long-temps & joué dans toutes les provinces avec beaucoup de succès. Le sieur *Granger*, le nouvel acteur qui continue à faire les beaux jours de ce spectacle pour les pieces purement déclamées, connoissant par expérience l'effet que produit *le Déserteur* à la représentation, a déterminé ses camarades à l'adopter, sans doute de l'agrément de l'auteur ; qui, brouillé avec le théâtre françois, n'a pas mieux demandé.

26 Juin. C'est dans le Mercure du samedi 8 de ce mois, qu'est inféré l'extrait de l'histoire de Russie de M. l'Evêque, fait à ce qu'on présume par l'abbé *Remi* : & dès le lundi 10, M. de Sancy reçut une lettre de M. le garde-des-sceaux, qui lui apprenoit que sur les plaintes de M. Amelot (le secrétaire d'état au département de Paris, & ayant par conséquent le Mercure sous son influence ministérielle quant à la partie littéraire) à l'occasion de l'extrait en question, il ne pouvoit se dispenser de lui ôter la censure de cet ouvrage périodique, celle du Journal de Paris, & même d'ordonner sa radiation de la liste des censeurs.

M. de Sancy, après avoir relu l'extrait, ne pouvant se dissimuler qu'il avoit fait une faute, très-involontaire, cependant avoit cru devoir recourir à la médiation de l'ambassadeur de Russie, pour engager ce ministre à s'intéresser pour lui auprès de M. le comte du Nord, & à réclamer son indulgence, sur laquelle il devoit d'autant plus compter que ce prince ne voudroit pas certainement qu'il fût le seul à gémir de sa venue en France. Mais M. le garde-des-sceaux s'est opposé à cette démarche, qui apprendroit au comte du Nord ce qu'il ignore absolument. En effet, on prétend qu'il a souscrit pour 50 exemplaires de l'ouvrage.

Quoi qu'il en soit, on ne peut que plaindre M. de Sancy, dont la négligence est d'autant plus excusable, qu'il sembloit ne devoir faire qu'une légere attention à l'extrait d'un ouvrage déjà approuvé, & dont il a paru plusieurs volumes.

La rapidité de la plainte & de la punition, font
présumer

présumer que M. de Sancy est victime d'une cabale formée contre lui, dont on redoutoit l'austérité. En effet, il semble que le comte du Nord seul, ou l'ambassadeur de Russie, étoit autorisé à requérir une pareille suppression.

C'est le sieur Cadet de Senneville qui est chargé de la censure du journal de Paris.

17 *Juin.* On a fait un vaudeville historique & ayant plus de sel que de coutume, sur quelques événements récents, tels que le voyage de la Fayette en Amérique; la coëffure ridicule des femmes d'aujourd'hui; l'allure non moins révoltante de nos petits-maîtres; la nouvelle salle de comédie françoise; le bateau volant; le secret de Linguet; le sourcier Bleton; enfin, l'arrivée du comte du Nord. Il est sur l'air d'Albaneze : *Eh, qu'est-ce qu'ça m'fait à moi ?*

Dans les champs de l'Amérique,
Qu'un guerrier vole aux combats,
Qu'il se mêle des débats,
De l'empire Britannique,
Eh ! qu'est qu'ça m'fait à moi !
J'ai l'humeur très-pacifique.
Eh qu'est qu'ça m'fait à moi,
Quand je chante & quand je bois !

Que folles de leur coëffure,
Nos charmantes de la cour,
Imaginent chaque jour
De quoi gâter la nature :
Eh ! qu'est qu'ça m'fait à moi ?
L'île est si bien sans parure.
Eh ! &c.

Tome XX.

Qu'en chenille carmélite (1);
Un magistrat chez Laïs,
Courre donner son avis
Sur le pouff & la lévite;
Eh ! qu'est qu'ça m'fait à moi?
Jamais je ne sollicite.
Eh ! &c.

Que la troupe de Moliere
Quitte le Louvre à grands frais,
Pour assayer nos sifflets
Dans la vaste bonbonniere (2);
Eh ! qu'est qu'ça m'fait à moi?
Je suis assis au parterre.
Eh ! &c.

Que tout Paris encourage
L'auteur d'un bateau volant,
Qui promet qu'au firmament
Nous irons en équipage;
Eh ! qu'est qu'ça m'fait à moi?
Je ne suis pas du voyage.
Eh ! &c.

Que Linguet de sa courtine (3)
Veuille apprendre à notre orgueil,

---

(1) Nom d'une couleur à la mode.
(2) La nouvelle salle de comédie françoise est peinte en blanc ; ce qui a fait dire qu'elle ressembloit à une salle de sucre.
(3) Il étoit encore à la Bastille quand son projet parut.

Que l'on peut en un clin-d'œil
Se faire entendre de la Chine;
Eh! qu'eft qu'ça m'fait à moi?
On m'entend de ma cuifine.
Eh! &c.

Que *Verra*, ce pauvre here,
Avec un fimple cordeau,
Nous faffe monter de l'eau
Du puits ou de la riviere;
Eh! qu'eft qu'ça m'fait à moi?
Jamais d'eau n'entre dans mon verre;
Eh! &c.

Que Bleton par fa baguette
Soit fourcier ou non fourcier;
Que l'eau le faifant crier,
En convulfions le mette;
Eh! qu'eft qu'ça m'fait à moi?
A quoi me fert fa recette?
Eh! &c.

Qu'un grand duc de Mofcovie
Voyage fuperbement,
Quand le faint-pere humblement
S'en retourne en Italie;
Eh! qu'eft qu'ça m'fait à moi?
Je n'ai pas telle folie.
Eh! &c.

28 *Juin.* Le drame du *Déferteur*, joué mardi dernier, a produit une très-forte fenfation & excité des applaudiffements foutenus, fur-tout

le troisieme acte, le plus beau de la piece. Il y a des longueurs dans les deux derniers & trop de capucinades. Le pere du coupable fait trop le confesseur, parle trop de Dieu & du ciel. Suivant l'ancien dénouement le Déserteur étoit condamné à la mort & subissoit son supplice; ce qui devoit le rendre vraiment pénible pour le spectateur. Le changement de l'ordonnance qui adoucit la peine, a dû faire changer ce dénouement: l'auteur a profité de la circonstance pour amener l'éloge du roi. On regrette qu'il ne fasse pas aussi celui du ministre humain auquel il est dû.

Les comédiens François doivent gémir de voir passer chez leurs rivaux des pieces naturellement faites pour leur théâtre. Tout cela doit les faire trembler que peu-à-peu ils ne s'élevent au rang de second théâtre national, ce que désirent ardemment les plus zélés partisans de la scene françoise.

Le *Déserteur* n'a point été mal joué dans toutes ses parties, sur-tout le rôle principal qu'a singulierement bien rempli le sieur Granger.

28 *Juin*. C'est mardi prochain la premiere représentation *d'Electre*, tragédie lyrique en trois actes, qu'on a annoncée. On assure que les répétitions en ont été fort longues & fort multipliées à cause de la difficulté de la musique.

29 *Juin*. Extrait d'une lettre de Berlin, du 8 juin 1782..... La conclusion du petit roman d'Henriette de Mecklembourg - Schwerin, que vous êtes sûrement empressé d'apprendre, c'est qu'elle a épousé un honnête garçon aussi peu fortuné qu'elle, & qui entroit pour beaucoup dans la démarche qu'elle a faite; car il falloit avoir la tête exaltée par l'amour pour s'y porter.

Le roi de Prusse, suivant sa promesse, lui a fait donner une maison avec une grange & une écurie, des bestiaux & un terrain assez considérable pour former un jour une bonne ferme dans les environs de Neudstat sur la Dosse.

29 *Juin*. Entre les divers écrits qui ont paru sur les troubles actuels de Geneve, il ne faut pas omettre, *très-humble & très-respectueuse déclaration des citoyens & bourgeois représentant, remise aux seigneurs syndics, & à M. le procureur-général*, le 31 *Mai* 1782. C'est un imprimé de sept à huit pages seulement.

On y lit que les arrangements donnés par la force, s'ils produisoient des jours calmes, ce calme ne seroit jamais que le signe de la servitude, d'une servitude qui concentreroit la haine dans les cœurs, & qui, brisant les ressorts de l'industrie, chasseroit de la ville le commerce & les arts, & porteroit enfin le coup mortel à la patrie.

Les représentants y offrent de concourir aux arrangements, disent-ils, qui iront véritablement au bien de la république, & ils s'empresseront alors de rendre la liberté aux personnes qu'ils détiennent.

30 *Juin*. Quoique M. le comte & Mad. la comtesse du Nord soient partis depuis quelque temps, on aime à s'en entretenir encore, & on rappelle les particularités de leur séjour, peu connues ou mal éclaircies.

On observe que de tous les princes du sang, le prince de Conti est le seul qui ne leur ait pas donné de fête, & l'on attribue cette froideur à ce que ces illustres étrangers, ignorant sans doute qu'il y eût une princesse de Conti, ont beaucoup tardé à lui faire visite ; ce qui n'est pourtant pas vraisemblable.

On assure que pour que M. le comte & Mad. la comtesse du Nord fussent en état d'être reçus par-tout où ils voudroient sans difficulté, & aussitôt qu'ils auroient indiqué les lieux qu'ils auroient désiré visiter, un exempt de police non seulement prenoit leurs ordres matin & soir, mais résidoit dans leur hôtel, y couchoit & étoit entiérement à leur disposition.

C'est le mardi 17 qu'ils furent au parlement. On députa deux messieurs pour les aller recevoir. C'étoit le jour où siégeoit le président d'Ormesson, qui remplace M. d'Aligre. La grand'chambre étoit en robes rouges. M. le comte & Mad. la comtesse du Nord furent placés dans une laterne. On appella une cause qui devoit être jugée. Messieurs *Martineau* & *Hardouin*, avocats plaidants, complimenterent ces illustres étrangers, & le dernier avec plus de succès que le premier; M. l'avocat-général *Séguier* enchérit sur eux.

La séance finie, M. d'Ormesson & les présidents à mortier s'avancerent quelques pas vers la tribune & saluerent M. le comte & Mad. la comtesse du Nord, qui désirerent voir le reste du palais, & sur-tout la sainte Chapelle: & M. l'abbé *Bexon*, grand-chantre, eut l'honneur de les complimenter en *inpromptu*.

On assure que M. le comte du Nord est allé voir M. Necker, & lui a dit qu'il venoit lui payer son tribut d'admiration & celui de l'Europe entiere.

Le 4 juin, M. Antoine Mathieu, négociant de Lyon, & M. Prati, compositeur de musique à Paris, eurent l'honneur d'offrir aux illustres étrangers leurs chiffres respectifs, ouvrages très-précieux par leur délicatesse & leur singularité.

Dans les jambages & les déliés des lettres P. P. qui composent celui du prince, se trouvent ces vers écrits très-lisiblement, quoiqu'en lettres de diverses grandeurs.

Législateur du Nord, & vainqueur de l'Asie,
Créant un vaste empire au milieu des déserts,
Pierre étonna l'Europe & fonda la Russie :
Voyageant pour s'instruire au loin de sa patrie,
Son jeune successeur annonce à l'univers,
Qu'héritier de son trône, il l'est de son génie.

Dans les lettres M. F. qui composent le chiffre de la princesse, on trouve ce quatrain.

Semblable aux fleurs qui naissent sur ses traces,
Marie étonne & charme tous les yeux,
A son port noble & son air gracieux,
On a cru voir la plus jeune des Graces.

Des ovales opposés à chacun de ces deux chiffres, l'un renferme un rondeau pour le clavecin, l'autre une romance de la composition de M. Prati.

Fin du Vingtieme Volume.

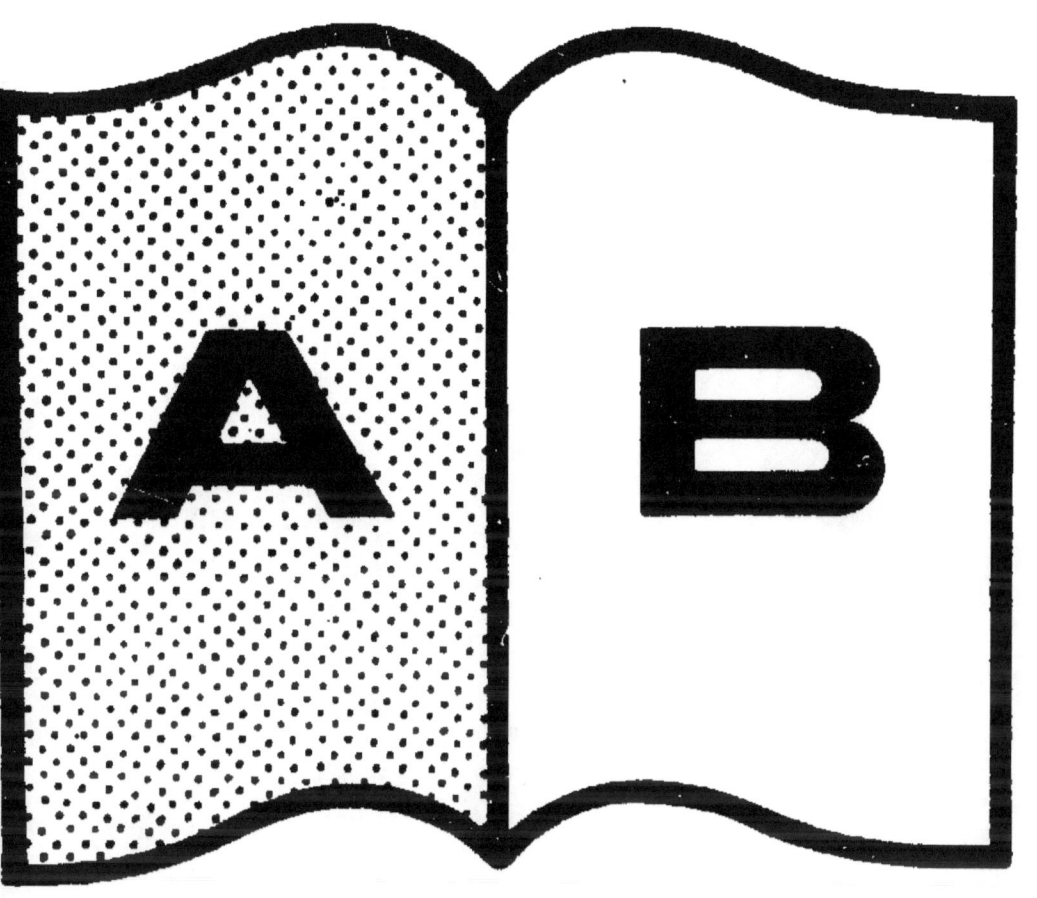

Contraste insuffisant

NF Z 43-120-14

www.ingramcontent.com/pod-product-compliance
Lightning Source LLC
Chambersburg PA
CBHW071256160426
43196CB00009B/1306